スウェーデンの政党政治と民主主義

渡辺 博明 著

晃洋書房

目　次

序　章　スウェーデン政治に何が起きているのか……………………………*1*

第1章　デモクラシーの制度設計と正統化原理………………………………*7*
　　　　──分析視角の設定
　　第1節　政治体制としてのデモクラシー　（*7*）
　　第2節　デモクラシーと政党　（*9*）
　　第3節　政党組織と政党システム　（*11*）
　　第4節　分析と記述の方法　（*18*）

第2章　スウェーデンの政党政治………………………………………………*23*
　　第1節　議会とデモクラシー　（*23*）
　　第2節　選　　挙　（*29*）
　　第3節　政党と政党システム　（*32*）
　　第4節　デモクラシーの制度と政党政治　（*41*）

第3章　政党政治の展開①　新党の参入と多党化の進展 …………*49*
　　第1節　1988年選挙──新党の参入　（*49*）
　　第2節　1991年選挙──多党化の進行と中道右派4党連立政権　（*55*）
　　第3節　1994年選挙──社会民主党政権への回帰　（*65*）
　　第4節　小　　括　（*72*）

第 4 章　政党政治の展開 ②　左派連合の時代 ……………………77
　第 1 節　1998年選挙——左派 3 党の連携　（77）
　第 2 節　2002年選挙——左派 3 党の連携強化　（85）
　第 3 節　小　　括　（91）

第 5 章　政党政治の展開 ③　右派連合の時代 ……………………95
　第 1 節　2006年選挙——「スウェーデンのための同盟」と右派連立政権　（95）
　第 2 節　2010年選挙——選挙連合対決と右派の勝利　（103）
　第 3 節　小　　括　（113）

第 6 章　政党政治の展開 ④　右翼ポピュリズムの台頭と混迷の時代
　　　　………………………………………………………………119
　第 1 節　2014年選挙——社会民主党の政権復帰とスウェーデン民主党の躍進
　　　　（119）
　第 2 節　2018年選挙——スウェーデン民主党の伸長と政党政治の混乱　（129）
　第 3 節　小　　括　（146）

第 7 章　政党政治の展開 ⑤　ブロック政治の再編 ………………151
　第 1 節　スウェーデン民主党の「主流化」と2022年選挙　（151）
　第 2 節　最近の状況（2023年末まで）　（168）
　第 3 節　政党システムの変化　（170）

第 8 章　政党政治の変容をめぐる考察 ……………………………177
　第 1 節　制度的変化　（177）
　第 2 節　有権者の投票行動　（185）
　第 3 節　各政党の動向　（190）

第9章　政党システムの変化と代議制デモクラシー……………213
　　第1節　政党システムの動向　（213）
　　第2節　政党システムの変化の要因　（218）
　　第3節　政党システムの変化の意味　（225）

終　章　スウェーデンの民主主義と政党の意義………………239

あとがき　（247）
巻末資料　（251）
資料・文献リスト　（255）
人名索引　（265）
事項索引　（267）

序章

スウェーデン政治に何が起きているのか

　スウェーデンは高度に発達した福祉国家として知られてきた。同国の政治についても、公共部門を拡大させながら体系的な社会保障制度を築きあげ、いわゆる高福祉・高負担型の社会を導いたそのあり方が注目されることが多かった。そこでは主に、政党間の交渉や妥協を通じて政策決定を導く「妥協の政治」(Rustow 1955)、「コンセンサス・ポリティクス（合意形成型の政治）」(Anton 1969; Elder/Thomas/Arter 1982; 岡沢 1984) という認識を軸に、多党制でありながらも比較的安定した政治が展開されるメカニズムが論じられてきた。

　もちろん、時代が進むにつれ、長期的な経済成長の終焉やグローバル化をはじめとしたさまざまな環境変化のなかで、スウェーデン政治も変化してきた。新しい政党が議会に参入し、政党間の力関係が変わり、新たな選挙戦術も現れた。その一方で、選挙の方法を含めて制度面での安定性は高く、21世紀に入っても議会政治において政党間の交渉が大きな比重を占める状況は続いている。

　しかし近年、スウェーデンの政治がその様相を大きく変えつつある。たとえば、2018年9月に行われた選挙の後には政権協議が難航し、翌年1月に新政権が発足するまでに4か月あまりもの時を要した。かつては選挙後1〜2週間で組閣が終わることも多かったため、その混乱ぶりは国民に大きな衝撃を与えた。異例の事態はこれにとどまらず、その後も、議会による首相不信任の議決や新首相の就任直後の辞職など、同国政治の動揺を象徴するようなできごとが相次いで起こっている。

　本書は、こうした動きの背後にあるスウェーデン政治の中長期的な変化の意

味を、政党政治の動向を検討しながら、民主政治のより広い文脈に位置づけて把握しようと試みるものである。

もとより現代政治は政党なしでは成り立たないともいえるが、普通選挙の実現以来、比例代表制を全面的に採用した選挙制度を維持してきたスウェーデンでは、政党のもつ意味が特に大きいと考えられる。ここでは、同国の政治において政党が果たす役割に着目し、それが1980年代末以降どのように変化してきたかということを、現実政治の展開から検証していく。その際、政党政治のなかでも、政権をめぐる争いを中心とした政党間の相互作用のあり方を「政党システム（政党制）」としてとらえ、その動向と民主政治における意義を考察する。そして、過去の状況とその変容の過程から照射する形で、現在のスウェーデン政治の特性を明らかにしていく。

ここで言葉の使い方について断っておくと、日本語の「民主主義」は、理念や思想を表す場合から制度や体制を指す場合まで、非常に多義的である。ここでの筆者の関心は民主主義に基づく政治の実践（諸制度とそれをめぐるアクターの動き）にあるため、その意味では特に「デモクラシー」の語を用いる[1]。

しかし「民主主義／デモクラシー」の語法に関わる問題は、訳語の選び方の次元にとどまらない。スウェーデン語で「民主主義」に相当するのは、英語に近い「デモクラティー（demokrati）」であるが、それがスウェーデン社会でもつ意味は広く、英語の場合ともまた異なっている。そして、いずれの社会でもそうであろうが、広義の民主主義の内容が狭義のそれとしての代議制デモクラシーのあり方にも反映される面があると考えられる。そこで本書では、終章でその点を補論的に扱い、私たちがスウェーデン政治との比較を通じて日本の政治を考える際に意識すべきことを指摘したい[2]。

本書の構成は以下のとおりである。

第1章では、代議制デモクラシーを、主権者がその代表者たる為政者に政治的決定を委任し、後者が前者に対してその責任を果たすという意味での「委任－責任」関係としてとらえ、その制度設計のあり方とそこで政党が果たす役割

に関する理論的把握の方法を整理する。そして、そのような方法と、複数の政党の間での相互作用、とりわけ政党間競合と政権構成のパターンとして認識される政党システムとを関連づけることにより、本書の基本的な分析視角を設定する。

　第2章では、前章で提示した理論枠組に照らして、本書が主たる分析対象とする期間より少し前の状況から、スウェーデン政治の基本的な特徴を整理しておく。同国の場合、1971年に議会上院を廃止して一院制に移行したこともあり、ここでは主に1970年代から80年代のスウェーデン政治を、その変容を論じるにあたっての「原形」として扱う。また、変化を論じる際の起点の設定に関しては、ある程度便宜的なものにならざるをえないが、エコロジー政党（環境党）の議会参入によって約70年間続いた5党体制が終わりを迎えた1988年選挙からとする。

　続く第3章から第7章までが、政党政治の展開に関わる事実経過をたどる部分となる。政党システムの動作やその変化を把握するには、選挙とその後の政権形成に注目することが有効だと考えられるため、1988年選挙から本書執筆時点で直近のものである2022年選挙までの10回分を5つの章に分けて扱う。それぞれの章では、各党の動きと選挙結果、政権交渉などをみたうえで、最後に政党システムの変化やその時点での特徴についてまとめておく。

　第8章では、前章まででみた政党システムの変化の意味を代議制デモクラシーとの関係で評価するための準備作業として、そこに影響すると考えられるいくつかの制度改革や、有権者の投票行動の長期的変化を検討する。また、第3章から第7章までが選挙と政党システムを重視して記述されるのに対し、ここでは視点を変えて、政党ごとの事情や動向を整理しておく。

　第9章は、理論的な検討と実態把握とを組み合わせた本研究の結論部分にあたる。基本的に、社会経済的な変化と人々の生活様式や価値観の変化によって有権者と政党の関係が変わり、それらが政党システムの変容にもつながっていることが示される。多党化と政党支持構造の流動化が進むなかで、有権者と政

治的決定を媒介する政党の行動も不安定化していく一方、比例代表選挙を中心とした制度的枠組みとそのなかで政党単位の政治が行われるという点では高い持続性が認められる。こうした状況を、代議制デモクラシーの機能との関係で検討し、評価する。

終章では、スウェーデンの政治教育（主権者教育）のあり方にふれながら、市民の政治参加と政党の関係を論じる。日本でもしばしば話題になるように、スウェーデンの選挙投票率は、近年でも若年層を含めて80％を超えており、国際比較においても高い水準にある。投票率の低下が問題視される昨今の日本の状況からすると、そこに学ぶべきとの声もあろうが、そのためにもまずはスウェーデンの事情、彼我の条件の違いを十分に認識する必要がある。筆者の見立てでは、スウェーデンの投票率の高さには、いくつかの制度面の理由に加え、有権者と政党との関係もそこに大きく影響している。その点を理解することが、今後私たちが日本の民主政治のあり方や制度改革を検討する際の手がかりの１つになりうると考えている。

なお、巻末には、スウェーデンの政党政治の長期的な動向を概観できる資料（選挙ごとの各党得票率および獲得議席数をまとめた表、各党得票率の推移を示した図、政権のタイプとその推移を示した図）を掲載しているので適宜参照されたい。

付記
　本書の文中で人名等のスウェーデン語を日本語で書き表す場合は、先例があればある程度考慮しつつ、音が比較的近いと思われる仮名を充てていく。ただし、スウェーデン語には母音が９つあるうえに、音便による変化も多いため、音声的な対応関係を体系的に処理することは困難である。本書の表記が他の著作のものと異なることも少なくないと考えられるため、初出時には原語綴りを併記しておく。

注
1）　空井護は、手続き的な理解を重視して政治体制をとらえるために、「民主主義」ではなく「デモクラシー」の表現を用いるという。日本語の「民主主義」の「主義」は、英語の"-ism"に近く、制度に関わる「ハード」面と思想や価値志向に関わる「ソフト」面の両方を含むため、"democracy"の訳語（日本語表記）としては適さないからである

（空井 2020：12-15）。本書も基本的にこの考え方に倣っている。
2) 全体としてはそこまでを視野に入れているため、本書のタイトルにはあえて「民主主義」の語を用いている。

第1章

デモクラシーの制度設計と正統化原理
―――分析視角の設定

第 1 節　政治体制としてのデモクラシー

　スウェーデンの政党政治を考察対象とする本書が、より大きな枠組みとして想定しているのが「デモクラシー（democracy）」である。

　社会的な意思決定に関わる活動を広く「政治」ととらえると、そのあり方として、決定時に誰が力をもつのか、ということが問題になる。その際、社会を構成する人々が決定の主体となる（主権が人民に存する）状態が「デモクラシー」だといえる。その語源は古代ギリシャ語の「人々（demos）」と「力、支配（kratos）」を組み合わせたもので、人々が自身のことを自身で決めるという意味である。

　また、政治的意思決定は、さまざまな制度、規則、慣行に支えられて可能になる。そうした制度や規則の集合体が政治体制だとすると、「デモクラシー」はその1つのタイプ（型）だと考えられる。

　日本語では一般的に「民主主義」の語が使われるが、そうすると、人々が社会的意思決定の主体であるというデモクラシーの核心にかかわる内容を表すだけでなく、特に「主義」という言葉の作用により、そのような状態を望ましいものないし目指すべきもの、としてとらえる傾向が強くなる。つまり、思想や規範としての意味合いが大きくなり、政治に関する仕組みや体制としてとらえる視点が弱まったり、両方の意味をもつことからくる混乱が生じたりしがちで

ある。このため、序章で述べたように、本書ではもっぱら政治体制の型を表す場合には「デモクラシー」を用い、デモクラシーのもとで展開される政治を「民主政治」と表現する。

デモクラシーの政治体制においては、1人ないし少数の特権的な立場の者が力をもつ独裁や権威主義の体制とは異なり、一般的な民衆が政治的な決定権をもつ。しかし、いうまでもなく、大規模で複雑化した現代社会では、人々が直接そのような決定に関わるのではなく、選挙で代表を選び、その代表が議会活動を通じて決定を行う。その意味で、現代デモクラシーは「代議制デモクラシー（representative democracy）」である。

代議制デモクラシーは、さまざまな制度を組み合わせた一連の手続きによって可能になっていると考えられる。その要諦は、主権者である民衆（市民 citizen）の意思が、代表者に媒介されて議会での決定に反映され、さらには行政の仕組みを通じて実行に移されるということにある。これを、近年の政治学における基本視角の1つとして定着しつつある「本人－代理人関係（principal-agent relationship）」理論に照らして解釈すると、主権者がもつ決定の権限は、いくつかの段階を経ながら、他のアクター（行為主体）へと委任（delegation）されていくことになる。[1]

こうした権限移譲は、基本的に次の4つの段階に分けられる。すなわち、①有権者から選挙された代表（議員）へ、②議員から執政府およびその長（首相）へ、③執政府から各省庁およびその長（大臣）へ、④各省庁の長から行政職員（公務員）へ、である。その一方で、それぞれの段階では、権限を託されたアクターは元の権限をもつアクターの意向に沿うように行動する責任（accountability）を負うことにもなる（Strøm 2000: 267）。

このような見方に基づけば、議会制デモクラシーは、「委任－責任」関係の連鎖を制度化したものとしてとらえることができる（図1-1）[2]（Strøm/Müller/Bergman eds. 2003）。

当然ながら、これは極度に単純化された概念図であり、現実を十分に説明し

図 1-1 代議制デモクラシーの制度設計における「委任 - 責任」関係の連鎖

出所：Strøm (2000: 269) の図を改編して作成。

うるものではない。そもそも、膨大な数の主権者の意思を代表する行為を、選挙その他の制度的手続きによって正当化する代議制デモクラシー自体が一種の擬制に過ぎない。さらには、「本人 - 代理人関係」理論で指摘されるように、「委任 - 責任」の関係にあると想定される各段階の代理行為においても、本人と代理人では動機や目的が異なるため、程度の差はあれ、当初の意図と行為の帰結との間に齟齬が生じることは避けられない（後述する「代理行為問題」）。

しかし、デモクラシーの基本的な制度設計をこのように把握することで、その原理に照らして各国の政治状況を分析し、評価することが可能になる。とりわけ、次節でみていくように、政党の動きに着目して各国の民主政治の特徴や変化を論じる際には、こうした認識枠組みが有効になると考えられる。

第 2 節 デモクラシーと政党

政党とは、価値や目的を共有する人々によって自発的に結成され、政府の形成を通じて自らの目標の実現をめざす組織である。現代の民主政治は、通常、複数の政党が政権の獲得・維持をめぐって競い合うなかで展開される。代議制デモクラシーは政党を抜きにして語れない、ということは、多くの論者によって指摘されてきたところである（シャットシュナイダー 1962: 1; Ware 1995: 1）。

こうした政党の存在を、先にみたデモクラシーを支える制度的手続きにおける「委任 - 責任」関係の連鎖に照らすと、その各局面に政党が介在するといえる（Müller 2000）。それを表したのが図 1-2 である。

図1-2 代議制デモクラシーにおける「委任－責任」関係の連鎖と政党

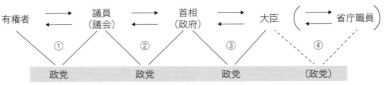

出所：Müller（2000：312）の図を改変して作成。

　権限委任の第一段階（図1-2の①）は選挙であるが、現代の選挙はたいてい政党が候補者を擁立する形で行われる。したがって、有権者が代表者たる議員（政治家）を選ぶ際、候補者の所属政党が投票先を決めるうえで重要な手掛かりになる。もちろん、政党よりも候補者個人の主張や経歴を重視して選ぶ場合から、比例代表制で直接政党を選ぶ場合まで、程度の違いはあるし、制度的に無所属での立候補が可能な場合もありうるが、政党が関わることのほうが圧倒的に多いであろう。また、何よりこの段階での権限委任は、理論上、主権者から直接になされるので最も明確なものである。そこでのアカウンタビリティー（責任が果たされているかどうか）については、客観的に測定することは容易でないとしても、有権者が自ら判断して次の選挙でその評価を下すことができる。

　第二段階（図1-2の②）での政党の関与については、選挙による代表選出時に比べると、制度的に規定される度合いは低い。しかし、基本的には多くの支持を得た政党の議員（集団）が、自らが掲げる目標を政策として実現するために、首相を選出し、政府を形成する。そして、事前に公表している綱領にしたがって行動し、選挙公約を実現していくことによって、責任が果たされると考えられる。

　第三段階（図1-2の③）は、政府の長としての首相がその職にふさわしいとみなす者を選ぶことになるが、その際に、同じ党に属する者や（連立政権の場合には協力関係にある党に属する者を含めた）それに近い立場の者を選ぶことになる。そうすると、第二段階と同様に、各大臣が政党の綱領や選挙公約を通じて共有されている目標をめざして活動することによって委任された権限に対する責任

が果たされる。

　最後の第四段階（図1-2の④）は、主要官職について政治的任用が多くみられる場合は政党の関与が大きくなるが、そのようなケースは多くないであろう。たいていは官僚機構内部の人事の手続きとして行われるため、大臣が政党を介して選ばれていることの影響がまったくないわけではないにしても、政党が関わる部分は小さいと考えられる。

　以上のようにして、主権者の権限が各段階で委任され、またそれに対する責任が果たされる（あるいは一定の論理をもってそう期待できる）という構図を描くことができる。ただし、こうした把握については、現実からみれば過度に単純化された理論モデルに過ぎないというだけでなく、「本人−代理人関係」論でいうところの「代理行為問題（agency problem）」がつきまとう。すなわち、代理人たるアクターが、その固有の立場や動機ゆえに（意識的であれ、無意識的であれ）本人たるアクターの意図や利益から逸脱して行動することを避けられないからである。このような代理関係のゆるみ（agency slack）や、それゆえに代理人が最善を尽くした場合に実現される結果と現実のそれとの差（agency loss）が問題とされるのである。とはいえ、ここではこうした理論モデルを、現実を説明するためではなく、デモクラシーの原理を確認しながら特定の事例を分析し、評価する際の参照枠組みとして活用する。その場合、理論上は代理行為ととらえられる諸活動に付随する不安定さや不確実性について、その内実に目を向けることこそが重要になるといえよう[3]。

第3節　政党組織と政党システム

　政党を対象とした先行研究には膨大な蓄積があるが、それらは、政党一般ないし個々の政党に着目したものと、複数の政党の集合体に着目したものに大別できる（待鳥 2015）。前者は、政党内部の人的構成や活動・運営形態、支持基盤との関係など、党自体の性格やその変化にかかわるもので、政党論ないし政

党組織論と呼ぶことができる。それに対して後者は、政党間の関係や、政党の集合体が全体として生み出す効果、あるいはそれらの変化を扱うもので、政党システム論と呼ぶことができる。

　本書では、政党が関わって動く政治を広く「政党政治」ととらえつつ、基本的に政党システムの動向を重視する。ただし、政党システムのあり方は、それを構成する個々の政党の特質によっても規定されるため、政党組織論と政党システム論をある程度統合的にとらえられる分析枠組みの設定を目指す。以下で、先行研究の展開をたどりながらその作業を進めていく。

（1）　政党組織

　政党は時代とともにその性質を変化させてきたといわれる。基本的には、長期的な社会経済構造の変化を反映して、主流となる政党のタイプが変化していくものとして認識されるが、場合によっては、特定の政党が時とともにその性格を変えていくこともありうる。

　一般的に、その原初的な形態は、議会内で目標や人脈を共有する者たちが緩やかに結ばれたものであったと考えられている。身分制社会の名残がみられ、選挙にもさまざまな制限があった時代の議会では、代表として選出される議員に地域ないし実業界の有力者が多く、そこで生まれた政党は、そのような議員の集まりであるという意味で「名望家政党」と呼ばれた（ヴェーバー　1980：50-54）。また、組織の性格としては少数の有力者が中心で、一般の党員は少なく、議会外に安定的な支持基盤があったわけでもないことから「幹部政党」とも呼ばれていた（デュベルジェ　1970：82-84）。

　その一方で、国によって違いはあるが、19世紀末から20世紀初頭にかけて、産業化の進展にともなって活発化した労働運動や他の社会運動が組織化を進めながら政治的活動に関わるようになる。そして、労働組合、農業者団体、経営者団体あるいは宗教団体などが政治の舞台に自らの代表者を送り込むと、議会外に堅固な支持基盤を有する政党が力をもつようになる。さらに、ヨーロッパ

諸国では概ね20世紀の初頭に普通選挙が実現すると、有権者の数が飛躍的に増え、党員の数も増加していく。そのような一般党員に支えられた政党は（「名望家政党」、「幹部政党」に対して）「大衆政党」ないし「大衆組織政党」と呼ばれた。

　このタイプの政党は、規模が大きくなるにつれて役職を増やし、専従職員をも雇い入れて運営機構を整備し、組織として安定した存在となる。党の運営にかかわる規約を整備するとともに、定期的に大会を開いて中長期的な政治目標や社会改革の展望を綱領として定めて活動するようになる。また、党員が納める党費や支持団体からの献金によって、財政基盤も安定したものになる。20世紀の初頭から第二次世界大戦後の高度経済成長期の序盤にかけては、このタイプの政党が主流であった。

　その後、各国の主要政党のなかには、さらなる勢力拡大を目指し、従来の支持基盤にとどまらず他の有権者層からも支持を集めようとするものが出てくる。それらの政党は、職業や宗教、思想などで価値や利害を共有できる範囲を超えて、より普遍的な目標を掲げて活動するようになる。そうした傾向は、社会構造の変化により、特定の支持政党をもたないいわゆる無党派層が増大するなかで、「浮動票」を獲得しようとする努力とも結びついて強まっていく。このようなタイプの政党は「包括政党（catch-all party）」と呼ばれた（Kirchheimer 1966: 184-192）。またそれは、階級・階層を越えて広く有権者の支持を集めようとするという意味で「国民政党」とも呼ばれるようになった。

　さらに、高度経済成長期が終わり、製造業の比重が下がる形で産業構造が変化する一方で、生活水準の上昇による個人主義的な生活様式が広まると、中間団体の衰退が進み、党員数も減少に転じる。政党が財政面で党費収入よりも、多くの国で導入された公的な助成金に依存するようになると、各党が選挙では競い合いながらも、国家から資源を引き出す既得権益を維持するために実質的には共存をはかっている面もあると指摘されるようになる。そのような動きを「カルテル政党（化）」として把握する見方が現れた（Katz/Mair 1995）。

　また、組織的な支持基盤が弱まるなかで、各党が党員や支持団体の利益に沿っ

て行動するという面を弱めるとともに、政党組織の専門職化が進み、選挙に対応するために世論調査の活用やマーケティング戦略を重視する傾向も強まった。このような特徴をもち始めた政党を（官僚的機構を備えた大衆政党に対して）「専門職的選挙政党」ととらえる議論も出てきた（パーネビアンコ 2005：268-273）。

　以上、過去百年近くにわたる政党の性質の変化に関する先行研究の認識を概観したが、そこで示されたさまざまに異なるタイプについて、ある時期にすべての政党の性格が一斉に変わるわけではない。また、ある時点のある国においていくつかの異なるタイプの政党が共存していたり、同一の政党が複数のタイプの特徴を併せもったりすることもある。それでもなお、このような把握は、先述のデモクラシーの制度的手続きや、次に述べる政党システムという観点とも結びつけられることで、スウェーデン政治の特徴やその変化を検討する際に役立つと考えられる。

(2)　政党システム

　デモクラシーの政治体制においては、通常、複数の政党が競い合うことを通じて政治が行われる。本書では、政治のなかで政党が関わって展開される部分を「政党政治」としてとらえるが、その際には個々の政党の特徴や動きだけではなく、あるいはそれ以上に、複数の政党の集まりやその全体としての動きをみることが重要になる。その意味で「政党システム（政党制）」という視点が欠かせない。

　政党システムについても、政党そのものの研究と同様に、多くの議論の蓄積がある。政党システムを最も広くとらえると、複数の政党が関係しあう全体のあり方ということになろう。そこではまず、政党の数やそれらの位置関係が問題となる。

　政党の数に着目した研究は、類型論として表現されることが多い。たとえば、フランスの政治学者、M. デュベルジェ（Maurice Duverger）は、1党制、2党制、多党制という3類型を示している（デュベルジェ 1970：第2部第1章）。また、

多党制の区分を増やし、類型論を精緻化したものとして G. サルトーリ (Giovanni Sartori) の議論がある (Sartori 1976)。そこでは7つの類型が挙げられるが、本書の目的からは、特に「穏健な多党制」と「分極的多党制」の区別によって政党間のイデオロギー的距離や連携の可能性を考慮し、政権構成を意識したものになっている点が重要である。

続いて政党相互の位置関係の把握に関わるものがある。かつて広く用いられていたのが各政党を「左 – 右」軸上に位置づけるという方法である。すなわち、社会経済への政府の積極的な介入を支持する左派と、市場経済を重視し、政府の介入に否定的な右派との対抗を想定し、その2極との関係で各政党の位置を表すという手法である。

その一方で、先進資本主義国で第二次世界大戦後の高度経済成長が終わり、その変化が政党政治にも表れ始めた1980年代以降には、「左 – 右」軸に文化的次元を加えた2軸4象限の図で各党の位置を表す方法も広まってきた。すなわち、個人の自己決定を重視するリバタリアンと社会のまとまりを強調する権威主義志向との対抗という軸を加える見方である。それは、現実政治においても、左右の主要政党がいずれも経済成長至上主義であったことを批判し、生態系の保全を訴えるエコロジー政党や、伝統的価値やナショナリズムに訴えて既成勢力を批判する右翼ポピュリスト政党が登場し始めたことを反映していた。特に、環境保護だけでなく、男女同権やマイノリティーの権利擁護をも掲げるエコロジー政党は、こうした方法により「左翼リバタリアン」と特徴づけられた (Kitschelt 1988)。

4象限図を用いる手法については、近年「左 – 右」軸に交差するもう1つの軸を「環境保護志向 (green)」、「オルタナティヴ (alternative)」(従来とは異なる価値や行動様式を志向)、「リバタリアン (libertarian)」と、「伝統的 (traditional)」、「権威主義的 (authoritarian)」、「ナショナリスト (nationalist)」との頭文字をとって「GAL – TAN」軸として整理する方法も広まっている[4]。

以上のように、政党システムの認識方法の1つには、複数の政党の位置関係

をとらえる発想がある。実際に、スウェーデンにおいてもこれらの方法は、研究者による議論のみならず、選挙報道などでもたびたび用いられ、有権者が政党を評価するうえでも重要な手がかりとなっている。また、スウェーデンを含む北欧諸国では、特に「左－右」軸に基づく政党間関係の認識が広く国民に共有されてきており、4象限図が用いられるようになって以降も、新聞報道などでは前者に言及されることのほうがはるかに多い。いずれにしても、こうした形で示される各政党の位置関係が政党システムの重要な要素になっているといえよう。

　他方で、政党システムを諸政党の位置関係以上に、それらの相互作用のあり方としてとらえる見方も有力である（岩崎 2020：9）。その場合、各党が選挙を通じて政権を争う方法や、その結果を受けた政権構成のパターンに注目することが有効だと考えられる。以下、① 政党システムの変化をどのようにとらえるか、② 政党システム（の変化）がデモクラシーにどのようにかかわっているか、という順でみていく。

　まず、政党システムの変化の把握をめぐっては、P. メア（Peter Mair）の議論が示唆に富む。メアは、あらゆる政党システムの核心は執政府の管理をめぐる競争の構造にあり、政権争いがいかに行われるかが重要だという。そして、政党システムの変化は、政党間競争の構造が変化した時に生じるとし、例として次の3つの観点を挙げる。1つ目は、政権交代のパターンの変化であり、すべてが入れ替わる形でそれが起こるか（全面交替）、その一部のみが替わる形で起こるか（部分交替）、という違いである。2つ目は、新しい形での政権選択肢の出現である[5]。3つ目は、政権に参加できる政党の範囲の変化であり、一部の主要政党のみに限られるのか、より多くの政党が参加可能なのか、というような違いである[6]（Mair 2006：65-66）。

　メアは、上記のような視点で政権争いのパターンを観察すれば、その安定性や変化を認識できるという。さらにはその変化の時期も特定しやすくなるといい、アイルランド（1989年7月）、イタリア（1994年4月）、ドイツ（1998年10月）、

オーストリア（2000年2月）の例を挙げる。そして、政党システムの変化を時期も含めて認識することができれば、それをいわば独立変数として、各政党や有権者に与える影響を論じることも可能になると指摘する（Mair 2006：68-69）。

　こうした議論をふまえると、特定の国（本書ではスウェーデン）の政治を論じようとする場合にも、選挙とその結果を受けた政権形成に注目することで、政党システムの状況や変化をより効果的に把握できると考えられる。また、後段の指摘からは、政党システムの変化とデモクラシーないし民主政治のあり方との関係（およびその変化）を論じることも可能になるといえよう。

　政党システムとデモクラシーの関係を考えるうえでは、政党が果たしうる役割に注目し、民主政治の正統化原理としての「代表性」と「応答性」という観点から考察を進める中田瑞穂の議論が参考になる。中田は、多数派デモクラシーと交渉型デモクラシー（ないし多極共存型デモクラシー）との性質の違いに着目し、それを政党間の競争（政党競合構造）と結びつけてとらえている。そこでは2つの異なるタイプの民主政治のあり方が示される（中田 2015：4-9）。

　その1つは、「多数派デモクラシー」であり、政党間競争と政権掌握が直結するタイプで、そこでは2党ないし2大政党による強い競合が想定される。有権者の選好がいずれかを支持することで示され、その政党の議会での行動が次の選挙での判断要素となることで「応答性」が担保される。そのようにして民主政治の正統性が保たれるタイプである。

　もう1つが、かつての北欧諸国やベネルクス諸国のような「交渉型デモクラシー」であり、先述の大衆組織政党に相当する「部分社会統合政党」、すなわち社会集団を介してまとまった部分社会ごとの有権者を代表する政党が「すみ分け」的に共存するような状態が想定される。そこでは競合の要素が弱く、（「応答性」よりも）「代表性」に重点を置く形で代議制デモクラシーの正統性が担保される[7]。

　さらにこの見方によると、主要な政党のタイプが大衆組織政党から包括政党ないし国民政党と呼ばれるものへと変化する際には、「代表性」の要素が弱ま

るとともに、政権をめぐる競合の面が強まるとされる。すなわち、政党の「代表性」と「応答性」が各国、各時代にそれぞれのバランスでデモクラシーの正統性を支えるという視点が示されている（中田 2015：13）。

　ここで論じられる「代表性」と「応答性」は、デモクラシーの制度設計の原理の把握における「委任－責任」の関係にも重なる。より正確にいえば、応答性は、説明責任が果たされたかどうかの判断が可能か、その機会を保障されるか、という問題だといえよう。また、政党競合構造が上述のメアの議論における政党システムの中心的な要素にあたるため、政党のタイプと政党システムとを結びつけてとらえ、それらの変化を論じるうえでの手がかりにもなる。中田はそれをチェコ共和国の分析に用いたが、スウェーデンに注目する本書でも、この見方を、政党の果たす役割からデモクラシーのあり方を分析していくための理論枠組みとして受け継いでいく。

第4節　分析と記述の方法

　以上をふまえ、本書では、次のような方法と手順でスウェーデンの政党政治を論じていく。

　まず、時期区分については、議会政党の数が5から6に増えたという点で明確な変化が現れた1988年選挙に着目し、それ以降の政党政治の動向や政党システムの変化を直接の分析対象とする。それ以前の時期については、便宜的に「5党制の時代」とみなし、選挙や議会にかかわる制度、民主政治としての特色などとともに第2章で検討し、整理しておく。そのうえで、その後の政党政治の展開を、①多党化の時期（1988年選挙から1994年選挙まで、およびその前後の時期）、②左派の連携が進む時期（1998年選挙から2002年選挙まで、およびその前後の時期）、③右派連合の成功と選挙連合対決の時期（2006年選挙から2010年選挙まで、およびその前後の時期）、④右翼ポピュリスト政党の台頭により議会政治が混乱する時期（2014年選挙から2018年選挙まで、およびその前後の時期）、⑤右翼ポピュリスト

政党の包摂による政党システムの再編が進んだ時期（2022年選挙の前後の時期）、の5つに分け、それぞれを第3章から第7章までの各章に充てて整理していく。

　続いて、政党システムの変化を認識し、記述する方法を説明しておく。

　すでに述べたように、政党システムを政党間の競争を中心とする相互作用のあり方としてとらえると、理論上は各党が議会における立法活動や有権者に向けた広報活動を含めて、あらゆる場面で何らかの形で影響を与え合い、システムとして作用しているはずである。しかし、競争という要素に着目すると、それは何より選挙とその結果と連動した政権形成をめぐって展開されるといえる。また、現実に観察可能であるという点でも、それらの局面に注目して状況を把握することが相対的に有効だと考えられる。

　したがって本書では、上記の時期区分をふまえ、それぞれの期間に行われた選挙ごとに各党の動きや全体像を記述していく。その際には、先にふれたメアによる政党システムの理解をふまえ、各選挙について、① 選挙戦の展開（争点や世論、政党間の論争の状況）、② 選挙結果と若干の分析、③ その結果として成立した政権の構成、の順に整理し、把握していくことにする。ただし、①を理解しやすくするためにも、その前にそれぞれの時期の社会・政治状況についての簡単な説明を入れる。また、③については、選挙結果から明白なことも多いが、政権協議に時間がかかった場合に関してはその経緯も取りあげて説明する。[8]

　5つの時期に充てられる章については、それぞれの最後に「小括」（ないしそれに相当する部分）を置き、要点を整理しておいたうえで、それらをいくつかの観点から整理し直す第8章を挟み、第9章で政党システムの変容とそれがスウェーデンの民主政治においてもつ意味を考察する。

注
1) 「本人 – 代理人関係」論ないし代理行為論は、もとは社会学や経営学の分野で用いられていた理論であるが、その後、政治学においても制度論の再評価（新制度論）とも呼応する形で、特にデモクラシーの制度設計に関する分析枠組みとして採用されるようになっている（Strøm/Müller/Bergman eds. 2003；建林・曽我・待鳥 2008）。

2) 正確にいえば、議院内閣制と大統領制では異なり、図1-1は前者にあたる。両者の比較については、次章でふれたうえで、第9章であらためて論じる。
3) 1990年代後半から2000年代初頭にかけて、「本人‐代理人」理論を政治体制分析に用いて注目された研究者の1人であるW. ミュラー（Wolfgang Müller）は、「委任‐責任」関係に政党が介在することの一般的な意義を、伝達コストの削減と集合行為のジレンマの軽減という点から評価していた（Müller 2000）。とはいえ、個別の国の事例についてはより詳細な検証が必要であろうし、たとえば、スウェーデンに着目する本書が、その具体的な制度設計や政党の動きを検討していくことは、彼らの議論を発展させていくことにもつながるはずである。
4) 本書第7章第3節では、スウェーデンの各党のイデオロギー位置をこの方式で表した図を紹介している。
5) 明言はされていないが、政党の組み合わせに加え、単独／連立、多数派／少数派といった区別も含まれると考えられる。
6) メアは同時に、政党システムの変化についてはその中心部分に着目することが重要で、周辺的な動きはさほど重要ではないともいう。つまり、政党競争の方向性や政権形成の過程を変化させる役割を果たす政党が重視される。政党数や政党布置の点で、新党の参入は大きな意味をもつが、それだけで直ちにシステムが変わったとみるべきではないということである（Mair 1997: 52）。
7) これは「階級均衡組織政党デモクラシー」とも呼べる状況である。すなわち、社会の各階級・階層を組織的に代表し一定の政策プログラムをもつ組織政党が、どの党も完全には排除されない形で政治的決定に参画し、国政を運営するようなタイプの民主政治のあり方だといえる（網谷 2014：7-8）。
8) 第3章から第7章までで政党政治の展開をたどる際の事実経過については、逐次表示しない場合も含め、基本的に新聞記事とスウェーデン政治の通史を扱った著作（Hadenius/Molin/Wieslander 1993；Hadenius 2008；Nilsson 2009；Möller 2015）を参照している。そのなかでも1990年代前半までは文献に依拠する割合が多く、1994年以降は自身が選挙時にスウェーデンを訪れるようになったこともあり、現地で購入したり、図書館等で閲覧した新聞に基づく部分が多くなっている。

　新聞については、主に発行部数が最大である全国紙「ダーゲンス・ニーヘーテル（Dages Nyheter）」を参照している。同紙の編集方針は一般にリベラルな傾向にあるとみられているが、少なくとも現代では特定の政党とのつながりはなく、社会や政治の動向を追う際に依拠するメディアとしては妥当だと判断している。また、同紙について2017年以降はPDF版で読める形で購読しており、有料のアーカイヴを利用した場合も含め、すべて紙面の状態で確認している。

　他に、全国紙の朝刊紙「スヴェンスカ・ダーグブラーデット（Svenska Dagbladet）」と全国紙の夕刊紙「アフトンブラーデット（Aftonbladet）」を一部で用いたが、その場合は本文中に割注で示している。

なお、出典表記の際は「ダーゲンス・ニーへーテル」を"DN"、「スヴェンスカ・ダーグブラーデット」を"SvD"、「アフトンブラーデット」を"AB"と略記している。

第2章

スウェーデンの政党政治

　ここでは、本書が主な検討対象とする期間より前の政党政治の状況について、政治制度の概要とあわせて整理しておく。本来、政治を含めたあらゆる社会的活動は常に変化のなかにあるとみるべきだが、このような研究においては便宜上、一定の時期区分が必要になる。その点で、スウェーデンの政党政治に関しては、新党の参入や政権構成パターンの変化に着目すると、第二次世界大戦後から1980年代半ばまでを相対的な安定期ととらえることができる。その間には、二院制議会から一院制への移行 (1971年)、国王の役割や議会に関する規定を改変した新憲法 (新統治法) の制定 (1974年) と、重要な制度変化もみられるが、後述するように、前者については政党を単位とした比例代表原理をより強化する意味合いが大きく、後者については1世紀半あまり前に定められた憲法 (統治法) を実態に合わせて規定し直したという性格のものであり、政党政治のあり方を大きく変えるものではなかったといえる。

　そこで本章では、1910年代末から続く5党体制を前提としつつも、主に一院制への移行後、1980年代半ばくらいまでの政治状況を概観し、前章で示した分析枠組みに照らした評価を試みる。それが、次章以降で1980年代末からの政党政治の展開を把握し、その変化を検討する際の基点となる。

第1節　議会とデモクラシー

　スウェーデンの政体は、国王を元首とする立憲君主制である。とはいえ、1920

年代末以降、国王は儀礼的な役割を果たすのみで、立法や財政、外交など国家レベルでの政治的決定はもっぱら議会によって行われており、行政府の存立が国王による承認ではなく議会多数派の支持に依拠するという意味での「議会主義（parliamentarism）」の体制である。以下ではまず、同国のデモクラシーの制度的中核をなす議会制度のあり方について、後の議論の展開を念頭に置きながら、その歴史を含めて概観しておく。

（1） 議会制度とその歴史[1]

スウェーデン議会の起源は、12世紀に裁判と王の選出のために設けられていた集会にある。それがやがて、貴族と聖職者、農民、市民（ブルジョワジー）の代表が区別された身分制議会へと変化していった。議会が王を選出する手続きは16世紀半ば（1544年）まで残ったが、ヴァーサ（Vasa）王朝の安定とともに君主の地位も世襲化されていった。スウェーデンでは封建制が発達せず、自営農民が独自の階級を形成して議会にも代表を送っていたが、国王はその農民層と協力して貴族に対抗することもあった。17世紀から18世紀初頭にかけての「大国の時代（stormaktstiden）」には、王権がさらに強まった。

しかし、大国志向の帰結としての「北方大戦争」に敗れ、後継者争いで国内に混乱が生じると、議会が王権を制限する憲法を制定し、「自由の時代（frihetstiden）」（1719–1772年）が訪れた。この時期に政党政治の原型が現れるとともに、その後の憲法（基本法）の構成要素となる「出版の自由に関する法律（tryckfrihetsförordning）」（1766年）も制定された。こうしてスウェーデンは世界的にみても早い時期に議会政治の興隆を経験したが、18世紀末から19世紀初頭にかけて再び王による支配が強まることになる。

この王制期は長くは続かず、ナポレオン戦争の余波から生じたロシアとの戦争に敗れると、国王の失脚によって議会の影響力が強まり、1809年に新しい憲法が制定されて、国王と議会が行政権を分け合うという意味での権力分立型の体制が成立した。そこでは議会の権限が強化されたが、身分制は持続していた

ため、実際には貴族の力が強く、平民層（聖職者、市民、農民）はその代表権拡大を求めていった。やがてそれらの勢力は、有産・有識者層のための上院を設けることを条件に国王の同意を取りつけ、選挙によって代表を選ぶ二院制議会への再編を果たした。1866年には、両院に極端な差があり（任期が9年と3年、被選挙権が35歳以上と25歳以上）、財産や性別による選挙権の制限が大きかったものの、国民代表の原理に基づく議会制度が誕生した。

その後、財産による選挙権の制約が段階的に弱められていき、1907年の男性普通選挙への移行を経て、1921年には、自由主義政党と社会民主主義政党との連立政権の下で、男女普通選挙が実現した。この連立政権は、国王の後ろ盾によって成立した保守系のH. ハマーショルド（Hjalmar Hammerskjöld）内閣が辞職に追い込まれた後に（短い後継政権を経て）行われた1917年選挙によって誕生しているが、この時は保守派内閣を望んだ国王もそれを断念せざるをえず、以後、議会多数派が組閣にあたる慣行が定着した。つまり、歴史的にみると、この時点で国王に対する議会の優位が確立したことになる[2]（Persson 2018：106）。これらのことをもって、1920年頃にスウェーデンは完全なデモクラシーの体制に移行したといえる[3]。

その後、議会をめぐる最大の制度改革は、1970年に上院が廃止されて一院制へと移行したことである。その背景には、以下のようなことがあった。すなわち、男女普通選挙が実現した1921年の選挙制度改革の際に、下院に比例代表制が導入された一方で（選挙制度については後述）、上院の議員は、地方議会の勢力比に応じて各党に議席が配分される方式となっていた。これが毎年8分の1ずつ改選されるという仕組みであったため、社会民主主義政党の優位が続くなかで、中道右派の諸政党は、下院選挙で議席を増やしても勢力関係が変化しにくいことに不満を募らせていた[4]。また、隣国デンマークが1953年に一院制に移行していたことから、より合理的な議会制度を求める動きも強まり、1950年代から60年代にかけての議会改革論議を経て、1969年に統治法が改正され、1970年の選挙後に上院が廃止されることとなった。

一院制に移行した時点で、スウェーデン議会の総議席数は350であったが、その後行われた1973年選挙では、左右の政党ブロック（後述）が175議席ずつの同数となった。政権交代は起こらなかったものの、その後、一部の法案の票決において賛否が同数となり、くじ引きで決する事態が生じたことを受け、将来的な混乱を避けるために1議席減らして奇数にする修正がなされた。以後、現在（2024年）に至るまで議席総数は349である。

（2）　議会と政府の関係

　スウェーデンの政治制度は、議会と政府との関係でみれば議院内閣制である。それは基本的に、政府の存立基盤が議会の多数派の支持にあるということを意味する。そこで注目されるのは、政府の形成と解消（解任）の両局面への議会の関わり方である。

　政府の形成については、その長であり、他の閣僚を選任する立場の首相（内閣総理大臣）を選出する手続きのあり方が問われる。この点については、スウェーデン（および北欧諸国）に特有の制度ないし慣行があり、候補者が首相に任命される際に、議員の過半数による支持（賛成）が必要とされるのではなく、過半数の反対がなければ承認されたとみなされることになっている。ここに表れる議会と政府（内閣）の関係が「消極的議院内閣制（negative parliamentarism）」と呼ばれ、スウェーデン（および北欧諸国）の特徴となっている（Bäck/Erlingsson/Larsson 2013：98-99）。

　首相候補者の指名について、かつては形式的ではあれ国王によってなされていたが、1974年制定の統治法の下では、議会議長が諸会派の代表者（実質的には政党党首）との協議を経て候補を選ぶことになっている。また、以前は特に票決の機会ももたれないままに、各党の議席数と政党間関係から判断されることが多かったが、1974年統治法によって承認手続きとしての票決が制度化された。その際には、上述のとおり、棄権が事実上支持を意味するため、実際に政党指導部の判断で所属議員が消極的支持ないし容認の意味で棄権することも

少なくない。

　続いて、政府ないしその構成員の解任の手続きが問題となる。まず、日本を含む多くの国と同様に、(たいていは野党の) 議員が内閣に対する不信任案を提出し、議決を求めることができる。それが賛成多数で可決されれば、内閣は辞職するか、議会を解散して選挙を行うことになる (ただし、後述する理由により、解散・再選挙が選ばれることはほとんどない)。

　また、スウェーデンの場合、1974年統治法が発効して以降、内閣に対してではなく、首相を含む大臣個人への不信任動議を提出することも可能になっている。このような制度を採る国はヨーロッパでも稀であると指摘される一方、内閣に対する不信任案に比べると例は少なく、1980年代には、首相を対象としたものと外務大臣に対したものが一例ずつみられたものの、いずれも否決されている。こうした制度は事実上、野党の不満表明の手段として利用されることが多いとも考えらえているが (Bergman 2003: 602)、議会から政府に対する統制を強めるための制度設計であるとはいえるだろう。

　政府の解体に関して、議会からの働きかけではない形としては、まず、首相自身の判断で内閣が総辞職することがある。稀ではあるが、たとえば、内閣の存続を賭して重要法案を提出し、それが実現しなかった場合に辞職に踏み切るということが起こりうる[8]。

　次に、首相への不信任が議決された場合を含め、首相および政府の判断で議会を解散し、構成員が議員資格を失うことによって、(新内閣の発足まで任務が残るものの) その政府自体の活動は終わりを迎えるケースがある。これは、政府から議会への影響力行使でもあり、政府に対する議会の優位が厳密に実現されるなら、隣国ノルウェーのように憲法が内閣に議会解散権を認めないこともありうる。この点で、スウェーデンには、議員の任期と選挙の期日 (間隔) が固定されていることと連動した特殊な事情がある。

　スウェーデンでは、制度上、内閣は議会を解散して選挙を実施する権限をもつが、その場合でも、新たに選ばれる議員は前の選挙で選ばれた議員の任期を

引き継ぐのみであり、次の選挙の実施時期は変更されない。そのため、短い期間に選挙が続くことの財政的、心理的負担等から、世論の反応を考慮すると一般的に臨時選挙（extra val）の実施には踏み切りにくい。実際にそれが行われたのは、1930年代以降では、年金改革をめぐる論争が激化し、国民投票を経ても決着しなかったために議会が解散された1958年の1回のみである。

(3) 立法活動

スウェーデンの議会は、他の北欧諸国と同様、国際比較においては、実質的な審議機能が強いタイプだとみなされている。

それは特に、議会内の常設委員会(utskott)の機能によるところが大きい(Rasch 2011: 52)。著名な北欧政治研究者 D. アーター(David Arter)によれば、スウェーデンの議会は、与野党の攻防や討論の場としての「討議型議会（debating parliament）」ではなく、実質的な議論や政策形成が重視される「実務型議会（working parliament）」だとされる（Arter 2016: 209-224）。それは、N. W. ポルスビー（Nelson W. Polsby）のよく知られた議論において「アリーナ型」に対置された「変換型」に相当するともいえる[9]。

その起源については、デモクラシー確立期の政党政治のあり方が関わっていたと考えられる。すなわち、1920年代後半から1930年代初頭にかけて、明確な優位政党が現れないまま、防衛・軍縮、学校制度改革、労働争議をめぐる裁判の制度化などの政治課題への対応に迫られる状況で、内部対立から分裂した自由主義勢力の一方が政権を担いつつ、社会民主主義政党や保守主義政党、農業者政党と争点ごとに異なる組み合わせで政策を調整し、票決していくしかなかった。そのなかで調整の舞台となった議会内委員会の役割がかつてないほどに大きくなった（Hadenius 1994: 168-170）。その後、政党政治の混乱は治まっていくものの、政党間の交渉による合意形成の手法とともに、議会内委員会の政策調整・決定機能の重要性は増していった。今日に至るまで、多党制で少数派政権が多いスウェーデンで、この議会内委員会は、議長職が野党にも比例配分

されることもあって、各政党間での妥協や技術的合理性を重視した現実的な解決策の追求を可能にしている（Mattson 2015: 680–681）。

　また、議会で審議される法案、特に政府提出法案が議会外に設けられた調査委員会（kommité, utredning）によって作成されることが多いのもスウェーデンの特徴である。時間をかけて検討すべき課題があるとき、所管大臣が命じる形で調査委員会が設置される。1人ないしごく少数の専門家が調査・検討にあたることもあるが、たいていは、複数の政治家（政党代表）や利益団体の代表、専門家などが委員に任命される。そこでは基本的に、必要な情報を集めて問題解決に向けた議論がなされ、最終的には法律の原案となる提言を含む報告書(答申)が提出される。

　さらに、調査委員会の活動を通じて得られた結果や提言については、政府がそれを関係する公的機関や利益団体等に対して通知し、意見聴取の機会を設けることになっている（統治法第7章「政府の活動」、第2条）。この手続きは「レミス（remiss）」と呼ばれ、そこでは各機関や団体が意見を表明することができ、それが記録され、公表もされる。それらの意見に拘束力はないが、立法化の際には一定程度配慮されることになる（Heclo/Madsen 1987: 13–14）。もちろん、そのすべてが具体的に考慮されるわけではないが、社会におけるさまざまな立場や見解が認知される機会が制度化されている点は特筆されるべきであろう。

　このように、スウェーデンでは、議会を中心とした立法過程において、野党を含む政党間の交渉や、関連諸機関や利害関係を有する団体を広く包摂しながら政策形成がなされる慣例があり、それがしばしば「コンセンサス・ポリティクス（合意形成型の政治）」の要素として指摘されてきた。

第2節　選　　挙

(1)　選挙制度――比例代表制

　スウェーデンの選挙制度は、有権者が政党を選び、各党に得票率に応じて議

席が配分される「比例代表制」である。それは二院制時代の1909年に下院に初めて導入されて以降、一貫して用いられてきた。ひと口に比例代表制といっても、その具体的な制度設計に関わってさまざまなバリエーションがあるため、以下ではいくつかの先行研究を参照しながら同国の制度の概要をみていく（Arter 2016：121-126；Bengtsson et al. 2014：18-20；Rasch 2011：42-44；Hansen/Kosiara-Pedersen 2018）。

　スウェーデンの場合、比例配分の算定方法としては、修正サン－ラゲ方式を用いている。それは、各党の得票数を整数ではなく奇数で割っていくことで、日本をはじめ多くの国々で用いられているドント式よりも小政党に有利な一方で、最初の除数を1ではなく1.4とすることで（後述の最低得票率の規定と合わせて）極端に小さい政党については参入を認めず、議会政党の断片化を防ごうとするものである。

　次いで、スウェーデンの比例代表制には議席獲得要件（「敷居」ないし「制限条項」とも呼ばれる）が設けられている。すなわち、小党乱立を防ぐために、全国レベルで得票率が4％に満たない政党には議席が配分されない。ただし、全国では4％未満でも、いずれかの選挙区で12％以上の票を得た政党には、その選挙区でのみ議席が与えられることになっている。しかし、後者の条件のみによって議席を得た例はいまのところない。

　他には、調整議席が設けられていることも特徴として挙げられる。すなわち、349議席のうち、29の選挙区から310名が選ばれる一方で、39議席（全体の11％）については、全国レベルでの各政党の得票率をもとに全体が比例配分に近づくように別途配分される仕組みになっている。選挙区が広域自治体や主要都市を単位としているため、それぞれの定数は比例代表制にしては少なくなり、国全体でみると、各党の得票率と議席の割合のずれが大きくなってしまうからである。

　比例代表制で政党を選ぶ際の議員候補者については、1990年代半ばまでは、党が用意した名簿のまま投票することも、特定の候補を除いたり加えたりする

こともできた。さらには、党が準備した候補者リストが印刷された投票用紙ではなく、所定の用紙に別の候補者ないしリストを書き込んで投票することも可能であった。[14]

(2) 他の制度的条件

スウェーデンでは、1924年以降、下院の選挙が4年に一度、定期的に実施されてきた。それが、一院制への移行を決めた1969年の統治法改正により、1970年からは3年おきに行われることとなった（その後の制度改正により、1994年以降は再び4年おきに実施されることになって現在に至っている）。先述のとおり、議員任期もそれに合わせて固定されており、選挙の間隔については、1974年制定の統治法に明記されている（第3章議会、第3条）。さらには、選挙法によって投票日についても「9月の第3日曜日」と決められていた（ただし、2014年選挙からは同第2日曜日に変更されている）。

選挙が行われる時期があらかじめわかっているため、政党や政治家はそれに合わせて計画的に政治活動を展開することができる。政府・各党は次の選挙までの政権担当期間を明確に認識して政策の実施にあたる一方で、野党は政権奪取に向けて戦略的に行動する。また、与野党を問わず、直前の選挙が不振に終わった党は、その結果を反省・総括し、次の選挙に向けた活動計画を立てて巻き返しをはかることになる。

なお、すべて比例代表制で行われる地方議会の議員選挙も、国政選挙と同じ周期で、同じ期日に実施される。[15] しがたって、投票日には有権者が、国政のほか、広域自治体（landsting）と基礎自治体（kommun）の議会とあわせて3つの選挙で投票することになる（今日ではEU議会選挙のみ別日程で行われている）。そのため、「選挙年」には、新聞をはじめとしたマスメディアも、本格的な選挙戦が始まる前からそれを意識した報道を行うし、有権者の側も政治および選挙のことを意識しやすくなる。こうした制度設計は、1970年代に90％に達し、近年でも80％台を維持しているという投票率の高さにもつながっており、スウェー

デンの代議制デモクラシーを機能させるうえでは少なからぬ意味をもってきたと考えられる（この点については終章であらためてふれる）。

第3節　政党と政党システム

(1)　政党の形成

　スウェーデンでは、19世紀中葉に身分制議会に代えて置かれた二院制議会において、近代的な政党の形成が始まった。下院内に自営農民の集まりができると、他にも同様の動きがみられるようになったが、そうした政党はもっぱら議会内での協力関係に過ぎなかった（いわゆる名望家政党の段階）。その後、組織化された労働運動が議会に代表を送るようになったことで、議会外に支持基盤をもつ政党の形態が出現した。1909年に下院に導入された比例代表選挙は、新たな組織政党の参入を促すことになった。男女普通選挙の確立によって有権者が増える1920年代までに、その後長く続くことになる同国の政党政治の基礎が形成された。これらのことから、19世紀後半から20世紀初頭にかけての数十年の間に、ヨーロッパの中では遅れて始まりながら急速に進んだ工業化と、議会改革や選挙権の拡大を通じた民主化と、政党の形成とが、相互に関連しあいながら進行したといえる（Petersson 2007: 87）。

　こうした過程をヨーロッパの長期的な歴史的展開と結びつけ、いくつかの革命のタイミングとそこで生じた社会的亀裂（クリーヴィッジ）の構造から説明するのが、ノルウェーの政治学者 S. ロッカン（Stein Rokkan）の議論である。スウェーデンを含む北欧諸国については、国家形成期の「中心－周辺」対立が保守派に対抗して農民層と中間層がむすびつく形で現れ、その後、自由主義勢力の分離、産業革命による労働者層の増大、さらにはロシア革命による労働者の分断を経て、5つの勢力（政党）に分かれて定着したと解釈される（Lipset/Rokkan 1967）。こうして生まれたのが、社会（民主）主義、共産主義、保守主義、自由主義、農業者の各勢力からなる「北欧5党制」と呼ばれる政党配置で、特にス

ウェーデンはその典型的事例だと考えられてきた。

(2) 各党の概要

ここでは、次章以降で1988年選挙からの政党政治の展開をたどることを念頭に置きつつ、1985年選挙での得票率・議席数の順に各党のプロフィールをみていく。その際、それぞれの性格や特徴を把握するために、時期を遡って結成の経緯についてもふれるほか、1980年代までの勢力（支持率、選挙得票率）の推移についても簡単にみておく[16]。なお、各党の選挙得票率や議席数の長期的な変化については、巻末に資料を掲載している。

なお、政党名については、原則としてスウェーデン語の通称（新聞報道等で用いられるもの）を日本語に訳し、必要だと思われる場合には適宜説明を加えることにする。また、次章以降で扱う時期に新たに議会参入を果たした政党（環境党、キリスト教民主党、スウェーデン民主党）については、そのことにふれる際にあらためて記述する。

社会民主党

政治的な影響力の拡大を目指す労働運動の指導者らによって設立された政党である。

1879年に北部の町スンズヴァル（Sundsvall）で起きた林業労働者のストライキを機に各地で労働者の組織化が始まると、大陸で労働運動を学んで帰国していたA. パルム（August Palm）が全国を行脚してその思想を伝えたこともあり、1880年代に多くの労働組合が誕生していた。それを背景に、1889年にH. ブランティング（Hjalmar Branting）を党首として「スウェーデン社会民主労働党（Sveriges socialdemokratiska arbetarepartiet）」が結成された（本書では、その通称"Socialdemokraterna"を訳して「社会民主党」と表記する）。

1896年にブランティングが同党で初めて国政に議席を得ると、その後も有権者の間で急速に支持を伸ばし、1914年春の選挙では得票率が30％を超え、保守

主義政党、自由主義政党と肩を並べるまでになる。1917年の選挙では、共産主義政党を結成することになる勢力との内部対立もあって議席を減らしたが、下院最大勢力となり、1920年にはブランティングを首相とする初の社会民主党政権も誕生した。

社会民主党の選挙得票率は、1920年代に40％に達し、以後1980年代までは常に40％台を維持していた（1968年には一度だけ50％台を記録している）。その間、議会第一党の座を保ち続け、1932年から1976年までは、戦時大連立を含めて（3か月ほどの選挙管理内閣が存在した時期を除き）44年間にわたる長期政権をも経験した。

その社会民主党政権の下で、スウェーデンは間接税（財やサービスの取引時の付加価値に課す税）を導入し、各種社会保険に所得比例原理を採用するなどして、中間層をも包摂しうる形で体系的な社会保障制度を発展させていった。その点で、国内でも同党は福祉国家の主要な担い手とみなされてきた。

その支持者層は、基本的に労働組合に組織された産業労働者（ブルーカラー層）であったが、高度経済成長期には事務系労働者（ホワイトカラー層）の取り込みも進み、公務員層からも多くの支持を得ていた。

穏健党

自由主義や社会民主主義の勢力が増しつつあった20世紀初頭の議会両院において、いわゆる右派は保守派と穏健派に分かれて議員集団を形成していたが、それらを1904年に議会外で設立された「全国有権者同盟（Allmänna valmansförbundet）」が支持するようになった。1912年には上下院それぞれで両派が統一され、1934年には両院合同の会派、「右派議員団（riksdags högern）」となった。他方、有権者組織としての全国有権者同盟は1938年に「右派全国組織」と改称された。1952年には、議会内政党と議会外組織が結合し「右翼党（Högerpartiet）」と称するようになった。

1960年代には政権党として経済成長と社会政策の拡大を両立させた社会民主

党の優位が強まり、1968年選挙では同党が28年ぶり2度目となる単独過半数の議席を得た。右翼党はそれに対抗するために中道2党との協力を目指したが、自らの強い経済自由主義志向がそれを困難にしていると認識したため、中道に寄って3党で政権を狙う路線をとり、1969年には党名を「穏健連合党(Moderata samlingspartiet)」に改めた（本書では、その通称 "Moderaterna" を訳して「穏健党」と表記する）。

同党は、1920年代には30％近い選挙得票率で政権を得たこともあったが、その後は支持率も徐々に低下し、1930年代から1960年代にかけては10％台で推移した。しかし、1970年代後半から1980年代にかけて、当時の世界的な新自由主義の潮流にも合わせて再び市場志向を強め、歳出削減と減税、規制緩和を主張し、従来の福祉国家路線を批判して社会民主党の主要な対抗勢力となっていった。この時期に有権者の支持を伸ばし、その後今日に至るまで（中道）右派の中心勢力となっている。

結党以来、経営者団体や財界の支援を受けており、主な支持者は相対的に豊かな有権者である。1980年代の時点での支持基盤は、都市および郊外居住の中間層や民間企業勤務の高所得者層であった。

国民党

19世紀末の議会下院にあった自由主義者（リベラル）および自由貿易論者の会派が1895年に「国民党（Folkpartiet）」を設立し、1900年にそれが再編されて「自由主義連合党（Liberala samlingspartiet）」となった。1902年には、1890年代から広がりつつあった選挙権拡大運動の「選挙権連合（Rösträttförening）」から有権者組織「自由主義全国連合（Frisinnade landsföreningen）」が結成され、その支持母体となっていった。

この自由主義政党は、当初、議会内の最大勢力としてスウェーデン政治を主導したが、最大の目標であった男女普通選挙が実現すると有権者の支持が弱まり、さらには深刻な内部対立を抱えることになる。すなわち、主に非都市部出身で自由教会運動や禁酒運動を支持する自由主義派（frisinnad）と、主に都市部

を拠点とする文化的急進派のグループの対立が深まり、1923年には後者（禁酒反対派）が独立して議会内政党としては分裂状態に陥り、選挙得票率が合わせて10％強にまで落ち込んだ。両者は1934年に統一されて再び「国民党」となったが、しばらくは低迷が続いた。

その後、1944年に著名な経済学者 B. オリーン（Bertil Ohlin）が党首になると、「社会的自由主義（social liberalism）」の理念を掲げ、第二次世界大戦後10年あまりの間、非社会主義陣営の最大勢力として、長期政権を維持していた社会民主党との間で展開された社会政策をめぐる論争を主導した。しかし、政権奪取を果たせぬまま、1950年代後半になると有権者の支持を失い始め、ふたたび低迷期を迎えた。

上述のように、初期の支持者には、選挙権の拡大を求める人々を中心に、宗教政策やアルコール政策をめぐる運動に関わる人々が多かった。その後それらの争点が後景に退くにつれ、自由主義的価値の共有が軸になったが、たとえば職能的な組織に支えられた社会民主主義政党や農業者政党に比べると支持基盤は安定しなかった。他方で、第二次世界大戦後の選挙時の調査などからみると、主な支持者層は民間企業の事務職、管理職、専門職従事者であった。

国民党は、1990年に党名に"liberalerna（自由主義者、リベラルな人々）"の語を追加し、"Folkpartiet Liberalerna"とし、さらに2015年には"Folkpartiet"のほうを外すが、その性格が大きく変わったわけではない。従来から「リベラル」として認知されており、それを強調するための改称であった（本書では、スウェーデン国内での通称を重視し、2015年の改称までは「国民党」、それ以後は「自由党」と表記する）。

中央党

基本的に農業者の利益を代表していた党である。初期の二院制議会において、下院で自営農民の代表者たちが結成した政党の発言力が強まったが、その後、自由主義や保守主義の会派が影響力を強めるにつれ、議会内では農業利益の追

求に特化した活動が難しくなっていった。その一方で、議会外で政治志向の農民運動が発展していったが、1910年代にはそれらが、比較的小規模な自営農民を代表する「農民同盟（Bondeförbundet）」と、東南部の大規模土地所有農民と結びついた「農業者全国同盟（Jordbrukarnas riksförbund）」に分かれていた。それが1921年に「農民同盟」の名で統一されて農業者政党となり、議会に代表を送るようになった。

その後30年あまりの間、農民同盟は、支持率（選挙得票率）は10％台前半にとどまったものの、第二次世界大戦期の大連立政権に加わったほか、1950年代には社会民主党との連立政権にも参加して、農業者ないし農村部の利益の追求において一定の役割を果たした。他方で、産業構造の変化（第一次産業の割合の低下）と農業人口の減少にともない党勢維持の困難が予想されてもいた。そのため、1957年に社会民主党との連立政権を解消した後に、農業者の利益代表にとどまらない中道政党をめざし「中央党・農民同盟（Centerpartiet bondeförbundet）」に改称し、翌年からは単に「中央党（Centerpartiet）」と称するようになった。

中央党は、1970年代になると、原子力発電が社会問題化した際に政党として唯一明確に反対の立場を示したこともあって大きく支持を伸ばし、一時は社会民主党に次ぐ勢力となった。44年にわたる社会民主党の長期政権の後、二度にわたって誕生した保守中道3党連立政権では、党首T. フェルディーン（Torbjörn Fälldin）が首相を務めた。

しかし、1980年代に入ると選挙得票率が急落し、中道右派最大勢力の座を穏健党に譲った。中央党に改称した後には、農業に限らない地域振興や自営業者支援にも力を入れ始めたが、主な支持層はなおも農業者や非都市部居住者である。

共産党

1917年に社会民主主義政党から別れた勢力である。同年の社会民主党大会において、党内最左派が他党との協調路線をとる党執行部を批判し、（王制の廃止

を含めた）社会主義的な共和国への早期移行を求めるべきだと主張し、党内対立が激化した。彼らはこれを機に離党し、「スウェーデン社会民主左翼党（Sveriges socialdemokratiska vänsterparti）」を立ち上げた。同党は1919年に共産主義の国際組織「社会主義インターナショナル（コミンテルン、第3インターナショナル）」が発足するとこれに加盟した（一部のメンバーはそれに反対して離脱し、後に社会民主党に復帰した）。1921年には「スウェーデン共産党（Sveriges kommunisitiska parti）」と改称し、さらに1967年には「共産主義左翼党（Vänsterpartiet kommunisterna, VPK）」と党名を変えた（後述する1990年の「左翼党（Vänsterpartiet）」への改称時のように党の性格や方向性を大きく変えたわけではないので、本書での表記は1990年の改称時までは「共産党」とし、それ以降については「左翼党」とする）。

　共産党の支持率（選挙得票率）は、第二次世界大戦中に10％に達したことがあるが、それ以降、1980年代までは5％前後で推移し、議席数でもみても常に5党中の最小勢力であった。支持基盤は労働者と知識人の一部で、第二次大戦以前は共産主義思想（革命路線）の受容が前提にあったが、その後は公共部門従事者の間で相対的に多くの支持を得ている。

（3）　政党システム

　まず、政党数については、すでに述べたように、1980年代半ばまで国政レベルの議会政党が5つの時代が長く続いていた。その点では極めて安定度が高いといえる。

　続いて政党の位置関係については、しばしば指摘されてきたのが、スウェーデンほど、「左‐右」軸に沿って一元的に示される位置関係に基づいて政治が展開されてきた国はないということである（Bergström 1994: 8）。ここでいう「左‐右」とは、基本的に、社会経済生活への政府の介入に対する評価を指し、平等志向で統制を強めようとするのが左派で、介入に反対するのが右派である。5つの党が左から右へ、共産党、社会民主党、中央党（旧農民同盟）、国民党、穏健党（旧右翼党）の順に並ぶ形になっていた[17]。

それらの関係については、たとえば、所属議員や支持者の「左－右」軸上の位置の認識を調査し、数値化を試みる先行研究もみられたが、ここでの主たる関心は政権形成や議会運営の際の政党どうしの関係にある。その点で重要な特徴として挙げられるのが、①「ブロック政治」の慣行と、②政党間の勢力関係における社会民主党の優位である。

　「ブロック政治」については、1930年代以降（第二次世界大戦下での大連立の時期を除き）、5つの党が選挙を通じて議席を争いながらも、政権のゆくえについては、社会民主党と共産党からなる「左派（社会主義）ブロック」と、穏健党（旧右翼党）、中央党（旧農民同盟）、国民党からなる「中道右派（ブルジョワ）ブロック」のそれぞれの合計議席数の優劣によって決まる傾向を指す。

　次いで、社会民主党の優位に関しては、すでに述べたように、同党が常に議会第一党（最大勢力）で、1930年代からは40％以上の選挙得票率を維持していたことからも、それが顕著であったといえる。これに対して共産党は1970年代以降、得票率が5％前後の小政党であった。中道右派政党はその中間の規模で、1970年代には中央党が、1980年代には穏健党がブロック内の中心勢力であった。

　これらのことをふまえて、政権争いおよび政権構成のパターンを確認しておく。1970年代から1980年代にかけては、左派と右派のブロック間での優劣が政権のゆくえを決していた。選挙の結果として、左派2党の議席数の合計が過半数を占めた場合は、例外なく社会民主党の少数派単独政権となった。その際社会民主党は、「左－右」軸上で自らの位置を飛び越えて中道右派諸党と連携する可能性がない共産党を、正式な交渉をもたずとも常に事実上の補完勢力とみなすことができた。

　他方で、中道右派3党の議席の合計が半数を超えた場合は（1976年選挙と1979年選挙）、それらの連立による多数派政権となった。ただし、2回とも議員任期途中で政策面での対立が深まって、1党または2党がそこから離脱しており、その不安定さが目立った。[18]中道右派3党の関係については、1970年代には中央党が政権協力の中心にあったが、3党間の議席数の差はさほど大きくなく、1980

年代に入ると議席を増やした穏健党がブロック内の最大勢力となった。

　政権交代は総入れ替え型であった。1950年代には中央党の前身の農民同盟が社会民主党と連立政権を組んだことがあるが、その後はむしろブロック間の対抗が鮮明化しており、2大政党制にも似た様相を呈していた。ただし、それは基本的に選挙後に考慮されるものであって、のちの時代にみられるような明確な事前協力はなく、選挙時には各党がそれぞれの政策的主張（選挙公約）を掲げて有権者に支持を訴え、自党の勢力拡大を目指していた。

　ここで、各党の規模と政策位置の両方に関わる論点として、個別の政党の政党システムにおける重要度にもふれておく。これは、政党システムを数の問題に還元せず、政権争いへの影響力を重視すべきだという議論に関わる。この点について、「有効政党数（effective number of parties）」を数値化して比較する議論（Laakso/Taagepera 1979）やイデオロギー距離の測定というアプローチもありうるなかで、本書の目的からは、サルトーリのいう「有意政党（relevant party）」の概念が重要になる。すなわち、当該国の具体的な文脈において連立政権を含めて政権に参加する可能性をもつ政党や、そうでないとしても「脅しを利かせる力（blackmail potential）」をもつことによって政権の成立や存続に影響を与えられる立場にある政党が重視されるべきだということである（Sartori 1976：121-124；邦訳211-216）。

　この観点でいえば、社会民主党は単独で政権を担うことができ、中道右派3党は相互に協力することによって政権に参加する可能性をもつ。共産党だけが、事実上政権に就く可能性がない存在であるが、同党もブロック間対抗における不可欠な構成要素となっており、政権のゆくえには確実に影響を与える存在である。したがって、5党制期のスウェーデンにおいて「有意」でない政党はなかったと考えられる。

　なお、この時期の共産党については、得票率が議席獲得要件の4％をわずかに超える状況が続いていた。仮に同党が議席を失うことになると、社会民主党が単独で過半数の議席を確保することが難しいため、「4％の戦友（kamrat fyra procent)」という言葉が生まれ、社会民主党支持者の一部には戦略的に共産党に投票する者もいると指摘されてきた。つまり、共産党が政権争いを左右しうる存在であることは、有権者の間でも広く認識されていたといえる。

　最後に、スウェーデン特有の事情、つまり社会民主党優位の実態について確認しておく。1976年選挙で中道右派3党連立政権が生まれるまでは、社会民主党が44年にわたって連続して政権に参加しており、1957年からの約20年は単独で政権を得ていた。競争的な選挙が行われながらも結果として1つの党が政権にあり続ける状態が「一党優位政党制（predominant-party systems）」と呼ばれるが（Sartori 1976: 192-199；邦訳323-337）、その間のスウェーデンの状況はほぼそれに相当するといえる。[19] 他方で、1976年と1979年には連続して中道右派連立政権が生まれており、3党の連携はいずれも途中で崩れたが、その間の2期6年は社会民主党が野党であった。

　こうしたことから1980年代半ばの時点では、政権交代が常態化したとまではいえないかもしれないが、社会民主党以外が政権をとる可能性がほとんどない、という状況ではなくなっていたとみるべきであろう。本書では、この状態を一応の出発点ないし「原形」とみなし、次章以降でその後の政党システムの変化をたどり、その意味を考察していく。

第4節　デモクラシーの制度と政党政治

　ここでは、本章で述べてきたスウェーデンの政治制度と政党政治、特に政党システムのあり方について、第1章で整理した分析枠組みに照らしてその特徴を確認する。

　まず、代議制デモクラシーの基本的な制度設計についてみていく。

　スウェーデンの執政制度はいわゆる議院内閣制である。[20] したがって、主権者から政策決定者への政治的権限の「委任－責任」関係の連鎖は、議会の代表を選ぶことと並行して執政府の長をも選挙で決する大統領制に比べると、議員を

選ぶ手続きが入るために2段階になる一方で、複線的になる大統領制とは異なり、単線的な構造をもつ。またスウェーデンの議会は、1970年代の初頭に上院を廃止して一院制となっているため、二院制の場合に比べても「委任－責任」関係は明瞭である。つまり、代議制デモクラシーの最も基本的な制度設計を、議院内閣制／大統領制、一院制／二院制という2つの観点でみた場合、スウェーデンのような議院内閣制と一院制議会の組み合わせは、「委任－責任」の連鎖が最も簡明なタイプだといえる。[21]

続いて注目すべきは、有権者と政治的代表者（議員）、議員と政府という特に重要な2つの段階における「委任－責任」関係のあり方と、そのつながり具合である。

まず、主権者たる有権者が代表者たる議員を選出する手続きについては、スウェーデンの場合、名簿式で投票する比例代表制の選挙であるため、党としての目的を共有する候補者の一団を選ぶことになる。[22]その場合、個人単位で議員を選ぶ場合に比べて、「代理行為問題」も相対的に小さくなると考えられる。つまり、選挙制度の性質上、政党が介在することにより、この段階での「委任－責任」の対応が保障されやすい状況があるといえる。

次に、議員の集団が（相対的な）多数派として政府を形成し、政策決定を主導するという部分についてみておく。この点で、スウェーデンの各政党会派については、伝統的にその凝集性が高いとみなされてきた（Bergman 2003：601）。つまり、各政党の所属議員には、首相の信任投票から通常の法案採決に至るまで党議拘束が強くはたらくため、彼らはほぼ例外なく議会内で団結して行動することになる。

他方で、理論上は、連立政権の組み合わせが選挙後の交渉によって変わりうるため、主権者（有権者）が示した意図（政党単位での多数派の選択）が執政府の形成（政権構成）に反映されない可能性がある。しかし、この点については、5つの政党が安定して存在し、かつ、左右のブロック対抗によって政権のゆくえが決まる状況では、有権者に政権構成のパターンが了解されることにより、

代表選出の際の意図との不一致の問題は軽減されると考えらえる。こうしてみると、理論上の評価としては、議会内での各党議員の高い凝集性と、政権構成の予測可能性によって、議会（議員）から執政府への「委任－責任」の対応関係についても比較的良好に保たれやすくなっていたといえる。

続いて、第1章第3節で述べた代議制デモクラシーの正統性と政党政治の関係をめぐる議論に照らしてこの時期のスウェーデン政治の状況を確認しておく。

基本的に、5党制が長く続いていた時期の各党は、大衆組織政党の性格をもっていたと考えられる。それらの政党は、職能的利害に重なる社会的亀裂（クリーヴィッジ）に沿って形成され、その後も社会集団に媒介された有権者に安定的に支持されていたからである。したがって、そのような政党は、何よりもその「代表性」によって、民主政治の正統性を担保する役割を果たしていたといえよう。

ただし、1970年代後半の政権交代で主導的な役割を果たした中央党への支持の増大が、原子力発電をめぐる社会的な論争に関わっていたことに象徴されるように、かつての中心的争点であった労使関係以外の問題の比重が増しており、大衆組織政党による政治の時代が終わろうとしていた可能性は高い。政党組織論でいえば、主要政党が大衆組織政党から包括政党へと移行し始め、その意味で「代表性」の要素が弱まりつつあった時期だともいえよう。

他方で、スウェーデンの政党政治においては、古くから「ブロック政治」の慣行があり、1970年代から80年代にかけても基本的にはそれが作用しており、比例代表制に基づく多党制でありながら、有権者は選挙時にその後の政権構成をある程度意識しながら投票することができた。その意味では「応答性」の要素も含まれており、「代表性」と「応答性」のバランスという点では、前者の比重が大きいものの、その傾向がやや弱まる形で代議制デモクラシーの性格が変容しながら機能していたとも解釈できる。

最後に、議会との関係でスウェーデンの政党がもつ意義を確認しておく。本章第1節(3)でみたように、スウェーデン（および北欧）の議会は、実質

な法案審議の機能が高いタイプのものである。そこで参照したアーターの議論であれ、広く知られたポルスビーの議論であれ、その基本には英米の議会との比較があった。つまり、イギリスは選挙に勝利した政党が強い権限をもって政策決定を行うため、議会は与野党間での議論を展開する場であって、実質的な政策決定・立法化のプロセスは政党（与党）によって進められることが多い。これに対しアメリカでは、議会と大統領との権力分有や、議員が所属政党よりもそれぞれの支持者を考慮して自律的に行動する傾向が強い（政党としての凝集性が低い）ことから、議会が実質的な立法機能を果たす面が大きい。こうした対比をふまえ、スウェーデンの政治学者、T. ベリマン（Torbjörn Bergman）らは、イギリスが「強い政党／弱い議会」、アメリカが「弱い政党／強い議会」という組み合わせであるのに対し、スウェーデン（および北欧）は「強い政党／強い議会」という組み合わせだという（Strøm/Bergman 2011: 19-20）。

　その含意は以下のとおりである。すなわち、政党が「強い」というのは、支持基盤も含めて組織が強固であり、綱領に反映される世界観や政策目標が明確で、かつ議員の行動も比較的統制されているということである。他方で、選挙制度の関係もあって多党制になり、単独で過半数の議席を占めるような政党が存在することはほとんどなく、少数派政権の場合も多くなるなかで、議会内の各委員会において与野党が協議を重ねながら法案を作っていくため、実質的な審議・立法機能が高く（Damgaard 1992: 15）、議会も「強い」ということである。

　こうしたことが「妥協の政治」や「コンセンサス・ポリティクス（合意重視型の政治）」という理解を生む要因にもなっているのはすでに指摘したとおりである。北欧諸国間である程度の共通性がみられるとはいえ、議会との関係においても政党がこのような形で機能しており、代議制デモクラシーにおいて果たす役割も大きいといえよう。

　以上、1970年代から1980年代にかけての政党政治の状況と、代議制デモクラシーとしての特徴を整理してきた。これらのことを前提に、次章以降で今日に至るまでの政党政治の展開をたどったうえで、第9章でこの時期のスウェーデ

ン政治とその後の変化を突き合わせ、政党システムの変化とそれが民主政治において もつ意味を検討することにしたい。

注
1) 議会制度の変遷については、スウェーデンの政治学者、O. ペーテション（Olof Petersson）や A. ハルヴァション（Arne Halvarson）らの著作を参照した（Petersson 2007；Halvarson/Lundmark/Staberg 2003）。また、その記述については拙稿（渡辺 2014）の内容と重複するところがある。
2) ただし、当初は閣議の招集、議会の解散、国軍の指揮といった国王の権限が憲法（統治法）の規定として残っていたため、それらがその後の同法の部分改正によって除かれていった。議会や政府との関係での国王の権限に関しては、20世紀半ばを過ぎても残っていた組閣や内閣総辞職、議会解散の承認行為が、1974年の新統治法の発効にともない廃止された。この統治法では、その第 1 条第 4 節において、議会（Riksdag）が代議制デモクラシーの基礎に位置づけられることが明記されている。

　なお、スウェーデンの憲法に相当するものは正確には「基本法（grundlag）」であり、1974年時点では「統治法（regeringsformen）」、「王位継承法」、「出版の自由に関する法律」からなっており、その後1991年に「表現の自由に関する法律」が編入されている（1992年から発効）。とはいえ、その中心を占めるのは、統治機構や人権保障の大部分について規定した統治法だといえる（山岡 2021：2）。

　また、同国の統治法については、基本法以外の法律よりは厳格な手続きが求められるとはいえ、日本の憲法に比べると改正が容易である点にも注意したい。1809年制定の旧統治法が1974年に新統治法に改められて現在に至るが、その間にもそれぞれの部分改正は幾度か行われてきたということである。
3) 現代的な議会制デモクラシーの原則を、①政府・閣僚への行政権の集中、②政府が議会の多数派の承認を得ていること、③野党が存在し、政権交代の可能性が確保されること、とみて、第一次大戦下で独断志向を強めたハマーショルド政権が終わり、共産党が結成されるとともに、社会民主党と自由党の連立政権が誕生した1917年を画期とする見解がある（Halvarson/Lundmark/Staberg 2003：5-6）。
4) 二院制の下では、法案審議において両院の結論が異なった場合に、上下両院の議員が合同で票決するルールであったため、一般的には、下院で中道右派が僅差で法案を通しても、両院合同投票で否決される可能性が高かった。
5) 二院制時代の議席数は、上院が155、下院が233であったので、両者の合計よりやや少なくなっている。
6) 「大統領制」と対をなすものとして用いられるような執政制度としての「議院内閣制」を表すスウェーデン語は（英語と同じ）"parliamentarism" である。ただし、すでに述

べたように、同国ではそれが国王の権力との関係での議会優位を指すこともあるため"parliamentarism"を日本語にする時には、文脈に注意して訳し分ける必要がある（安武 2007：87）。

7) 統治法第6章第2条。この規定は2010年の法改正を経て、内容は変わっていないものの、現在は第6章第4条に置かれている。

8) たとえば、1990年2月には実際にそのようなことが起こっている。その詳細については、第3章第2節(1)を参照のこと。

9) ポルスビー自身は、スウェーデン議会を、政党間の連携や政策決定の非集権化の度合いが中程度の（極端に進んではいない）「準変換型（modified transformative）」の立法府の例として挙げている（Polsby 1975：293, 296）

10) スウェーデンの場合、比例代表制の導入は、議会制度改革論議においていくつかの論点が絡み合うなか、保守主義勢力の主張を受ける形で実現した。それ以前は上下両院で多数代表制がとられていたが、労働運動の高まりや選挙権拡張によって伸長を続けていた社会民主主義政党の影響力を抑制するために保守主義政党が求め、上下院の議席比や議員任期の変更などで譲歩することと引き換えにそれが実現した（Halvarson/Lundmark/Staberg 2003：4-5）。

11) 選挙制度の詳細については公職選挙法（Vallagen）で定められているが、日本の状況とは異なり、憲法を構成する統治法においても、第3章の議会に関する諸規定のなかに、比例代表の算定方式も含め、いくつかの具体的な規定が置かれている。

12) この方式が相対的に有効になるのは、比例代表制でありながら定数が比較的少ない場合であり、スウェーデンがそれを採用していることには、後述するように選挙区が比較的細かく分けられているという事情も関係している。

13) 同様の仕組みは、フィンランドを除く他の北欧諸国（デンマーク、アイスランド、ノルウェー）でも採用されている。

14) その後の制度改正により、1998年選挙からは投票時に用紙に印刷されたリストに印をつけて特定の候補者を選ぶことが可能になる一方、投票用紙（名簿）については各党が用意したもの以外を使うことができなくなっている。この点に関しては、第8章第1節であらためてふれる。

　なお、投票用紙については、選挙運動中に各政党が自らの候補者リストを載せたものを配ることも多く、投票日前から各所で入手可能である。投票所では、当日入り口付近に置かれているものを使う場合も含め、有権者自身が選んだ政党の（名簿付きの）用紙を持ち込み、本人確認手続きを経て渡される封筒に収め、それを投票箱に入れるという方式である。

15) 1920年代以降、1968年までは、ともに4年間隔で行われる国政選挙（下院選挙）と地方選挙を2年ずらして実施してきたが、1970年から両者が同時に行われるようになった（1998年以降、間隔が4年に戻されても、国政選挙と地方選挙の同時実施については変わっていない）。

16) ここで各党の概略を紹介する際には、スウェーデン国内で定評を得ていた2つの概説書の1990年代初頭の版を参照した（Bäck/Möller 1990: 49-78; Petersson 1993: 103-111）。
17) スウェーデンでの「左‐右」軸の規定力の強さに関する歴史的起源については、安定した国境、同質的な国民、国教会制度によって国民国家が安定したことで、政治的な紛争の根本原因として階級的亀裂に代わるものが出現しなかった点が指摘される（Therborn 1992: 6-7）。
18) 1978年に連立政権が崩壊した際には、次の選挙まで1年を切っていたこともあり、3党のなかでは最も議席が少なかった国民党が、社会民主党の同意を得て単独で政権を担い、選挙管理内閣的な役割を果たした。
19) サルトーリの著書（原著）で検討された時期は1970年代半ばまでであるため、スウェーデンについて、社会民主党の長期政権がほとんど少数派政権であったことや、それゆえに常に政権交代の可能性がともなうことに留保が付されながらも、その期間の長さから、結論としては「一党優位政党制」に数えられていた（Sartori 1976: 174-177, 196-197; 邦訳294-296, 329-332）。
20) スウェーデン語では、直接それを表す言葉がなく、主に（英語と同じ）"parliamentarism"が用いられるが、それは基本的に、政府（内閣）の存立が国王その他の権力ではなく議会の多数派の支持に依拠することを指す。ここでの用法はそれよりやや意味が限定されており、行政の長である（そして他の閣僚を指名する立場の）首相が議会多数派によって任命され、議会多数派によって（のみ）解任されうる、ということである（本章注6をも参照のこと）。
21) さらに国際比較でいえば、連邦制をとらない単一国家であることも、「委任‐責任」の連鎖を簡明にする要因として挙げることができる。
22) たとえば、国政レベルの選挙においても各党候補者の選出には地域支部が関与することが多く、そこで当選した議員は地域の利益をも考慮すべき立場にあるが、基本的には各党とも選ばれた議員は政党の代表として国全体のことを考えて活動することになる（Esaiasson/Holmberg 1996: 62-68）。

第3章

政党政治の展開①
新党の参入と多党化の進展

第1節　1988年選挙——新党の参入

(1)　選挙前の社会・政治状況

　1985年選挙以降の3年間、スウェーデン経済は概して好調で、失業率も低い水準にあり、1980年代初頭に拡大した財政赤字も順調に減り続けていた。そのため、通常は政治的な議論になりやすい経済や財政の問題も争点化しにくい状況にあった。ただし、税制に関しては、1970年代末から続く議論があり、拡大した社会保障を維持するための税負担の大きさを批判する論調が一定程度広がっていた。

　他方で、伝統的な争点としての社会・経済政策以外にも注目されるようになった領域があった。1つは、原子力発電の是非を含む環境問題で、1986年4月に当時のソビエト連邦のチェルノブイリで起こった原発事故がその発端となった。原発をめぐる政治論争については、1980年の国民投票で漸次廃止という方向で一応の決着をみていたが、この事故ではスウェーデン国内で放射性物質の飛来が確認されたこともあり、早期廃止を求める声が再び高まった。加えて選挙が近づいた1988年の春から夏にかけて、ノルウェー南部沿岸での有害藻類の異常発生や、北海での化学物質汚染が原因とみられるアザラシの大量死が報じられたことにより、生態系破壊への危機感が広まっていた。

　もう1つ、当時のヨーロッパにおいて国際的な影響力を高めつつあったEC

（欧州共同体）との関わり方が議論になり始めていたことも挙げられる。スウェーデンは1960年代からEC非加盟国で作るEFTA（欧州自由貿易連合）に参加していたが、ECが加盟国を増やしながら経済統合を進めるなかで、それとは距離を置くのか、加盟をも視野に入れて積極的な協力を目指すのか、という選択を迫られる状況になりつつあった。

その他特筆すべきは、この時期に大きな事件や不祥事がいくつか起こったことである。1986年2月に、当時の首相で社会民主党の党首でもあったO. パルメ（Olof Palme）がストックホルム市内で銃で撃たれ亡くなった。要人の暗殺は20世紀のスウェーデンでは前例のないことであり、国民が受けた衝撃は大きかった。同党執行部は副首相を務めていたI. カールソン（Ingvar Carlsson）を後継の党首に選び、議会も彼を首相に選出した。事件の捜査は難航したが、当初より国内の政争に絡むものではないとみられていたこともあり、政治的な混乱は生じなかった（3年あまり後に容疑者が逮捕されたが、裁判を経て証拠不十分で釈放されるなど、その後も真相は不明のままである）。

また、1987年4月には、インドとの国際武器取引にかかわる収賄事件（Bofors事件）が発覚した。同じ年に、重大スパイ行為で終身刑を受けていたS. バーリング（Stig Bergling）が妻との面会時に脱獄し、モスクワに逃亡するという事件が起き、法務大臣が辞任に追い込まれていた。さらには、その後任者が、パルメ暗殺事件に関する調査を私人に命じていたことが明らかになって批判を浴びるなど、不祥事が続いた。

(2) 選挙戦

与党の社会民主党は、経済や財政の好調を自らの功績として主張できる点で有利な状況にあった。言い換えれば、通常争点化することが多いそれらの分野において、野党が政権批判を展開する要素は見つけにくかった。そのようななかで社会民主党は、法定有給休暇を5週間から6週間に拡大する公約を掲げつつ、環境や税制、防衛など、議論を呼びそうな領域では明確な主張を控え、論

争を避ける戦術をとった。

　最大野党の穏健党は、前回選挙時と同様に、国営企業の民営化を含む公共部門の縮小を主張し、所得税の限界税率の引き下げを選挙公約として掲げた。これらの目標追求については、中央党と国民党の支持をも取りつけたが、具体的な選挙協力が進められたわけではなかった。その一方で、先述の不祥事に関して社会民主党政府の責任を厳しく追及していった。

　共産党は、前年に党内少数派が指導部の交代を求めて以降、内部対立を抱えた状態で選挙に臨むこととなった。それでも選挙戦では、党首 L. ヴァーネル (Lars Werner) が前面に立ち、公正な社会の実現を謳いながら付加価値税（消費税に近い間接税の一種）の廃止や労働環境の改善を主張した。

　国民党は、前回選挙で新党首として同党の躍進を導いた B. ヴェステベリ (Bengt Westerberg) に率いられ、社会民主党に挑む姿勢を強く打ち出していた。教育、保育、医療の充実を掲げながら、それらの社会サービスにおける国家の関与が過剰であると批判し、民営化や規制緩和を通じて利用者に選択の自由を保障していくべきだと主張した。

　中央党は、1973年選挙をピークに4回連続して支持率を減らし、中道右派ブロック最大政党の座を穏健党に譲っていた。同党はこの選挙での党勢回復を目指し、原発反対を前面に押し出すとともに、選挙戦の終盤には環境問題が注目されるなかで、環境保護政党の「元祖」である点を強調した（DN 1988. 9. 16）。

　しかし、この選挙戦を何より特徴づけたのは、初めての議席獲得を狙う「環境党（Miljöpartiet de gröna）[1]」への注目度が高まったことであろう。先述の経緯から、生態系の保全や環境保護を訴える環境党はメディアで大きく取りあげられ、それが資金力に劣る同党にとって大きな利点となった[2]。そのなかで同党は、原発の早期廃止や環境破壊を招く企業活動の縮小を求めるとともに、経済優先の発想で EC に接近することには反対の立場をとった。

　世論調査における環境党への支持率は、8月に10%に達したことがあり、投票日を約2週間後に控えた9月3日の時点での調査でも6%を超えていた（DN

1988.9.5)。来る選挙で同党が議席獲得要件（全国得票率4％以上）を満たす可能性が高いことは、有権者の間でも認識されていた。

(3) 選挙結果

1988年9月18日に投票が行われた選挙の結果は、**表3-1**のとおりである。

もっとも重要な帰結は、環境党が4％を超える票を得て初めて議席を獲得し、およそ70年ぶりの新党として議会に参入したことであろう。その点で同党が「勝者」であることは間違いなかった。

社会民主党は得票率をわずかに減らし3議席を失ったが、新党が20議席を得たことからすると、減少分は大きくはなかった。党内対立を抱えて苦しいとみられていた共産党は、むしろわずかに議席を増やすこととなった。両党を合わせた左派ブロックは、ほぼ選挙前の勢力を維持したといえる。

これに対し、全党中で最も得票率・議席を減らしたのは穏健党であった。前回選挙で大きく支持を伸ばした国民党も、今回は議席を減らす結果となった。

中央党の数値については注意が必要で、前回（1985年）での同党の獲得議席には、選挙協力により名簿上位に掲載されたキリスト教民主党党首の1議席分が含まれていたが、今回その関係が解消されたため、中央党の実質的な議席減少分は1である。また、今回単独で選挙に臨んだキリスト教民主党の得票率が2.9％であったため、中央党のみでの実質的な得票率については（単純に計算すると）わずかに増えていた可能性がある。同党の場合、1973年をピークに4回の選挙で連続して得票率を下げていたので、その傾向をかろうじて止めることができたともいえる。

ただし、政権争いという点でいえば、中道右派ブロックの3党がそろって議席を減らし、社会民主党から政権を奪うのに失敗した。とりわけ穏健党が、不祥事の責任追及に力を注ぎながら政策面での明確な対案を示せなかったことが敗因となった（Wörlund 1989）。

初めて議席獲得に成功した環境党は、左右のブロックのどちらとも距離をと

表 3-1　1988年選挙における各表得票率と獲得議席数 (カッコ内は前回選挙からの増減)

	共産党	社会民主党	環境党	中央党	国民党	穏健党
得票率(%)	5.8(+0.4)	43.2(−1.5)	5.5(+4.0)	11.3(−1.1)	12.2(−2.0)	18.3(−3.0)
議席数	21(+2)	156(−3)	20(+20)	42(−2)	44(−7)	66(−10)
ブロック	左派		—	(中道) 右派		
議席数(349)	177(−1)		20	152(−19)		

出所：選挙管理委員会 (Valmyndigheten) ウェブサイトのデータより作成。

り、議会活動においては争点ごとに他の諸政党と個別に交渉していく姿勢を示していた。ここで、第2章第3節(2)の「各政党の概要」に対応させるかたちで、環境党のプロフィールを確認しておく。

環境党

　環境党は、1980年3月に行われた原子力発電のあり方をめぐる国民投票での既成政党の対応に不満をもった人々により、翌年の9月に結成された。直前まで国民党議員であったP. ガットン (Per Gahrton) が中心となり、環境保護に関わる社会運動に参加していた人々が多く集まった。

　同党は、1983年にドイツ連邦議会に参入した「緑の党」と同様に、党内民主主義や男女同権化をも目標に掲げていた。階統制的な組織編制を避け、「党首」ではなく、男女1人ずつの「代表 (språkrör)」を置き、活動様式の面でも既成政党との違いを強調した。1982年と1985年の選挙に参加し、全国レベルの得票率は1.7%、1.5%で、議席獲得要件の4%に満たなかったが、1988年に3度目の挑戦で議席を得ることとなった。

　環境党のイデオロギーの中核には反経済成長主義と人道主義があり、後に地域民主主義の理念に基づく欧州統合批判が加わっている (Bäck/Möller 2003: 81-82)。同党の支持者には、高学歴層 (大学卒業者)、事務職・専門職従事者、公務員、都市居住者などが多く、性別では一貫して女性の割合が大きい (Holmberg/

Oscarsson 2004)。また、1990年代までに議会に定着した政党のなかでは固定的な支持者の割合が最も低く、選挙での支持の流動性が高い特徴をもっていた (Holmberg 2000: Kap. 1)。

この環境党は、次の選挙(1991年)で一度議席を失った後、1994年に再度議席を得て、以後議会政党として定着することになる。

(4) 政権の構成

環境党の議会参入はスウェーデンの政党政治にとって大きな変化であったが、同党が得た議席の大半は、中道右派ブロックの3政党の減少分に対応していた。また、環境党は選挙前から左右のいずれの陣営にも与しない意向を表明していたため、同党を除いた両ブロックの議席数の差は選挙前より開くこととなり、社会民主党政権が存続することとなった。

この時、環境党は議会参入とともに両ブロックの間で決定票を握る立場を得ることを狙っていたが、後者については実現しなかった。社会民主党と共産党の議席を合わせると、中道右派3党を上回るだけでなく、全体の過半数にも達していたからである。そのため、結果的に社会民主党による少数派単独政権という、スウェーデンでは従来から最も多くみられる形が続くこととなった。

他方で、70年ぶりの新党の参入により、政党システムには明確な変化がもたらされた。議会政党の数が増えたことはいうまでもないが、第二次世界大戦後初めて両ブロックに属さない政党が議会に存在することになったのである。

さらに、政策的主張との関係で、従来の政党間関係が大きく変わっていく可能性も指摘された。すなわち、環境党と中央党と共産党がいくつかの政策領域で共通する立場をとっていたからである。3党とも、経済成長の際限ない追求を批判し、生態系への配慮を重視するように訴え、特に原子力発電については早期の中止を求めていた。また、いずれも欧州統合への積極関与(当時のECへの加盟)に反対していた。さらに、税制政策においても、穏健党が求めるような所得税の限界税率の引き下げよりも、低所得者層への配慮を優先し、特に食

品を付加価値税の対象から外すよう求める点においては立場が一致していた。しかも、これらの問題については、社会民主党の内部に少なからぬ意見対立がみられた。そこから、同党の優位を揺るがす新たな政党ブロックが形成されることもありうると指摘されていた (Sainsbury 1989: 142)。

こうして、1988年選挙とその帰結により5党制の時代が終わりを迎えるとともに、その後の可能性を含めると、政党システムおよび政党政治のあり方にさらなる変化が生じうる状況となった。

第2節　1991年選挙——多党化の進行と中道右派4党連立政権

(1)　選挙前の社会・政治状況

1988年選挙の後、社会民主党政府は長年の懸案であった税制改革に乗り出した。同党は、1950年代から70年代初頭にかけて、公共部門を拡大しながら体系的な社会保障制度を構築し、中間層の支持をも得て長期政権を維持してきた。しかし、1970年代の半ば以降、経済状況が悪化するなかで、国民の間でも税負担の大きさへの不満が一定程度聞かれるようになり、穏健党を中心とした中道右派政党からもその点を批判されるようになっていた。

社会民主党は、1976年に中道右派3党に政権を奪われたのち、2期6年の野党時代を経て82年に政権に復帰した。この時期に党内右派(改革派)のK.-O. フェルト (Kjell-Olof Feldt) が財務大臣となり、貿易収支の改善をはかるために通貨クローネの平価を大きく (16%) 切下げるとともに、企業活動を促進するための規制緩和を断行し、1970年代とは大きく異なる経済政策を展開した。同党はこうした方向性を、右派諸党による減税や福祉縮小の路線とも、1970年代までの自らの路線とも異なるものとして「第三の道」と位置づけたが、それは、国際的に「新自由主義」の興隆がみられた1980年代に、スウェーデンではアメリカのレーガン政権と同様のサプライサイド重視の経済政策を左派の社会民主党が展開したということでもあった (Hadenius 2008: 84-85)。

いずれにせよ、これらの施策が功を奏した形となり、スウェーデンの対外債務は減少し、経済状況も好転した。こうした流れのなかで、税制に関しても、穏健党が主張するような大幅な減税を拒否しつつ世論や国際情勢にも配慮しながら自らが主導する形で大規模な改革を実現させようとしたのである。そのために、あえて中道右派の国民党を交渉に巻き込み、1989年末までに所得税の減税および累進性緩和と資産課税強化とを組み合わせた改革案をまとめて発表した。ところがこの案は、多くの人にとって減税の恩恵が小さく、高所得者により有利な内容を含んでいたために世論の反発を招き、さらには当初よりフェルトとは関係が悪かった産業労働者の中央組織LO（Landsorganisationen）からの強い抵抗を受けることになった。

その一方で、1980年代半ばからの消費拡大とインフレの進行、金融規制緩和などの影響でこの頃までに景気の過熱が問題化しており、1989年には政府が付加価値税の引き上げや経営者側の社会保険料負担の増額などを含め、景気安定化策を模索したが、議会内では合意が得られなかった。1990年になると政府は、賃金の凍結と物価上昇の阻止、地方税の増額停止とストライキ権の制限を含む経済危機克服プログラムを打ち出した。これに対しても労働組合側が反発し、政府がスト権制限については撤回したものの、LOとの合意には至らなかった。社会民主党とその支持基盤であるLOとの対立が深刻化するなかで、政権運営に行き詰まったカールソン内閣は同年2月に辞職に追い込まれた。

しかし、中道右派3党で多数派を形成できない状況で穏健党党首のビルトは早々に組閣を断念したため、カールソンが再び首相に指名され、社会民主党政権が続くこととなった。その後、政府は国民党の支持を得て、1990年春には歳出増加と社会保障部門の予算削減、付加価値税の引き上げ等の実施を決めた。これを機にフェルトが財務大臣を辞職したものの、引き続き彼の敷いた路線に沿った市場志向で緊縮基調の対応が続けられたため、労組だけではなく、従来の福祉拡大・積極財政を支持するグループはこれに反発し、党内でも対立が広がった[4]。

経済の混乱はさらに続いた。1990年秋には金融会社「ニッケルン（Nyckeln）」の経営破綻をきっかけに過去に例がないほどの深刻な金融危機が発生した。規制緩和が誘発した不適切融資や過剰投機の後に不動産価格の下落を機に債務の履行不能が広がるという、いわゆるバブル崩壊が生じたのである。こうした危機のなかで選挙の年（1991年）を迎えることになった。

　またこの時期には、スウェーデンをとりまく国際環境も大きく変わり始めていた。1989年秋の「ベルリンの壁」の崩壊を機に東欧の共産主義体制の崩壊が始まり、1990年にはユーゴスラビアが民族紛争の激化から内戦状態に陥った。1988年から1990年にかけてバルト3国が相次いで独立を宣言し、ソビエト連邦の解体も始まっていた。ヨーロッパの経済統合が進む一方で、スウェーデンがECと距離を置く理由の1つであった冷戦下での2つの経済圏の分離状況は終焉を迎えつつあった。

(2) 選挙戦

　1991年の選挙戦では、環境問題が注目された前回とは異なり、スウェーデン政治の典型的な左右対立、つまり経済と福祉をめぐる争点への回帰がみられた（Pierre/Widfeldt 1992: 521）。

　しかし、社会民主党は最初から劣勢に立たされていた。同党は、上述のように税制改革や経済運営をめぐって迷走したうえに、支持基盤の労組との間に生じた軋轢を解消することができず、さらには党内に改革派と伝統派の対立をも抱えた状態で選挙に臨まねばならなかったからである。さらに1991年の初めには、前年に財務大臣を辞任するとともに議員も辞職していたフェルトが回顧録を出版し、任期中の政策決定の内幕を明かしながら「第三の道」の挫折を語ったことが党内にさらなる論議を呼び、党幹部を悩ませた。本格的な選挙戦が始まる直前の同年春には、政党支持率調査での社会民主党の数値が30％を切るまでになっていた（Hadenius 2008: 196）。

　そのようななかで、社会民主党は長期にわたって残してきた実績を強調し、

それを継続することを訴えるスタンスをとった。すなわち、独自の福祉国家の構築を主導してきたこと、雇用機会を確保してきたことを示しながら、穏健党に対抗して、今後も減税より社会政策の水準の維持をめざすと主張した。その一方で、党内にも異論のあったEC加盟については、選挙戦に入る段階で積極的姿勢を明確にし、7月に政府として正式に加盟申請を行った。

共産党は、1989年の「ベルリンの壁」の崩壊と東欧諸国の動向を受け、1990年の党大会において、共産主義ではなく社会主義をめざす政党として自己刷新をはかろうとした。その際に同党は綱領を改正し、男女同権化と環境保護を重点目標に加えるとともに、党名から「共産主義者（kommunisterna）」を外して「左翼党（Vänsterpartiet）」とした。こうして臨んだ選挙では、社会的公正の実現をめざすことを強調した。国民生活に関わる争点としては、住宅問題をとりあげ、新築賃貸物件の家賃の引き下げを主張した。EC加盟をめぐる問題については、市場原理に基づく経済統合を進めることに反対した。

環境党は、経済、医療、失業、税制、食品価格といった、いわば伝統的な物質主義的争点が前面に出た選挙で苦戦を強いられた。前回と同様の主張に加え、3年間の議会活動の実績を強調したが、事前の政党支持率調査では議席獲得要件の4％を下回る状態が続いていた（DN 1991.8.31）。

中道右派の動きとして注目されたのが、穏健党と国民党による共闘戦術であった。両党は、1990年秋に、1年後の選挙で政権を獲得できた際の共通の政策目標を「スウェーデンのための再出発（Ny start för Sverige）」としてまとめて発表した。その内容は、基本的に規制緩和と民営化による経済成長政策で、企業活動の環境整備を強調するものになっていた。加えて、社会政策における公共部門の縮小を目指し、民間経営の保育所の創設や疾病手当と失業手当の削減をも含んでいた（Möller 2015: 263-264）。これらは主に穏健党が従来から主張してきたもので、同党は1991年の選挙戦においても、いっそうの減税を進めるとともに、社会サービスの国家による独占を終わらせるべきだとしながら、政権交代を訴えた。

なお、以前から穏健党が積極的な姿勢をみせていたEC加盟については、この選挙でもその早期実現を目標として掲げたが、選挙期間中に社会民主党が加盟推進に踏み切ったため、主要政党間の争点からは外れることとなった。

国民党は、1989年から1990年前半にかけて社会民主党政府との交渉によって税制や歳出抑制などの主張を一定程度政策に含めることに成功した後、この選挙を見据えて穏健党との協力に転じていた。党首のヴェステベリは元来同党内では経済自由主義志向の右派であり、穏健党との政策面での協調が可能であった。国民党は、冷戦の終結がみえてきた1990年に、自由主義ないしリベラルな党であることを強調する意味で、党名に「自由主義者」を加えて「国民党・自由主義者」とした（ただし、前章でも述べたように、本書での表記については、2015年に通称でもあった"Folkpartiet（国民党）"を外すまではそのままとする）。

国民党は、中道政党として政党間協力に関わる戦術を駆使しながら政権奪取を目指したが、その分、主張の面での独自色を十分に出せず、事前の政党支持率調査でも前回選挙での得票率を下回る数値が続いていた。他方で、この選挙で話題に上った難民問題については、積極的な受け入れを主張し、特に後述する新民主党との意見対立が注目された。

中央党は、穏健党と国民党が協力関係を強めるなかで、それらとは距離をとって選挙に臨んだ。従来からの原発早期廃止の主張に加え、農業者や地方居住者を支持基盤とする同党は積極財政と社会保障の維持を求め、EC加盟については市場主義的な経済統合を警戒して反対した。また、過去に2度にわたり自らが中心となった連立政権が特に穏健党との対立から崩壊した経緯があり、積極的に共闘に動くことはなかった。

キリスト教民主党は、前回の選挙で2.9％の票を得て、議席獲得要件には届かなかったものの、政党助成の要件（全国得票率2.5％）を満たしており、この選挙での議会参入を目指していた。同党は、従来どおり道徳や倫理の重要性を訴えたが、政党間関係を意識して自らの立場を変更した。すなわち、前回まではブロック対立を超越した立場であると自己を位置づけていたが、この選挙

では右派に与することを明確にした。さらに選挙終盤になると、得票率が4％に届かなければ（自らに投票された）右派政権支持の票が生かされなくなると有権者に訴えた。

もう1つ、この選挙で注目されたのが、新民主党であった。同党は1990年の秋に誕生したばかりの新しい政党であった。詳細は後述するが、著名人2人によって結成され、音楽を多用した賑やかな集会を各地で開催して耳目を集めていった。主張の内容は主に官僚制批判と減税で、既存の政治のあり方を痛烈に批判するスタイルをとっていた。他に食品や酒類の価格引き下げ、広域自治体の廃止による地方行政の簡素化、議員定数の削減、難民受け入れの制限、対外支援対象の第三世界からバルト諸国への変更、などを訴えた。基本的な政策目標については穏健党系のシンクタンクからの助言を得ていたために同党のものに近いところもあったが、短期間に支持を得やすい主張を寄せ集め、「楽しさ」を強調しながら支持を訴えるスタイルが既存の右派政党からも批判されており、選挙後の政権構想が話題になる際にも穏健党や国民党の交渉相手にはならないとみられていた。

国際情勢の変化に加え、国内では金融危機が深刻化し、景気も後退局面入るなか、旧来の5党に、環境党、キリスト教、新民主党が加わって争われたこの年の選挙は、かつてないほどに結果とその後の展開が予測しにくいものになっていた。

(3) 選挙結果

1991年9月15日に投票が行われた選挙の結果は、**表3-2**のとおりである。

まず注目すべきは、キリスト教民主党と新民主党の2党が同時に議会進出を果たしたことである。その一方で、前回初めて議席を得た環境党は、得票率が4％に届かず、全議席を失うこととなった。2つの新規参入政党のプロフィールと勝因については後述するが、このような激しい動きが生じたことは、厳しい社会経済状況のなかで有権者が政治に変化を求めたことの表れであると推察

表3-2 1991年選挙における各表得票率と獲得議席数 (カッコ内は前回選挙からの増減)

	左翼党	社会民主党	環境党	中央党	国民党	穏健党	キリスト教民主党	新民主党
得票率(%)	4.5 (−1.3)	37.7 (−5.5)	3.4 (−2.1)	8.5 (−2.8)	9.1 (−3.1)	21.9 (+2.8)	7.1 (+4.2)	6.7 (+6.7)
議席数	16(−5)	138(−18)	0(−20)	31(−11)	33(−11)	80(+14)	26(+26)	25(+25)
ブロック	左派		—	(中道)右派				
議席数 (349)	154 (−23)		0	170 (+18)				25

出所：選挙管理委員会（Valmyndigheten）ウェブサイトのデータより作成。

された。それが既成政党への支持状況にも大きな影響を与えたといえる。

　まず、選挙前に与党であった社会民主党は、政党支持率調査の動向から予想されたとおり、前回と比べて得票率を大きく落とした。不利な条件の多さからするとむしろ善戦したというべき数値ではあったが、3度続けての後退で支持率は1932年以降初めて40％を割り、過去60年で最低の水準となった。左翼党も議席を減らし、左派ブロックの敗北は明らかであった。

　環境党については、選挙前から厳しい予測が伝えられており、世論調査での支持率は9月に入って上昇していたが（DN 1991.9.13）、最終的に4％に届かなかった。1988年の議会参入後、政策面では徐々に左派的であると認識されるようになり、従来中道右派政党の支持者でありながら前回同党に投票した有権者が離れていったことも敗因に挙げられた（Sainsbury 1992: 162-163）。

　他方、右派ブロックの中心勢力となった穏健党は議席を増やし、1980年代後半の2度の選挙で失った分をほぼ回復させた。また、同党の議席数は、国民党と中央党の議席数の合計を上回り、ブロック内での立場も強まった。しかし、穏健党にとっては、中道2党から票を奪う形となった一方で、前回自党に投票した有権者の一定部分が、その政策的主張の一部を取り込んだ新民主党の支持に流れたとみられる点では不満の残る結果となった。

　旧来からの中道2党はそろって11議席を減らした。国民党は、党首の人気に

も陰りがみえはじめたうえに、選挙戦で力を入れた難民支援への有権者の反応も低調で、穏健党との共闘体制によってむしろ後者に票を奪われる結果となった。中央党は、全体として右派に追い風が吹いた選挙において、原発、EC、税制といった争点で中道右派ブロックのなかで孤立した。また、道徳的価値の面で有権者に訴える点ではキリスト教民主党との競合を強いられることにもなった。その結果、過去70年で最低となる得票率を記録した。

これに対して、キリスト教民主党は前回の2.9％から7.1％へと得票率を伸ばし、議席獲得を果たした。同党の主張については、前回選挙までと大きく変わらなかったが、ブロック対立から距離を置く姿勢を改め、右派につく態度を明確にしたことや、現状に閉塞感を覚える右派志向の有権者に新たな選択肢を示した点が功を奏したとみられている（Sainsbury 1992: 163-164）。いずれにせよ、キリスト教民主党の参入により、同党が加われば旧来の中道右派ブロック3党の議席数との合計で左派ブロックの議席数を上回ることとなり、政権交代がほぼ確実になった。

新民主党は、結成後まもなく減税を中心とした単純明快な主張と派手な宣伝活動により注目され、世論調査での支持率も議席獲得要件の4％を上回るようになった。中道右派の諸党との連携は難しいとみられたが、左翼党を上回る6.7％、25議席を得た。同党が結成から1年たらずで議会参入を果たしたことは、何よりも有権者の行動が著しく流動化していることの表れであり、スウェーデンの政党政治の構造的な変化をうかがわせるものであった。

この選挙により、スウェーデン議会は2つの新規参入政党を得て、環境党は退出したものの、史上初めて7党体制となった。また、新民主党を除いても、ブロック対抗においては右派が優位となることが決まった。

なお、ここで2つの新党について、第2章第3節(2)「各政党の概要」に対応させる形で紹介しておく。

キリスト教民主党

　キリスト教民主党は、経済成長によって社会が豊かになり、世俗化が進むなかで、倫理や道徳を重視し、家族や宗教、伝統の価値を守ろうとする政党である。宗教的にルター派プロテスタントが圧倒的多数派であり、2000年までは国教会制度をとっていたスウェーデンでは、プロテスタント系でありながら非主流である宗派の活動をも尊重するように求める自由教会運動が古くから存在していた。そのうちの1つ、ペンテコステ派が中心になって作った政党である。名称は類似していてもドイツやオランダ、かつてのイタリアなどの主流保守政党とは異なり、後発の抗議政党として活動を始めている。

　キリスト教民主党は、1964年の結党以来、国政選挙に参加し続けたものの、7回続けて1％台の得票率に終わっていた。そのため続く1985年選挙では、中央党への支援と引き換えに、同党の候補者名簿の1枠を得ることによって、党首A. スヴェンソン（Alf Svensson）を議会に送り込んでいた。その協力体制を解消して臨んだ1988年選挙では、議席獲得には至らなかったものの政党助成金の配分要件を満たすなど一定の成果をあげ、1991年に議会参入を果たした。

　結党後長い時間を経てからの比較的急な党勢拡大の理由は、1980年代半ばに、自党の位置づけを特定宗派の代表ではなく、広くキリスト教的な価値に基づいて活動するものと改めたことにある。とはいえ当時の同党への支持は、自由教会派の信仰に基づく場合が多く、地域的には、「聖書地帯」と呼ばれることもあるスモーランド（Småland）地方、特にイェンシェーピン（Jönköping）選挙区での得票率が高いことが知られている。

新民主党

　新民主党は、貴族の家系に属する実業家、I. ヴァクトメイステル（Ian Wachtmeister）と、音楽プロデューサーでレコード会社や遊園地を経営していたB. カールソン（Bert Karlsson）により、1990年秋に結成された。本格的な政治活動の経験がない2人の著名人によって、翌年の選挙のためにつくられた政

党である。特定の組織や団体の支持を得ていたわけではなく、主に2人の個人資金や、カールソンがもつ音楽興行の手法を用いて、大規模な宣伝活動を展開し、急速に支持を伸ばしていった。減税を中心とした極端な経済自由主義的主張と、官僚制の肥大やエリート支配への批判を結びつけて有権者の不満に訴えることが基本戦略であった。

新民主党は、難民の受け入れ制限や、移民の母国語教育への公費助成の廃止をも求めたため、人種差別主義との批判を浴びることもあった。右翼ポピュリスト政党に分類されるが、たとえば隣国のデンマーク国民党や、後のスウェーデン民主党と比べても、党の主張における排外主義や民族主義の比重は小さかった。

同党は1991年選挙で議席を得たが、他党からは交渉を拒まれ、政策的な影響力を発揮できないまま創設者2人の関係が悪化し、次の選挙を数か月後に控えた1994年春にヴァクトメイステルが党首の職を辞し、離党した。同年選挙で議席を失い、カールソンも政治活動から離れると、党は分裂し、崩壊に向かった（正式な解党は2000年）。

(4) 政権の構成

投票日の夜、出口調査の結果からも前回に比べて得票率を大きく減らすとみられていた社会民主党は、開票作業が終わらぬうちにI. カールソンが敗北宣言を出し、3期9年ぶりの政権交代が起こることとなった。中道右派の最大勢力である穏健党を中心とした連立政権の誕生が確実になり、まもなく経済政策面で同党と共通の目標を掲げていた国民党のほかに、中央党とキリスト教民主党もそこに加わることが明らかになった。キリスト教民主党は、この選挙から自らを右派に位置づけており、政権参加に障害はなかったし、中央党は、自党の不振と原発やECをめぐる問題での立場の違いから慎重な姿勢をみせていたが、社会民主党の下野を受けて、政権入りを決断した。こうして、穏健党のビルトを首相とする4党連立政権が誕生した。

ただし、この時の4党の議席の合計は、左派2党の議席数を十分に上回ったものの、過半数には達しなかった。新民主党を加えれば絶対多数の議席が確保でき、また同党の政策的主張は明らかに右派よりであったが、先述のとおり、選挙戦の段階で穏健党と国民党は協力の可能性を否定していた。他方、新民主党の側は、選挙での成功をふまえてあらためて政権参加の意向を示したが、右派既成政党の側がそれを拒否した[6]。

　結局その後の議会は、新たにキリスト教民主党を加えた中道右派4党と左派2党とが対立した場合に、新民主党が決定票を握る構図となった。新民主党としては、短期間での議会進出に成功したうえに、前回選挙で環境党が望みながらかなわなかった「要政党」の地位をも手に入れたことになる。それは新政権の側からすると、法案採決の際に常に新民主党の動向に注意を払わざるをえなくなったことを意味していた。すなわち、同党から政権の意向に反する要求が出された場合には、譲歩するか、それを拒否するために野党の合意を取りつけるかで、いずれにしても難しい議会運営を迫られることになった。

　また、スウェーデンでは過去の経験から、中道右派の連立政権となる場合には、政権内の各党間の協力関係の維持が大きな課題だとみられていた。内政・外交両面で深刻な問題を抱えるなか、参加政党が4つに増えたこの政権でも、その点が注目されることになった。

第3節　1994年選挙──社会民主党政権への回帰

(1)　選挙前の社会・政治状況

　1991年の選挙後から1994年選挙までの時期の大半は、深刻な経済危機に見舞われた期間であった。1990年秋のニッケルン社の経営破綻に始まった金融危機は、1992年にかけて銀行業界全体を脅かすまでになり、さらに国際的な投機の対象にされたスウェーデン通貨（クローネ）の価値を守るために金利を大幅に引き上げざるを得なかったことから、事態はいっそう悪化した。経済成長率は

91年から3年連続でマイナスとなり、1980年代後半には3％以下に抑えられていた失業率も急上昇し1994年には10％近くになった。財政赤字も急増し、国債発行額は1991年から94年までに2倍になった。

　中道右派の連立政府は、当初、減税や国が保有する株式の売却などを進め、企業活動の自由化を通じた経済成長を目指したが、未曾有の金融危機が進行するなかで、逆に積極的な経済介入を行わざるをえなくなった。1992年から93年にかけて、信用および不動産市場の安定化をはかるために、経営危機に瀕した銀行への支援を含めて多額の公的資金が投入されることとなった（Hadenius 2008：206-207）。

　政府は野党の社会民主党に協力を求めざるをえなくなり、同党との協議を経て、2度にわたる危機克服策を実施した。そこには、減税の中止、対外支援の削減、防衛費削減、社会保険料の使用者負担分の減額、疾病手当給付の際の待機日導入などが含まれていた。非常事態ともいえる状況の中で、穏健党が譲歩したところも大きいが、財政再建のためとはいえ、社会保障の削減にあたる部分も少なくなく、社会民主党にとっても苦渋の選択であった。

　経済面以外で政治的な争点となったものの1つがEC加盟問題である。スウェーデンは1991年に加盟を申請し、すでに具体的な交渉に入っていたが、その間に欧州統合のプロセス自体が進み、マーストリヒト条約の発効によって「欧州連合（EU）」へと再編された統合体に参加するか否かが、あらためて国民全体を巻き込んだ議論に発展していた。これについては、後述するように、政党間の協議を経て1994年の選挙後に国民投票を行うこととなり、一応は選挙の争点からはずされることになった。

　他には、難民問題も注目され始めていた。特に、ユーゴスラヴィアの内戦が激化し、同地域からの難民の受け入れが急増したことに対し、自国の財政状況の悪化もあって不満の声が聞かれるようになっていた。

　なお、政権運営に関して、中道右派4党の間にもEC（EU）や税制をめぐる立場の違いがあったが、過去の経緯から内部対立による崩壊だけは避けなけれ

ばならないという認識が当事者間で共有されていた。また、左右のブロック間で決定票を握る立場になった新民主党の影響力が懸念されていた点については、同党が基本的に穏健党の方針を支持したことと、経済危機の深刻さゆえに左右の主要政党間での妥協を優先させるようになったことから、結果的には議会が大きく混乱することはないまま1994年選挙を迎えることになった。

(2) 選挙戦

　主要な争点は、さまざまに関連しあう論点を含んだ経済政策と、EU加盟の是非であった。後者については、通常の選挙戦に入る前に国民投票の実施時期をめぐる政党間の攻防があった。まずは通常選挙と同時に国民投票を実施することが考えられたが、この問題が選挙を左右することを嫌う党も多かった。そのなかで党組織も支持者も加盟賛成でほぼまとまっていた穏健党は、6月に国民投票を実施して決着をつけてから選挙を迎えることを望んでいた。他方、連立政権を構成する国民党や、最大野党の社会民主党は、指導部は加盟に賛成であったものの、党内にも反対派を抱えており、(EU側の手続きとの関係で1994年中の決定を目指すとしても) 国民投票は選挙後にあらためて行うこととして、内部での合意形成の時間を確保しつつ、この争点を選挙から切り離したい意向であった。他方で、特に反対の立場をとる小政党は、むしろ同日実施によりEU問題を選挙争点とすることを望んでいた。

　このような状況にあって、同年3月に穏健党が国民党と社会民主党に譲歩し、国民投票を同年の11月13日に実施することが決まった (DN 1994.3.19)。しかし、左翼党と国政への復帰を狙う環境党はそれに不満を表し、選挙でもEU問題を取りあげる姿勢をみせていた。そうしたこともあって、EU加盟をめぐって内部に意見の不一致を抱える各党は、引き続きこの問題に苦しめられることになる。

　こうして始まった1994年の選挙戦であったが、政党支持率でみると、社会民主党が最初から有利な状況にあった。すなわち、中道右派政権が発足して以降、

政府が経済危機への対応に苦慮している間に社会民主党への支持が高まり、1993年半ばから1994年4月にかけての世論調査での支持率は、たびたび50％を超えるまでになっていたからである（DN 1994.9.16）。投票前から社会民主党の優勢が報じられるなか、EU問題を除くと、選挙戦は比較的穏やかなものとなり、経済問題、すなわち、対外債務の拡大、財政状況の悪化、増え続ける失業への対処法をめぐる議論が中心となった（Wörlund 1995 : 289）。

社会民主党は、財政再建のためにも、まずは失業問題の解決に全力を注ぐという立場をとった。そのうえで、経済全体の回復を目指すには社会支出の一定の削減も必要だとして有権者に理解を求めた。これに対し、政権の中心にあった穏健党は、社会保障制度の見直しを中心とした財政支出削減と公共部門の縮小を強調し、増税の阻止と、失業対策としての起業促進を訴えた。他の小政党は、こうした主要政党間の議論への関わり方や、政党間関係における立場のとり方で独自性を出そうとしたが、EU問題やそれぞれに固有の事情で苦戦を強いられた。

そのなかで目立ったのは、国民党がそれまでと立場を変え、社会民主党に選挙後の連携を呼びかけたことであった。その背景には、この間の経済危機対応でブロック政治の境界を越えた協力や妥協が重ねられていたことと、穏健党との関係を深めて政権に参加したものの、同党への有権者の支持は伸びず、そのままではむしろ伝統的な（社会的な自由や公正を重視する）リベラル志向の有権者が離れかねないと懸念されたことがあった。社会民主党党首のカールソンもそれに関心を示したため、投票日が近づくなかで、選挙後の社会民主党が左翼党と国民党のどちらを協力相手に選ぶかという点が注目された（DN 1994.9.16）。

キリスト教民主党は、世論調査での支持率が4％前後にとどまるなかで、任期中に在宅育児への支援を強化したことや基礎教育におけるキリスト教理解を促進したことなどをアピールした。しかし、連立政権の市場主義的な政策や党首スヴェンソンがEU加盟支持を表明したことに支持者の間でも批判の声があがっていた。

中央党は、長期的な党勢の衰退が続くなかで、地域振興や環境保護を主張したが、同党が反対していたデンマークとの架橋計画の実行が決まり、選挙の3か月前に党首ヨーハンソンが環境大臣を辞任したうえに、EU加盟問題でも支持者が賛否で割れており、党内に混乱を抱えたまま選挙を戦わねばならなかった。

左翼党は、ソビエト連邦や東欧諸国の政治体制の崩壊が進むなかで旧共産主義勢力とみなされる逆風を受けながらも、EU加盟反対を強力に訴え続けた。また、前回選挙では党の刷新を十分にアピールできなかったものの、1993年に就任した女性党首、G. シーマン（Gudrun Schyman）が有権者と積極的に対話を続け、そのことがメディアでもたびたび取りあげられた。

国政復帰を目指す環境党は、やはりEU加盟反対を主張し続けるとともに、党組織を強化したことや、従来とは方針を転換し、積極財政による再分配政策を支持するようになったことを示して、左派政権を望む立場をとった。

こうして全体としては、従来の選挙と比べると、国として抱える問題が大きいにもかかわらず、競うべき論点や政党間の対立の構図に明確さを欠いた状態で投票日を迎えることとなった。

(3) 選挙結果

1994年9月18日に投票が行われた選挙の結果は、**表3-3**のとおりである。

大方の予想通り、社会民主党が大きく議席を増やした。惨敗に終わった前回から支持率を完全に回復させ、同党の優位が明確であった時期のように40％台半ばとなる数値を記録した。深刻化する経済・金融危機と失業率の急激な悪化が、それに対処できなかった中道右派政権への失望を生み、政府が危機克服政策パッケージの実施にあたって結局社会民主党に頼らざるを得なかったことも、同党への支持を高める結果となった。ただし、選挙後の緊縮財政の継続を明言したことや、支持者のなかにはEU加盟反対派も多かったことから[7]、6月頃までの世論調査での支持率に比べると、得票率は数パーセント下がっていた。

表3-3　1994年選挙における各表得票率と獲得議席数（カッコ内は前回選挙からの増減）

	共産党	社会民主党	環境党	中央党	国民党	穏健党	キリスト教民主党	新民主党
得票率（％）	6.2（+1.7）	45.3（+7.8）	5.0（+1.6）	7.7（−0.8）	7.2（−1.9）	22.4（+0.5）	4.1（−3.0）	1.2（−5.5）
議席数	22（+6）	161（+23）	18（+18）	27（−4）	26（−7）	80（0）	15（−11）	0（−25）
ブロック	左派			（中道）右派				
議席数（349）	183（+29）			148（−22）				

出所：選挙管理委員会（Valmyndigheten）ウェブサイトのデータより作成。

　左翼党は、苦しい選挙戦のなかでも中道右派政権の下で進められる公共政策の削減に反発した有権者の支持を一定程度得たことや、EU加盟問題が国民投票に委ねられたにもかかわらずなお強く反対する一部の人々の受け皿になった面もあり、前回4％台であった得票率を、1988年選挙時をやや上回るくらいに回復させた。ただしそこには、左翼党が議席獲得要件を満たせずに全議席を失えば社会民主党政権の可能性が遠のくことから、同党の支持者が戦略的に投票した分も含まれると推察された（Wörlund 1995: 286）。いずれにしても、旧来の左派ブロックの2党のみで過半数の議席を占めることができ、政権交代が確実な状況となった。

　前回選挙で得票率4％の基準に届かず議席を失っていた環境党は、左派政権への支持を表明して選挙を戦い、5％の得票率で再び議席を得た。同党についても、EUへの加盟反対を主張し続けたことが功を奏した面があった。

　中道右派では、穏健党が支持率をわずかに上昇させた（議席は80で前回と同数）。未曽有の経済危機の時期に連立政権の中心にあった党としては、十分に健闘したともいえる一方で、他の3与党がそろって大きく議席を減らしたことからすると、単純に喜べる結果ではなかった。

　中央党は、長期的な退潮傾向を止めることができず、普通選挙導入後最低であった前回の得票率からさらに数値を下げた。デンマークと結ぶ橋の建設をめ

ぐって与党内で孤立したうえに、連立政権で都市部や大企業の利益を優先する経済政策に協力したことが非都市部に多い同党の支持者から批判を受けるなど、政権参加が党勢の改善につながることはなかった。またEU問題は、支持基盤の農業団体がこの時期までに賛成の立場をとるようになったのに対し、環境保護志向の党青年部は反対し続けるなど、党内に混乱をもたらした。

国民党も3回の選挙で連続して得票率を下げ、普通選挙導入後では1982年の5.9％に次ぐ2番目に低い数値を記録した。穏健党との共闘や政権参加が同党への評価を高めることはなかったうえに、選挙戦の終盤に社会民主党との連携に転じる姿勢をみせたことも有権者には受け入れられなかった。

キリスト教民主党も苦戦を強いられ、得票率4.1％（正確には4.06％）と、議席獲得要件をかろうじて上回ったものの、新規参入政党として成功を収めた前回から議席数を4割余りも減らすこととなった。もっとも同党にとっては、選挙前半年ほどの間に世論調査での支持率が何度も4％を切っていたことからすると、議席を維持できたことが幸いであったといえよう。

この選挙の重要な帰結の1つは、中道2党やキリスト教民主党にとっては穏健党主導の市場主義的な経済社会政策への協力が自党の支持を減らす方向に作用したということであった。それが、選挙終盤および選挙後の政党間関係の変化にも影響を及ぼすことになる。

なお、新民主党については、指導者間の対立から4月の時点でヴァクトメイステルが党首を辞任し、後継者争いから党が分裂しつつあった。すでに選挙を戦える状態ではなく、そのまま議席を失って国政の舞台から消えることとなった。

（4） 政権の構成

選挙の結果、得票率を大きく伸ばした社会民主党が政権に復帰することとなった。

選挙戦の後半から国民党が同党との連携を模索していたことについては、た

とえば新聞紙上にその場合の政党間対抗の予想図が記載されていたように、一般的にもその可能性が認識されていたが、社会民主党はそれに応じなかった。同党からすれば、左翼党が議席を増やしたうえに、国政復帰を果たした環境党が自党に協力的な姿勢をみせていたことから、穏健党との共闘から急転回し、議席も減らした国民党の呼びかけに応じる利点はなかった。

結局、政権の形態としては、従来から多くみられたような社会民主党の単独少数派政権となった。しかし、以前とは異なる点もある。すなわち、7党体制になった議会で全体の46％ほどの議席を占めることになり、同党の意向に反して法案の否決や不信任案の議決をめざす場合、他の6党すべてが一致する必要があるという意味で、5党制時代の単独政権より強い立場になったからである。ただし、そのような好条件を得ても、引き続き経済の回復や財政再建に向けて難しい対応を迫られることは間違いなく、厳しい状況のなかで3年ぶりの社会民主党政権が発足することとなった。

なお、この選挙で再び議会政党となった環境党については、主要政治家の発言等から左派に近い立場をとりつつあったとはいえ、運動政党としての性格も残そうとしており、この時点では完全に左派ブロックの一員となったわけではなかった。新聞報道等においても、選挙後も含めて同党は左右のブロックを構成する諸政党とは別に記載されていた。

第4節 小　　括

1988年、1991年、1994年の3回の選挙とその前後の政党政治の状況をみたところで、この時期の政党システムについて確認しておく。

まず、明らかな変化として、この間に議会政党の数が5つから7つに増えたことが挙げられる。つまり、長く続いた5党体制は終焉したといえる。もちろん、党組織が崩壊に向かった新民主党は除くとしても、環境党が一度は議席を失い、キリスト教民主党の1994年選挙での得票率は議席獲得要件をかろうじて

満たす4.1％であったことからすると、この時点でこれらの新勢力が完全に議会に定着したとはいいがたいが、多党化の傾向は明らかであった。

　一般に、政党の数が増えれば政党間交渉や政権構成の組み合わせも増えるため、政党システムの動作は複雑になり、不安定になりやすいといえる。約70年間5党体制が続いた後の2回の選挙で3つの新政党が参入したことから、有権者による政党支持や投票行動の流動化が比較的短期間で大きく進んだことがうかがえる。ただし、スウェーデンの場合、議席獲得要件が4％に設定されており、この基準を満たした時点で少なくとも14～15議席程度が得られるため、それより小規模な政党が増えて政党システムの断片化が進むことはない。

　とはいえ、政党の数が増えると小規模政党が常に存在することになり、いずれかが次の選挙で議席を失い、潜在的な政権構成のパターンが変わる可能性も高まる。そうすると、第2章でみた5党制時代の共産党をめぐる状況のように、選挙時には他党支持者までもが、そのことを考慮しながら行動することになる。さらには1991年の選挙戦でのキリスト教民主党のように、ブロックの勢力関係に言及しながら自らへの投票を訴える戦術が生まれたりもする。

　次に、政党布置と現実的な政権構成のパターンの変化についてみておこう。

　この間の3回の選挙で政権交代が2度起こっている。1980年代末の時点では、1970年代後半から1980年代初頭に2期6年の中道右派政権を経験し、社会民主党の長期政権から政権交代が起こりうる状況への変化がうかがわれたものの、それが常態化したとまではいいがたかった。しかし、1991年の中道右派政権の成立により、それがほぼ確実になったといえよう。

　政権構成については、社会民主党の少数単独政権か、中道右派の連立政権か、というパターンはそれ以前と同じであるが、いくつかの変化も生じている。

　第一に、キリスト教民主党が加わったことで、連立政権を構成しうる中道右派ブロックが4党になったことである。そのことで、連立政権内での意見調整がより難しくなったともいえるが、この時の政権は、経済危機克服プログラムの策定・実施をめぐって社会民主党に協力を求めざるを得なかったとはいえ、

途中で崩壊することなく次の選挙を迎えることができた。[9]

　第二に、この間に中道右派ブロック内では、穏健党と他の3党との規模（議席数）の差が広がり、同党の立場が強まったことである。特に1994年選挙の後には、穏健党の議席数が他の3党の合計を上回るまでになり、その優位が際立っていた。これにより、左右のブロックの中心勢力が明確になったといえる。

　第三に、この時の中道右派連立政権は、1970年代の2度の選挙の後と異なり、参加政党が3から4に増えたにもかかわらず、議席の過半数を制することができなかったという点である。政権協議の対象からは外されていた新民主党が、左右のブロックの間で決定票を握る立場を得ていたからである。同党は一期で議席を失ったし、政策面で右派に近いとみなされており、実際に政府の方針や政策に反対することはほとんどなかった。とはいえ、第二次大戦後のスウェーデンで2ブロック以外の勢力が政権構成や議会運営に影響力を発揮しうる事態が初めて生じたことは特筆されるべきである。[10]

　以上のように、この時期のスウェーデンの政党システムは、相次ぐ新党の参入による多党化、政権交代の頻度の上昇、ブロック政治をめぐる条件の変化などにより、一定程度変容した。5党制時代に比べると、政党支持構造が流動化するなかで、選挙を通じた政権への競争が複雑化し、より厳しいものになったといえるだろう。

注
1) 党名については、1981年に"Miljöpartiet（環境党）"として発足し、1985年に"de gröna"（「緑の人々」という意味）を加えている。ただし、スウェーデン国内での報道等を含めた一般的な呼称はその後も（現在に至るまで）"Miljöpartiet"で一貫しているため、本書でも「環境党」としている。
2) 選挙運動の歴史を研究したP. エサイアソン（Peter Esaiasson）も、この選挙を「環境問題選挙」と呼んでいた（Essaiasson 1990: 442-444）。
3) ここでは経済政策の比重が大きかったとはいえ、後にイギリスのブレア政権が同様の構図で用いた表現が15年ほど前に使われていた点は興味深いといえよう。
4) たとえば、財務委員会の委員長を務めていたA.-G. レイヨン（Anna-Greta Leijon）は、

それに抗議してその職を辞している。
5) スウェーデンの貴族制は1920年に廃止されたが、その家系は当事者によって登録されて管理されており、ある程度は社会的にも認知されている。彼の姓もスウェーデン人なら容易にそれと認識できるものである。
6) 選挙戦の後半に移民・難民問題への対応をめぐって特に国民党が新民主党を強く批判していた。投票日の夜、右派の優位が伝えられるなか、公営放送のテレビスタジオに4党党首が集まったところに、後からヴァクトメイステルとB. カールソンが入っていくと、国民党党首ヴェステベリは即座に退席して新民主党との政権交渉を拒否する姿勢を示し、中央党党首 O. ヨーハンソン（Olof Johansson）もそれに続いた。その様子はテレビで中継されるとともに、ヴェステベリの離席の場面の写真が翌日の新聞の一面にも掲載された（DN 1991. 9. 16）。
7) 9月初頭の TEMO 社による調査では、社会民主党支持者の間では、賛成が27％、反対が43％であった（DN 1994. 9. 16）。
8) ダーゲンス・ニーヘーテルは、投票日前最後の政党支持率調査の結果をもとに、社会民主党がかつてのように左翼党を潜在的な協力政党とみなした場合と、閣外協力の場合も含め国民党を協力相手として選んだ場合に、どちらでも2党で過半数の議席を制することができそうだという見込みを2つの図を並べる形で示していた（DN 1994. 9. 16）。
9) スウェーデンの中道右派連立政権の不安定さは、政党システムの国際比較に関する著作においても指摘されるほどであったため（Lane/Ersson 1983）、4党連立政権が任期を全うしたという事実は、たとえば有権者の認識を変えるという点でも大きな意義をもったといえよう。
10) 1998年選挙の議会でも、新たに参入した環境党が左右どちらのブロックにも属さないとしていたが、この時は社会民主党と左翼党の議席数の合計が半数を超えており、環境党が決定票を握る立場ではない点が異なっていた。

第4章

政党政治の展開 ②
左派連合の時代

第 1 節　1998年選挙——左派 3 党の連携

(1)　選挙前の社会・政治状況

　1990年代初頭の経済危機はスウェーデンの社会と政治に大きな影響を与えた。国内外の環境変化にそれまでの行財政の仕組みが対応できておらず、早急に大胆な改革が必要だと認識したビルト政権は、1992年10月に著名な経済学者、A. リンドベック（Assar Lindbeck）を座長とした調査委員会を設置した。名称は「経済委員会」であったが、そこには政治学者の O. ペーテション（Olof Petersson）らも加わっており、経済の再建と財政基盤の強化、行政の効率化のための方策が広く検討された。同委員会は1993年 3 月に報告書を出して解散したが、そこで示された提言に沿って、いくつかの制度改革が実施されていった。その 1 つとして、議員任期（選挙の間隔）が 3 年から 4 年に延ばされることになり、1994年の次の選挙は1998年に行われることになっていた[1]。

　また、同委員会の提言を受けて実現した制度改革の中でも、特に各方面への影響が大きかったのが予算編成制度の全面的な変更であった。そこでは、従来のように各省庁の要求をもとに交渉を重ね、積み上げ式で予算を編成していく方法では、公的支出の増大と財政赤字の拡大を防ぐことが難しいという反省に立ち、政府主導で全体の上限を決めたうえで、総額が変わらないように調整し、予算法案として一括して議決するという方式が導入された[2]。これが諸政党の行

動にも少なからぬ影響を及ぼすことになる（後述）。

経済状況に関しては、1994年には国内総生産でみた成長率も4年ぶりにプラスとなり、1998年まではおおむね好調であった。通貨価値は安定し、金利も抑えられ、対外債務も減少した。1994年の政権交代を経ても、社会民主党政府が緊縮財政と公共支出削減路線を継承した結果、国債の発行額も減少し、財政収支も改善に向かっていた。ただし、失業率だけは、1993年から1998年まで9％程度の高い水準で推移し、97年には10％に達しており、大きな社会問題になっていた。

前回の選挙で争点になりながら、その後の国民投票に委ねられることになったEU加盟については、1994年11月13日に投票が実施された。その結果、「賛成」が「反対」を上回り（52.3％対46.8％）、これを受けて加盟手続きが進められた。[3]

この時の政党の動きはさまざまに分かれた。穏健党は、党指導部も支持者の多くも加盟支持で一致していたため、産業界をも巻き込みながら「賛成」を呼びかける運動を精力的に展開した。これに対して、左翼党と環境党は党組織も支持者も「反対」でまとまっており、この問題をめぐって結成されていた市民運動組織「EUにNo（Nej till EU）」とも連携しながら反対運動を活発に進めていった。他の各党は、党指導部が加盟支持の立場を確認していたものの、党員や支持者のなかには反対派がおり、積極的には動かなかったが、とりわけこの問題への対応で苦慮していたのは、支持者は反対が多数派で、主要政治家の中にも反対者がいた与党の社会民主党であった。同党は、スウェーデンの政党政治においては例外的な対応として、判断は党員の自由意思に委ねるとして内部対立の拡大を避ける方針をとった。

国民投票の結果を受けて議会でも加盟手続きが進められたことにより、数年来の国民的な課題が一応の決着をみたが、翌年に行われた初めての欧州議会選挙では、EU反対派の環境党と左翼党がそれぞれに17.2％、12.9％と、国政選挙のそれぞれの得票率よりはるかに高い支持を集めたことから、この問題の根

深さがうかがわれた。

　議会運営に関して特筆すべきは、前回選挙の翌年（1995年）から、社会民主党と中央党との間で政策決定の際の多数派形成を確実にするための協力関係が結ばれたことである。これは、両党党首間の話し合いから始まった非公式な連携体制であったが、社会民主党政府が、中央党が指名する相談役を財務省と防衛相に1人ずつ受け入れることで、その実効性が一定程度担保されていた（Lagercrantz 2005）。

　これは、与野党で協力して経済・財政危機に対処することを目指した中道右派連立政府から政権を引き継いだ社会民主党が、左派ではあるがそれまでも交渉の相手とはみなしてこなかった左翼党ではなく、中道右派のなかでは社会政策や防衛政策での一致点が多く、党首間の関係も良好な中央党に協力を求めたためであった[4]。そして何より、上述の予算制度改革により、翌年度分からは新制度の下で予算編成を行うことになるため、従来とは異なる方法で予算法案の議決を想定した多数派形成を試みたのである。実際に両党は、失業手当や疾病手当の給付水準を引き下げることも含め、公的支出の抑制を意識した包括的な危機管理プログラムを策定し、実行していった（Möller 2015: 276-278）。

　なお、社会民主党内では、1996年にカールソンが党首および首相の職を辞することとなり、財務大臣を務めていたG. パーション（Göran Persson）が後を継いだが、中央党との協力関係は維持され、1998年選挙まで続いた。

(2) 選挙戦

　選挙が近づくころには、1990年代初頭からの経済・財政危機はほぼ克服されつつあった。1997年には国債庁（Riksgälden）が、翌年には財政収支が黒字に転じるとの予測を発表していた。EUをめぐる問題も、加盟が実現したことで政治的争点としては後景に退きつつあった[5]。

　そうしたなかでも失業の状況は改善されておらず（1996年が9.6%、97年が10.7%）、雇用政策を含めた経済運営と、教育や医療を含めた社会福祉が選挙の主な争点

となっていった。その意味で、1998年選挙では伝統的な左右軸に沿った政党間対立が支配的になり、基本的には平凡な選挙戦となった（Möller 1999: 262-263）。

　選挙時に与党であった社会民主党は、自らが主導して経済を回復させた実績を強調しつつ、財政状況の好転をふまえて失業対策と福祉の充実に取り組むことを訴えた。これに対し穏健党は、引き続き減税と公共部門の縮小、企業活動環境整備を通じた経済成長を目指すと主張し、失業については労働市場の規制緩和を通じて民間部門での雇用創出を進めるとの立場をとった。

　こうした左右の主要政党間の論争がみられた一方で、左派の側では、左翼党が社会における連帯の重要性を強調し、社会民主党政権が緊縮財政に傾き過ぎて多くの人々の生活条件を悪化させたとして、従来の社会保障水準の回復と公的施策の充実を訴えた。右派の側では、国民党、中央党、キリスト教民主党が前回に続き、経済自由主義の傾向を強める穏健党とは距離をとって独自の路線をアピールする姿勢をとった。

　国民党は、前回選挙後2度の党首交代を経ており、前年度から党を率いるL. レイヨンボリ（Lars Leijonborg）の下で、教育や医療の充実を主張しつつ、全体として「民主主義と寛容の精神」、「リベラルな価値」などの理念を強調した。中央党は（1980年の国民投票の結果を受ける形で）1998年の初めに最初の原子炉運転停止を実現させたことを支持者に訴えたが、10年余り党首を務めたヨーハンソンが選挙を前に辞職したため、後任のL. ダレーウス（Lennart Daléus）の知名度を上げることから始めねばならず、苦しい戦いを迫られた。

　キリスト教民主党は、経済的利益より価値の問題が重要であるとし、相互扶助の精神を強調しながら、高齢者福祉の増進や対外支援の継続を訴えた。国民党・中央党とは異なり、同党では、国政進出を果たす以前から四半世紀にわたり党首を務めてきたスヴェンソンの党首討論での落ち着いた応対も注目された。

　環境党は、党是である環境問題への取り組みの他に、中立外交の徹底と対外支援の強化を訴えた。また、再分配政策については左派と歩調を合わせる姿勢を示し、特に社会民主党政権が1995年に所得税の追加分として3年の期限付き

で導入した「福祉税（värnskatt）」の継続を主張した。

　この選挙戦の後半で注目されたのは、政権を維持する可能性が高いとみられるようになった社会民主党が、選挙後にどの党と協力するかということであった。しかし、その点をたびたび問われたパーションは、左翼党、環境党、中央党のいずれとも連携する可能性があるとして、最後まで明言を避けた。当然ながら、社会民主党としては、選挙後に各党の力関係（議席配分）をみて判断するつもりであった。また、投票日前日に社会民主党と穏健党のどちらとの連携を優先させるのかと問われた中央党党首のダレーウスも、そういう問題ではなく自党を支持するなら投票してほしいと返答していた（DN 1998.9.20）。結局、そこに関心をもつ有権者は、はっきりした展望を得られないままに投票日を迎えることになった。

(3)　選挙結果

　1998年9月20日に投票が行われた選挙の結果は、**表4-1**のとおりである。

　社会民主党は前回から大きく支持を減らし、得票率は普通選挙実現後最低となる30％台半ばまで落ち込んだ。全政党のなかで得票率、議席数とも減り幅が最大で、同党にとっては厳しい結果となった。前回社会民主党に投票した者のなかでも緊縮財政の影響を受けた社会サービスの利用者や失業者、公共部門従事者の多くが不満を抱いたことが主な原因だとみられた。また、党首パーションが、前任者のカールソンとの対比で、庶民の生活の改善より財政規律の強化に熱心な経済エリートというイメージでとらえられたことも不利に働いた（Madeley 1999：189-190）。

　中道右派ブロックのなかで立場を強めてきた穏健党は、わずかではあるが得票率を上昇させた。しかし、下野して以降は世論調査での支持率を伸ばし、1997年には30％台後半となって社会民主党の数値をも超えていたことからすると（DN 1998.09.19）、この年に入ってから大きく支持を失って「微増」にとどまったのは、同党にとっては不本意な結果であった。

表 4-1 1998年選挙における各表得票率と獲得議席数（カッコ内は前回選挙からの増減）

	左翼党	社会民主党	環境党	中央党	国民党	穏健党	キリスト教民主党
得票率(%)	12.0 (+5.8)	36.4 (-8.9)	4.5 (-0.5)	5.1 (-2.6)	4.7 (-2.5)	22.9 (+0.5)	11.7 (+7.6)
議席数	43(+21)	131(-30)	16(-2)	18(-9)	17(-9)	82(+2)	42(+27)
ブロック	左派			（中道）右派			
議席数 (349)	174			159			
	190						

出所：選挙管理委員会（Valmyndigheten）ウェブサイトのデータより作成。

　他方、この選挙で躍進したのは左翼党とキリスト教民主党であった。左翼党は、1995年のEU議会議員選挙で高い支持を得たことや、社会民主党政権に不満をもった人々の票を吸収したこともあって、同党史上最高の得票率と議席を得た。また、庶民派として有権者との対話を重視した党首シーマンのもとで、女性、若年層、失業者から相対的に多くの支持を得たことも躍進の要因となった。

　キリスト教民主党は、相互扶助の精神を強調し、高齢者介護の充実や途上国支援の継続などを訴えた。経済的利益よりも価値の問題が重要だとする姿勢をとり、前回穏健党に投票した有権者の一部分を惹きつけた。また、1970年代から長く党首を務めてきたスヴェンソンが信頼しうる指導者との評価を得ていたこともこの選挙での成功につながった。

　古くからの中道政党である国民党と中央党は、右派ブロック内で存在感を示せず、前回に続きそろって議席を減らした。中央党は社会民主党との協力関係により自党の主張を一定程度実現させたにもかかわらず、5回の選挙で連続して得票率を下げ、1920年以降の最低値を更新した。国民党も同様に4回連続で得票率を下げ、最低値を記録した。両党は、右派志向でありながら穏健党の市場重視路線に不満をいだいた有権者の票をキリスト教民主党に奪われ、それ

ぞれ5.1％と4.7％で、議席獲得要件を少し上回る程度の小勢力となった。

　環境党は、議会復帰を果たした前回からわずかに得票率を下げたが、議席は維持した。

　全体的な勢力配置として、社会民主党と穏健党が左右の二大勢力であることに変わりはなかったが、社会民主党と伝統的な中道2党が支持を減らし、左翼党と、文化的には保守的なキリスト教民主党が大きく伸びたことで、ある種の両極化が進んだともいえる。この点については、投票率の低下と関連づけて分析する議論がみられた。というのも、投票率81.4％は、前回と比べて5％あまり低く、1960年代以降の最低値だったからである。左右の2大政党が経済や社会保障をめぐって従来どおりの論戦を繰り返す一方で、多党化が進んだなかで選挙後の政権構想が示されず、不満を抱いた有権者が左右両極の政党に向かうか、投票に行かないことを選んだというのである[7]（Madeley 1999）。

　各党への支持の状況とは別に、この選挙のもう1つの関心事となっていたのは、新たに導入された「個人選択投票（personval）」制度の影響であった。その仕組みは、比例代表制での投票時に、各党が作成した順位付きの名簿に印をつけることによって特に支持したい候補者を1名だけ指定でき、その選挙区での当該政党への投票数の8％以上の指名を得た候補者があれば（複数であれば得票数順に）名簿の上位記載者として扱われるというものであった。ただし、この制度の利用は任意であり、特に希望がなければ印をつけずにそのまま投票すればよかった。

　政党だけでなく候補者個人を選びたいという声や、個々の候補者に注意を払うことで有権者の政治への関与がより深まるという議論を受けて導入された制度であるが、政党間でその評価は分れており、どの程度の利用者があるかという点も含めて、その効果が注目されていた。結果として、新制度を利用したのは全体の29.9％であった。また、この仕組みによる名簿順位変更で当選できた（それがなければ当選できなかった）候補者は（349名中）12名であった。[8]初回における制度の評価としては、利用者数、当選者決定の両面で、スウェーデンの選挙

の性格を大きく変えるようなものにはなっていないとの見方が一般的であった。ただし、政党中心の同国の政治文化を変えうる要素を含んだものであり、回を重ねるなかでどのような影響を生み出していくかを見定めていく必要があるとの指摘もあった（Möller 1999：272）。

（4） 政権の構成

　社会民主党と左翼党の議席を合わせると174で、過半数には１議席足りなかった。しかし、再分配政策を含めて政策的には左派に接近している環境党が議席を守り、同党が穏健党と連携する可能性は考えにくいことから、中道右派の連立政権が成立しないことは明らかであった。したがって、自らは多くの議席を失った社会民主党が再び政権を担うことになったが、その場合にいずれの党とどのような形で連携するかが問題であった。

　直前まで協力関係にあった中央党が大きく議席を減らした状況にあって、社会民主党は、左翼党および環境党との協力を模索することとなった。しかし、左翼党とは内部対立から分れた経緯もあって、過去に一度も正式な協力関係を結んだことがなかったし、新興勢力で当初は既成政党との連携を拒んでいた環境党との交渉が容易ではないことも予想された。パーションは投票日翌日に予定されていたニューヨークでの会合への出席をとり止め[9]、さっそく両党首脳との交渉に入った。

　左翼党党首シーマンは、自党の利益にもかなうとして連携に積極的で、左派で合意できる政策を追求できるように４年間の任期を通じた安定的な協力関係を結ぶことを望んだ。環境党も、1991年選挙で議席を失ったり、他方でその間に地方政治、特にスウェーデン第二の都市イェーテボリで政党間協力によって成果をあげた経験から、特定の政策の実現のために社会民主党と共闘することには同意していた。他方で、協力形態については、社会民主党が閣僚ポストを配分する形での正式な連立政権を避けようとし、環境党も「社会民主党の環境支部」として利用されることになるリスクを認識して正式な政権入りを望まな

かった（Burchell 2001 : 284）。

　政策目標については、3党間の協議を経て、経済、雇用、社会保障、環境、男女同権の5つの分野で、次の選挙まで協力していくことで合意がなされた。具体的な手法としては、共同で予算案を作成し、その実行を目指すとともに、議会およびその委員会内で協力していくことと、さらには3党間で定期的に協議の場をもつことも決められた。こうして、社会民主党の少数派単独政権を左翼党と環境党が閣外協力で支えるという体制が発足することとなった。

第2節　2002年選挙——左派3党の連携強化

（1）　選挙前の社会・政治状況

　前回選挙以降、経済状況は比較的良好で、1998年から4年間はGDPでみた年間平均成長率が3％程度となり、ヨーロッパ平均を上回っていた。財政収支も安定し、懸案であった失業率も選挙前の2001年には5％を切るまでになっていた。EU加盟後の経済通貨同盟（EMU）参加の是非や、移民の社会統合の問題が議論になることはあったが、スウェーデン社会の状況は比較的落ち着いていたといえる。

　ただし、対外関係では2つの大きなできごとがあった。その1つは、2001年の上半期（1月から6月）にスウェーデンがEUの議長国を務めたことである。1995年にEUに加盟したスウェーデンが初めての大役を担うなか、パーション首相や他の閣僚が、欧州諸国の指導者たちと十分に渡りあいながら大過なくその役割を果たしたことは、政府にとっての大きな業績となった。

　もう1つは、2001年9月にアメリカで起こった同時多発テロである。国際社会に大きな衝撃を与えたこの事件の影響は、当然ながらスウェーデンにも及んだ。パーションは首相として直ちに声明を出し、テロ行為に毅然と対処していく姿勢を示したうえで、西欧各国の指導者たちと連携しながら行動していった。

　これらのことは社会民主党に有利に働いた。同党は前回の選挙後から支持率

を下げ続けており、また、各党指導者への信頼度調査においても、高圧的だとの批判が付きまとうパーションへの有権者の評価は低かった。しかし、EU議長国の業務を統括してその職責を果たし、首相としてテロ事件をめぐる国内外での対応にあたるなかで、パーションは冷静で自信に満ちた指導者であると高く評価されるようになった。それにともない、党への支持率も上昇していった。

　政党政治においては、社会民主党が左翼党および環境党と初めて正式な協力関係を結んだ体制が、その持続力に懐疑的な見方もあったなかで、破綻することなく次の選挙を迎えることになった。その間、環境党では、2001年末の時点で社会民主党との協力が「緑の政策の明らかな成功」を生んでいると肯定的な評価がなされていた一方（Miljöpartiet de Gröna 2001)、同党の支持率が4％を切る状態が続いたこともあり、選挙まで半年を切った5月に男女の代表がそろって交替した。特に女性代表には、同党青年同盟の議長を務めた後に地方議員になっていた28歳のM. ヴェッテシュトランド（Maria Wetterstrand）が抜擢され、巻き返しがはかられた。

　中道右派野党の側でも指導部の交代がみられた。穏健党では1999年の春に、13年近く党を率い、1991年から3年間首相を務めたビルトが退き、彼の政権で閣僚を務めたこともあるB. ルンドグレン（Bo Lundgren）が党首となっていた。中央党でも、党勢の衰退傾向が続くなか、ダレーウスが3年足らずで党首を辞任し、2001年3月に同党としては初めての女性党首となるM. オーロフソン（Maud Olofsson）が後を継いでいた。

(2)　選挙戦

　主な争点は教育、医療、雇用であったが、それ以前に比べると、移民の社会統合に関わる問題や交通問題、住宅問題などが取りあげられることも増えていた。

　左右の主要政党とみなされた社会民主党と穏健党との間では、従来どおり、政府による社会経済への介入の程度に関わる諸問題をめぐって議論が交わされ

た。たとえば、穏健党は、学校の民間経営を可能にして教育における選択の自由を拡大すべきだと主張し、社会民主党は社会的平等の観点からそれに反対した。雇用問題についても、労働市場の規制緩和を通じた雇用機会の拡大を主張する穏健党に対して、社会民主党は、職業研修や職業紹介などの公的制度の充実を通じて労働条件を悪化させることなく諸問題に対処すべきであると主張した。そのようななか、特に選挙戦の終盤には、ルンドグレンが所得と資産の両面での減税を強く主張すると、パーションが医療や雇用政策への財源確保の必要からそれに反対し、激しい論戦となった。

　穏健党以外の野党勢力は、基本的には中道右派各党の連携によって政権奪取をはかることを想定しつつ、それぞれに独自性を出そうとしていた。中央党は従来からの地方分権、地域振興の他、新党首オーロフソンが主導し、新たにジェンダー平等の問題にも力を入れるようになった一方で、経済問題については、ヨーハンソンやダレーウスに率いられた時期に比べると市場主義的な方向に舵を切った。キリスト教民主党は、同性婚への反対や性犯罪者への厳罰化など、従来以上に文化や倫理の面で保守的な主張を押し出していた。

　しかし、この選挙でもっとも注目され、かつ各方面で議論を巻き起こしたのは、国民党が移民の社会統合の問題を強調したことであった。同党は、教育や医療の充実という従来の論点に加え、選挙戦が本格化する8月に入ると、増え続ける移民の社会統合に力を入れるべきだとして17項目にわたる具体策を示したが、そのなかに「言語テスト（Språktest）」の導入が含まれていた。それは、一定水準のスウェーデン語能力をもつ（身につける）ことを市民権付与の要件とし、その審査のための制度を設けるというものであったが、左翼党の政治家らが、排外主義的で非人道的な主張であるとしてこれに厳しく反発し、メディアでも大きく取りあげられた。

　これに対して国民党側の論理は、移民がスウェーデンでの生活になじみ、特に職を得て生活の基盤を確保するためにはコミュニケーションが重要で、スウェーデン語の習得は引き続き移民・難民の受け入れを進めるためにも不可欠

だということであった。また、同党が1980年代後半から対外的な人道支援と難民受け入れに積極的な態度をとり続けていたことからも、それを排外主義と断じるには客観的に無理があるようにみえた。

　しかし、1990年代を通じて旧ユーゴスラビア、アフリカ北東部、アフガニスタンなど、世界の紛争地域から多くの難民を受け入れ、移民の数が増大し続けていたことや、隣国デンマークでは移民批判で支持を広げたデンマーク国民党が議会でも影響力をもつようになっていたこともあり、社会全体がそれを争点化する方向に進んだ面があった。さらに事態が錯綜した背景には、投票日の5日前に、カメラを隠し持ったレポーターが一般有権者に扮し、政党関係者にあえて移民排斥の主張を語って反応をみるというテレビ番組が放映されたことがある。そこで標的とされた穏健党の党員の多くがそれに同調したか、少なくとも否定しなかったという理由で批判され、党首ルンドグレンが一部の党役職者に辞任を求めるなど、対応に追われることにもなった。

　こうして「言語テスト」が巻き起こした議論や混乱が続くなか、投票日を迎えることになった。

(3)　選挙結果

　2002年9月15日に投票が行われた選挙の結果は、**表4－2**のとおりである。

　ブロック間の対抗という観点でみれば、ほぼ「現状維持」であった。すなわち、数字のうえでは、社会民主党と左翼党の間で、1998年選挙で前者から後者に流れた有権者が戻った形であると同時に、中道右派4党の間でも、前回議席を増やした2党と減らした2党の間で票が動いたものの総数が1減っただけでほとんど変わらなかったからである。

　政党ごとにみていくと、まず、選挙前の与党、社会民主党は、1920年年代以降で最低の数値を記録した前回選挙から支持率を約40％にまで回復させた。失業率の改善を含めた経済の安定化と、アメリカ同時多発テロ後の対応やEU議長国の経験で党首パーションの評価が急上昇したことが作用したと考えられる。

表4-2 2002年選挙における各表得票率と獲得議席数（カッコ内は前回選挙からの増減）

	左翼党	社会民主党	環境党	中央党	国民党	穏健党	キリスト教民主党
得票率(%)	8.4 (−3.6)	39.9 (+3.5)	4.7 (+0.2)	6.2 (+1.1)	13.4 (+8.7)	15.3 (−7.6)	9.2 (−2.5)
議席数	30(−13)	144(+13)	17(+1)	22(+4)	48(+31)	55(−27)	33(−9)
ブロック	左派			（中道）右派			
議席数 (349)	174			158			
	191						

出所：選挙管理委員会（Valmyndigheten）ウェブサイトのデータより作成。

　前回躍進した左翼党は、社会民主党に票を取り返される形で議席を減らしたが、それでも、共産党時代を含めた同党史上で2番目に高い得票率であった。

　他方、中道右派ブロックの中心勢力である穏健党は、議会第二党の地位は守ったものの「惨敗」ともいえる状況で、得票率・議席を大きく減らした。新党首ルンドグレンの不人気と、選挙後に党内からも批判が出るほどの減税路線への執着が敗因だとみられていた（Widfeldt 2003: 783）。

　これに対して中道右派のなかだけでなく、全体でも最大の「勝者」は国民党であった。4度の選挙で連続して得票率を減らし、前回は4％台となり、当初は議席の維持さえ危ぶまれた状態から長期的な党勢衰退傾向を転換させただけでなく、議席数を3倍近くにまで増やす躍進をみせた。「言語テスト」導入の主張がその原因になったことは間違いないが、それによって移民に批判的な有権者の支持を得たとする解釈は単純すぎて適切ではない。同党が学校での規律の強化や難民受け入れの基準の明確化など、個人の権利は尊重しつつも社会のルールの厳格化を求めたことが、広く右派志向の有権者を惹きつけた面もみられたからである（Widfeldt 2003: 782–783）。

　キリスト教民主党は、左翼党と同様に、ブロック内の他党（主に国民党）に一定程度支持を奪い返された形にはなったが、やはり同党史上2番目の高さとな

る9.2％の支持率を記録した。中央党は、前回から1％ほど得票率を上昇させた。伸び幅は大きくはなかったものの、1973年に25.1％、90議席を得て以降、実に8回連続、20年以上にわたって選挙のたびに後退を重ねてきた同党にとっては大きな意味をもつ結果であった。

環境党は「微増」であったが、選挙前に代表となったヴェッテシュトランドの党首討論での対応が好評であったことなどから、終盤で支持率を回復し、4％を上回った。かろうじて議席を守ったという程度である一方で、政党間関係でみると、前回と同様に、左右のブロックの間で決定票を握ることになる絶好の条件を得た。

なお、前回選挙から導入された個人選択投票については、それを意識して個人で選挙運動を行う政治家が主に右派政党で少し増えたものの、利用者は26％で前回より4％ほど少なかった。また、この仕組みによって当選した候補者は10名で、やはり前回の12名より減っていた。2回の経験から判断する限り、この制度が政党中心の選挙の傾向を大きく変えることはなさそうであった。

全体の投票率は、前回からさらに1％あまり下がり、80.1％となった。国際比較においては依然高い水準だといえるが、スウェーデン国内では今回もその低下傾向に懸念が示された（DN 2002.9.16）。

(4) 政権の構成

社会民主党と左翼党の議席数の合計は前回と同じ174で、過半数に1足りない状況であった。それまでの社会民主党・左翼党・環境党の協力体制が4年間持続したことからも、投票日翌日の新聞が「パーションの続投は確実」（DN 2002.9.16）との大見出しをつけるほどで、政権交代はないものとみられていた。

ブロック間の勢力バランスはほとんど変わらなかったが、自党の議席を増やした社会民主党は、選挙後すぐに、少数派単独政権の継続を前提として左翼党と環境党との協力に向けて動き出した。しかし、両党にもそれぞれの思惑があり、すぐには合意に達しなかった。

環境党は、選挙運動時から示唆していたように、閣僚ポスト（特に環境大臣）の配分を望み、正式な連立政権への参加を求めた。しかし、社会民主党はそれを拒み続けた。その間に、国民党、中央党、キリスト教民主党と環境党で少数派連立政権を形成し、穏健党がそれを支持するという体制を模索する動きが生まれた。しかし、中央党が途中で交渉から離脱し、計画は頓挫した。9月30日に議会が開会するなか、社会民主党と環境党が再度交渉に入り、10月1日の夜に2党間での閣外協力と共通目標の概略について合意に至った（Widfeldt 2003: 784）。10月2日には穏健党が提出した内閣不信任案を、環境党が棄権することで否決し、社会民主党政権の継続が確定した（DN 2009.10.3）。

　その後、社会民主党が左翼党をも招き入れ、あらためて3党間での協議が行われた。そこでは、3党で立場が異なる外交、安全保障、EUの分野を除外したうえで、それ以外の領域について検討し、121項目の政策目標が定められた。そして、それらを実現するための予算の作成と執行において3党が協力していくこととなった。前年までと同様に、定期的に協議の機会をもちながら任期全体を通じて協力体制を維持していくこととされたが、今回は期間半ばの2004年に3党で成果を確認する機会を設けることも確認された。また、左翼党と環境党は8名ずつ、いずれかの省庁に監視者を置けることにもなった（S/V/MP 2002）。

　こうして、曲折はあったものの、結果として選挙前より具体的で緊密な連携体制ができあがった。環境党はなおもブロック対立から距離を置くとしていたが、政策面でも、政党間協力においても、事実上左派ブロックへの包摂が進み、むしろブロック対決が強化されることとなった。

第3節　小　　　括

　1998年選挙では、左翼党とキリスト教民主党が大きく議席を増やしたことで、1990年代に入ってから穏健党が勢力を広げて左右の中心勢力が明確化していたことと併せ、政党布置としてはブロック間対立が強まったようにみえる。その

一方で、実際の政権形成においては、2回の選挙の前後で、社会民主党と中央党との協力や、環境党と中道右派諸党との連携の可能性もあったことがうかがわれる。

そのようななか、1998年選挙で社会民主党が左翼党・環境党との連携を選び、かつ同党としては初めて両党と文書を交わしての協力に踏み切った。その背景として、一方には関係政党の変化があった。まず、左翼党はシーマンが党首になって共産党時代からの党風を大きく変え、社会民主党に不満をもった有権者の受け皿となって議席を増やしたことから、社会民主党（や環境党）にとっても交渉可能な相手とみなされるようになったといえる。また環境党は、ブロック政治への全面的な関与についてはなおも慎重な姿勢をとっていたものの、市場主義や文化面での保守主義への反発から、政策的には実質的に中道左派というべき立場であることが明らかになってきていた。

もう1つは制度面の事情であり、すでに述べたように、1990年代半ばの予算編成手続きの変更により、安定した議会運営のためには票決を見越して多数派形成を確実にしておくことが必要になっていた。また、閣外協力の立場となった2党にとっても、新しい制度の下では、政府予算案の作成時に自らの目標を反映させることができるため、完全な野党になるよりも有利な面があった。

さらに、この時は社会民主党と左翼党の議席の合計が174で過半数に1足らず、ブロック政治の観点からは環境党が決定票を握る立場を得ていた。したがって、社会民主党にとっては、環境党からの支持を確実なものにすることが格別な意味をもった。これらの要因が相まって、初めて中道左派3党間の協力体制が誕生した。

続く2002年選挙でも、社会民主党と左翼党の議席の合計は前回と同数で、環境党が決定票を握る状況は続き、同党が連立政権への正式な参加を求めたことに関わる駆け引きはあったが、最終的には選挙前と同様の左派3党による協力体制が、相互の関係を強化しながら継続することとなった。

全体として、1998年と2002年の2回の選挙およびその前後の時期を通じ、左

派が従来はみられなかった協力体制を構築したことで、スウェーデンにおける2ブロック対抗の図式はより鮮明になった。1990年代の前半には、穏健党が危機克服プログラムの策定・実施にあたって社会民主党と協力したり、社会民主党と国民党との連携が話題になるなど、一時的にブロック対立が弛緩したようにみえたが、それは深刻な経済危機への対応を迫られたという点で、戦時大連立のような協調の論理が作用したためであったとも解釈される（Möller 2015：283）。1995年からの社会民主党と中央党との協力は、前者からすると、財政再建に必要な緊縮政策を安定的に実行できることと、右派ブロックを分断することができるという点で両得でもあった（Möller 2015：277）。

　また、この時期の政権構成パターンの変化の鍵の1つは環境党の動向にあった。環境党が政策位置の点で左派に近づいただけでなく、他党との関わり方についても同党内で明確な変化が生じていたからである。1988年の議会参入時には、ブロック政治とは距離をおくとし、政権への関与を考える状況ではなかったが、1994年に議会に復帰してからは他党との連携を通じた目標達成をも視野に入れるようになり、1998年選挙では実際に社会民主党からの協力要請に応じたうえに、2002年には閣僚ポストを望み、政権入りを強く求めるまでになっていた（Burchell 2001）。こうして、この時期に環境党は事実上左派ブロックに組み込まれることになった。

　同時に、この時期には左翼党の政党システム内での立場にも変化が起こっている。かつての左翼党（共産党）は、第2章の最後に指摘したように、政権参加の可能性はほぼないが、ブロック政治の作用を通じて政権構成には影響を与えうるという存在であったが、このころまでに左派志向の有権者の一定部分から投票先の選択肢として認められ、また中道左派の他党から政権をめぐる交渉の相手とみなされるようにもなった。つまり、同党は政党システムの周辺部から中心に少し近づいたといえる。

注
1) 主な理由は、選挙の間隔が3年では政府の目標追求が短期的になりすぎ、まとまった期間を想定した政策展開が難しくなるということであった。なお、報告書には「議員任期を4年に、可能ならば5年に延ばす」（SOU 1993（16）: 167）とあったが、最終的に4年間隔となった。
2) より具体的には、経済・財政状況をふまえ、国家予算の規模（上限）を確定させたうえで、それを各省庁に対応する27の支出領域に配分する。その後、特定の項目への配分を増やす場合は、同じ領域内の別の項目の削減によってその予算を確保しなければならず、その調整を財務省が管理して行う。こうした方式により、第一段階の政府提案の額以上に支出が増えることがないようにした点が重要である（SOU 1993（16）; Molander 2001）。
3) スウェーデンの国民投票制度は、法的拘束力をもたないという意味で諮問的な性格のものであるが、基本的にはその結果が尊重される。この時は、1994年の選挙戦に入るタイミングで実施が決まっていたことからも、政府がそれに従うことは確実だとみられていた。
4) 中央党側からすると、穏健党（と国民党）の路線に追随して支持を減らし続けていたことから、その打開策としての試みでもあった。なお、社会民主党が中央党を協力相手に選んだことを受け、1994年の選挙戦から社会民主党との連携を模索していた国民党のヴェステベリは党首を辞任した。
5) EU加盟が実現し、域内の移動の自由を定めたシェンゲン協定の批准も終えていたなかで、残された問題は通貨統合への参加（共通通貨「ユーロ」の導入）であった。この選挙でも一定程度言及はされたが、主要争点とはならず、議論は将来に持ち越された。なお、各党の立場は、穏健党と国民党が賛成、中央党、左翼党、環境党が反対、社会民主党とキリスト教民主党については、現時点では反対だが議論は継続する、というものであった（DN 1998.9.5）。
6) ダレーウスは、反原発運動においては指導的役割を果たしてきており、その経験が評価されたものの、党の中心的政治家として広く認知されていたわけではなかった。
7) 有権者が投票時に政権構成を予測できるか否か、また、政党がそれを示すべきか、ということは、政党システムや、それを含めたデモクラシーのあり方を評価するうえで極めて重要になる。その点に関しては、次節以降で政党政治の動向をみたうえで、第9章であらためて論じることにする。なお、投票率については終章でふれる。
8) 8％以上の支持を得て名簿順位が変更された候補者は全体で87名いたが、そのうち75名は元の順位のままでも当選していたため、結果に直接影響したのは12名分という意味である。
9) アメリカ大統領W.クリントン（William Clinton）やイギリス首相T.ブレア（Tony Blair）ら、当時の中道左派政権の指導者が出席して開かれた「第三の道」の国際セミナーのことである。

第5章

政党政治の展開 ③
右派連合の時代

第1節　2006年選挙──「スウェーデンのための同盟」と右派連立政権

(1) 選挙前の社会・政治状況

　2002年の選挙後から2006年に入るまでのスウェーデン経済は概ね良好で、GDPでみた成長率は年2～3％で推移し、財政収支も安定していた。その一方で、失業率は再び上昇しており、選挙でも雇用政策が争点になっていく。

　政治的に重要なできごととしては、2003年9月に行われたEMU（経済通貨同盟）加盟、すなわち共通通貨ユーロ導入の是非を問う国民投票が挙げられる。各政党の対応は分かれ、穏健党、国民党、キリスト教民主党が賛成、左翼党、環境党、中央党が反対の立場をとった。過去に反対の立場をとっていたキリスト教民主党は、その後賛成に転じていた一方、社会民主党は、執行部は加盟支持であったものの、支持者だけでなく議員にも反対者がおり、EU加盟の際と同様に、党としては賛否いずれの運動にも関わらないことを選んだ。投票の結果、賛成が42.0％、反対が55.9％となり、スウェーデンは通貨統合には加わらないこととなった。

　国民投票をめぐる対応に苦慮していた社会民主党にさらに打撃を与えたのが、その直前に外務大臣のA. リンド（Anna Lindh）が暴漢に襲われて亡くなったことである。百貨店での買い物中に刃物で刺されるという事件で、国民投票との関連が疑われたが、精神疾患を抱えていたとされる犯人がそれを否定したため、

政治問題化することはなかった。とはいえ、政府の要職にあっただけでなく、次期党首候補でもあった幹部政治家を突然失ったことは社会民主党にとって大きな痛手であった。

　他に政治にも影響を与えた事件としては、2004年の年末に起こったスマトラ島沖地震が挙げられる。クリスマス休暇で人気避寒地の東南アジアを訪れていたスウェーデン人543名が津波の犠牲となった（負傷者は千名を超え、十数名が行方不明のままである）。この災害への対応が遅れたために、パーション首相以下、政府が厳しい批判にさらされた。社会民主党の支持率は2002年の選挙後から下がり始め、この時期には35％前後になっており、党首の信頼度調査の数値でも人気を落としていたパーションが穏健党の新党首、F. ラインフェルト（Fredrik Reinfeldt）に追い抜かれた[1]。

　この間、特に中道右派（ブルジョワ）ブロックの各党においては、大きな変化が起きていた。

　まず、2002年選挙で過去30年間での最低得票率を記録し、大きく議席を減らした穏健党では、翌2003年に党首ルンドグレンが辞意を表明すると、10月党大会で38歳のラインフェルトが後任に抜擢された。ラインフェルトを中心に、経済政策担当のA. ボリ（Anders Borg）（38歳）や、広報活動を含めた組織運営を主導するP. シュリングマン（Per Schlingmann）（37歳）らが加わった若い首脳陣が、政策的主張を大胆に刷新することを通じて党勢を立て直そうとした（Kristofferson 2006）。それは基本的に、大幅な減税と社会保障の削減を求める極端に市場主義的な路線を放棄し、スウェーデンの福祉国家のあり方を肯定したうえで、医療や教育の分野に競争原理を部分的にとり入れて効率化とサービスの質の向上をはかるというものであった。また、党首ラインフェルトは、自身が経済成長期に生まれて福祉国家の恩恵を受けてきた世代の大衆の1人であることを強調し、エリート政治家というイメージをもたれてきた2人の前任者との違いを演出した（Wiklund 2006）。

　さらに穏健党は、他の3野党との新たな協力関係をも構築しようとした[2]。2002

年選挙からの議員任期が半ばに差し掛かった2004年8月、同党および国民党、中央党、キリスト教民主党の4党首が集まって2日間にわたる協議を行った。その直後に共同で記者会見を開き、2006年選挙での政権奪取に向けて4党が共闘することを宣言し、合意事項をまとめた文書を発表した（M/Fp/Kd/C 2004）。

そこでは、労働の価値の再評価、公正な社会と安全の強化、選択の自由の拡大を含んだ社会福祉の推進、男女同権の推進、EUへの関与を通じたグローバル化への対応など、基本目標が掲げられるとともに、4党が共同で広報活動を進めていくことが明らかにされた。さらに、2006年選挙に向けて合同の政策綱領を作成するとし、6つの作業班の設置とそれを主導する党も決められていた。すなわち、経済と国際関係に関わる政策は穏健党、科学技術と教育、社会秩序の維持に関わる政策は国民党、労働市場・雇用と地域振興に関わる政策は中央党、福祉と選択の自由に関わる政策はキリスト教民主党、という分担であった。また、プロジェクト全体の名称は「スウェーデンのための同盟（Allians för Sverige）」とされた[3]。

「同盟」結成への世論の反応は概ね好意的で、2002年選挙後は4党を合わせても左派3党を上回ることがなかった支持率が、2004年末には「同盟」4党で左派3党合計の数値に並び、2005年3月には5％ほど上回るまでになった（DN 2005.3.26）。その後各党、ブロック間の支持率にある程度の上下動はあったが、選挙まで半年余りとなった時点でも「同盟」が4〜5％の優位を保っていた（DN 2006.2.24）。

政党に関する動きとしては、キリスト教民主党において、議会参入を果たすはるか以前から30年あまりにわたり党首を務めてきたスヴェンソンが2004年4月に勇退し、G. ヘグルンド（Göran Hägglund）が後を継いでいた。また左翼党では、党勢拡大に貢献したシーマンが自身の税の申告漏れから2003年初頭に党首を辞任したため、U. ホフマン（Ulla Hoffmann）が暫定党首を務めた後、2004年2月からL. オーリー（Lars Ohly）が党を率いていた。党内ではシーマンがフェミニズムと人権問題を重視する改革派であったのに対し、オーリーは共産党時

代の経験を重視する伝統派で、党首就任直後には、やや挑発的に自らを「共産主義者」と称して物議をかもした。しかし、選挙が近づくと彼もそうした言動を控えるようになっていった。

　こうして、特に（中道）右派4党が事前に周到な共闘体制を築き、政権構想をも明確に示して臨むという、過去にない状況で次の選挙に向かうことになった。

(2)　選挙戦

　この年の選挙戦は、最初から（中道）右派「同盟」主導で展開されることとなった。彼らは、先述のとおり、2年近く前から共通の政策目標の設定作業を進めてきており、その成果が30ページからなる公約集『より多くの人が働き、より多くを分け合おう (Fler i arbete - mer att dela på)』(Alliansen 2006) にまとめられ、2006年8月に一般向けに配布された。

　そこには各分野にわたる政策目標の概要が示されていたが、そのタイトルが表すように、中心に置かれていたのは雇用政策を軸にスウェーデン社会を立て直すという主張であった。それを端的に示していたのが「就労原則(arbetslinjen)」である。これは、労働を通じて経済力を高め、その成果を配分することによって国民生活の向上をはかり、社会を発展させていくという考え方を表す。またそれは、スウェーデンの福祉国家を支えてきた理念の1つであるとともに、かつての社会民主党が提起したものに他ならなかった。

　「同盟」は、近年この「就労原則」が軽視されていることにこそ問題があると主張した。より具体的には、失業率の数字に含まれない職業訓練プログラム対象者や、医療保険の疾病手当受給者が多いことを指摘し、実際に働く人の割合、すなわち「就労率」のほうを高めるべきだとしていた。また、すでに職を得ている者への保護が手厚い一方で、若年層が構造的な就職難に陥っているため、労働市場の規制緩和と企業の活動環境整備を通じた雇用機会創出が急務だとされた。

こうして「同盟」は、福祉国家を否定するのではなく、むしろその基礎に立ち返ることが必要だと訴えたのである。とりわけ穏健党は、選挙用のポスターや配布物に「新しい穏健党（Nya Moderaterna）」のロゴ・マークを入れ、さらには自らをたびたび「労働者のための党」とまで呼んで自党の変化を有権者に印象づけようとした。

　これに対し、社会民主党の側は、1990年代後半からの自らの政権による政策的対応の適切さを強調した。経済は良好で、失業率にも改善の兆しが表れており、失業保険給付と職業教育プログラムを組み合わせた従来の方法で対処していけばよいとする見解を繰り返した。しかし、4党が結束して政策の変更を訴える「同盟」に対し、社会民主党が守勢に立たされる場面が多くなっていった。新聞等で定期的に発表される世論調査の数値も、同年春以降、「同盟」4党の支持率の合計が、社会民主党、左翼党、環境党の数値の合計を数％上回る状態が続いたうえに、「同盟」の首相候補、ラインフェルトへの信頼度も現職のパーションへの評価を明らかに上回っていた。

　政策面での議論は、雇用、経済、医療、教育、高齢者ケアなど、基本的に伝統的な選挙争点をめぐって展開されたが、「同盟」の共闘戦術により、選挙後の政権構想が従来以上に問われることとなり、与党側ないし中道左派3党の対応にも関心が向けられた。その点で、前回の選挙後に正式な連立政権への参加を求めながらそれを拒まれた環境党は、この選挙でも決定票を握る立場になった場合には閣僚ポストの配分が社会民主党との協力の条件であることを明言していた。左翼党も、環境党ほどではないにせよ、左派が勝利した場合の連立政権参加には前向きな姿勢をみせていた。

　しかし社会民主党は、正式な連立の可能性を否定したわけではないものの、従来どおり単独で選挙を戦い、できる限り多くの議席を得られるよう最善を尽くしたうえで結果をみて政権交渉に入る、という姿勢を崩さなかった。この点について、政党支持率調査で「同盟」の優位が伝えられるなか、すでに5月の時点で左派3党も連立政権構想を示して対抗すべきだとしていた環境党は、選

挙戦の終盤にも社会民主党に明確な意思表示をするよう迫っていた。かつては中道右派諸党の連携の難しさを指摘し、それを有権者にも示しながら自らの政権担当能力をアピールするのが常であった社会民主党が、この選挙では逆の立場に置かれた。

この選挙戦では、その結果に影響しかねない不祥事も生じた。投票日の2週間前に、社会民主党内部の情報ネットワークに外部からの不正侵入があり、そこに国民党の青年部が関与していたことが発覚したからである。事件は大々的に報じられ、社会民主党は国民党を激しく批判し、後者の幹事長が辞職に追い込まれた。こうした混乱をともないつつ、「同盟」への有権者の評価が注目されるなかで投票日を迎えることとなった。

(3) 選挙結果

2006年9月17日に投票が行われた選挙の結果は、**表5-1**のとおりである。

選挙前に与党であった社会民主党は、前回から5％近く得票率を落とし、普通選挙実現後最低の数値を記録した。左翼党も議席を減らすなかで、政権交代は確実となり、パーションは党首も辞任することを表明した。

その一方で「同盟」の中心勢力である穏健党は、1928年以来となる高得票率を記録した。前回から10.9％上昇しており、それは1920年代以降の1回の選挙での伸び幅としてはすべての党のなかでも最大値であった。「労働者のための党」という、それ以前の同党からは考えられないような言説をも用い、社会民主党の主張に接近しながら中間層から労働者層までの支持を広く取り込もうとする戦略が功を奏し、政権奪取を確実にした。出口調査の結果からみても、穏健党は産業労働者（LO傘下の組合への加入者）の11.1％（前回4.2％）、事務系労働者（事務職員労働組合中央組織［Tjänstemännens centralorganisation, TCO］傘下の組合加入者）の24.2％（前回10.0％）の支持を得ており、労働者層への浸透に一定程度成功していた。[4] また、ラインフェルトへの評価が得票の増加につながったことも明らかで、穏健党への投票者のうち党首への支持を理由に挙げた者の割合は、

表 5-1　2006年選挙における各表得票率と獲得議席数（カッコ内は前回選挙からの増減）

	左翼党	社会民主党	環境党	中央党	国民党	穏健党	キリスト教民主党
得票率(%)	5.9 (−2.5)	35.0 (−4.9)	5.2 (+0.5)	7.9 (+1.7)	7.5 (−5.9)	26.2 (+10.9)	6.6 (−2.6)
議席数	22(−8)	130(−14)	19(+2)	29(+7)	28(−20)	97(+42)	24(−9)
ブロック	左派			(中道)			
議席数 (349)	152 (−22)			178 (+20)			
	171 (−20)						

出所：選挙管理委員会（Valmyndigheten）ウェブサイトのデータより作成。

前回の14％から31％へと大きく増え、全政党のなかでも最大であった（Holmberg 2006: 28-29）。

　他の「同盟」政党では、中央党が2回続けて議席を増やした。オーロフソンが党首になり、環境問題の重視やブロック政治における位置取りによって独自性を出そうとした以前の路線から、経済自由主義へと重心を移し、右派ブロックの一員であることを強調する戦略が成功したといえる。また彼女は、「同盟」発足時の協議のために他の3党首をバルト海沿岸のヘーグフォシュ（Högfors）にある自宅に招くなど、調整役としても重要な役割を果たしていた。

　国民党は、「同盟」の勝利によって政権参加が可能になった一方で、選挙戦最中の不祥事もあり、前回大きく増やした議席の3分の2ほどを失った。キリスト教民主党は、長きにわたり党の「顔」であったスヴェンソンの後を継いだヘグルンドが支持者からの評価の点では健闘したもの、結果的に議席を大きく減らした。もっとも、これらに2党についても、政権に就くことになった「同盟」の政策目標に自らの主張を反映させられたという意味では一定の成果を得られたといえるだろう。

　社会民主党の敗因は、本来は自らの得意分野であるはずの雇用政策において穏健党の主張に有効な反論をなしえなかったことにある（Widfeldt 2007: 822）。

また、「同盟」4党がこれまでにない周到な選挙協力を進めたことで、社会民主党にとっては、「彼らはすぐに仲たがいを起こして分裂する」という中道右派連合を批判する際の常套句が効果をもたなくなり、逆に左派政党間の協力に関する自らの消極的姿勢が問われるようになったことも同党の立場を苦しくしたといえる。

　左翼党は、指導部がむしろ伝統的左翼への回帰をみせており、「同盟」が優勢で有権者全体が「右」に動いたこの選挙において大きく議席を減らすこととなった。このころまでには「赤・緑ブロック」とも呼ばれるようになっていた中道左派3党の1つ、環境党は、自らは議席を増やしながらも、「同盟」の成功の前に、過去2回の選挙で得ていた要党（各党が左右軸上に並ぶと想定した場合に、中央付近に位置し、決定票を握るとみなされる政党）の地位を失った。党代表の1人、ヴェッテシュトランドは、投票日の翌日、選挙運動期間中に連立政権構想にふれることを避け続けた社会民主党をあらためて批判し、不満を表明した（AB 2006. 9. 18）。

　なお、この選挙において一定の関心を集めたのが、移民排斥の主張によって特に南部地域で支持を広げていたスウェーデン民主党がどこまで票を伸ばすかということであった。1980年代末に結成され、極端な民族主義的主張ゆえに長く泡沫政党であった同党は、2000年代に入ってからは組織改革を進めながら国政レベルでの議会進出を目指していた。事前の支持率調査でも議席を得ることは難しいとみられていたが、結果として2.9％の票を得て公費による政党助成の要件（2.5％）は満たすこととなった（同党については、次節であらためてふれる）。

(4) 政権の構成

　選挙結果が判明すると、社会民主党が下野する意思を表明したため、「同盟」各党は新政権の形成に向けて動き始めた。この時は、選挙に向けた準備の段階から各党が主導する分野を明らかにして共通の政策目標を作成してきており、それぞれの責任者もある程度決まっていたため、通常の連立政権では交渉が難

航することも少なくない閣僚ポストの配分は円滑に進み、まもなく新政権が発足した。

　こうして「同盟」は、2004年8月の結成時から目標として掲げていた政権奪取を成し遂げた。複数の政党が協力し、共通の首相候補、共通の政策、さらには連立各党による役割分担も含め、事前にこれほどまでに明確な政権構想を示して選挙で支持を訴えたのは、過去にはみられないことであった。1994年選挙で穏健党と国民党が共通の政策目標を掲げたことはあったが、その時は政権の全体像が示されていたわけではなく、その点でも「同盟」はまったく次元の異なる強力な共闘体制であったといえる。

　また、「同盟」4党で過半数の議席を確保することとなったため、スウェーデンでは、1981年に中央党、穏健党、国民党の3党連立政権が崩壊して以来、四半世紀ぶりに多数派（連立）政権が生まれることとなった。

　4党間の関係では穏健党の優位が明らかで、同党が首相以下、法務、財務、外務等、閣僚ポストの半数を占めることとなった（22分の11）。他は中央党と国民党が4つずつ、キリスト教民主党が3つであった。連立政権の場合は、政党間の力関係や主張の違いが緊張を生むことも多いが、この時は各小政党が自らの目標を追求できる立場を得ていたことから、1970年代の事例とは異なり、結束力を維持したまま、目標として掲げた諸政策を実行に移していくものとみられていた。

第2節　2010年選挙——選挙連合対決と右派の勝利

(1)　選挙前の社会・政治状況

　2006年選挙で3期12年ぶりに誕生した中道右派4党連立政権は、選挙戦を通じてつくりあげた緊密な協力体制と、過半数の議席を確保したことによる有利な議会状況を背景に、さまざまな政策変更や制度の導入を進めていった。

　選挙戦の最中から議論になっていた就労率の改善については、医療保険から

の疾病手当の給付条件を厳格化するとともに、給付に期限を導入するなどして、長期休職者に労働市場への復帰を促した。また、労働組合の「特権」を批判して、組合費への税控除を廃止し、組合加入と結びついた失業手当を減額するなどして、その利点を奪っていった。こうした制度変更により組合からの脱退者が増え、2007年から2008年にかけて組織率が約10％下がり、70％程度になった。

「同盟」は、社会保障の充実、男女同権化の推進や持続可能な社会の追求、社会的排除の克服といった従来の中道左派の主張にも重なる領域での取り組みを強調し、中心勢力の穏健党が選挙時には「労働者のための党」と自称したにもかかわらず、実際には労働者の組織的影響力を奪おうとした。穏健党が主導する「同盟」の社会政策は、労働市場の流動化を狙った新自由主義の傾向を強くもち、就労を福祉給付の条件とする「ワークフェア」路線であることが明らかになっていった。

一方、国民党が主張していた学校教育改革や社会統合政策、中央党が目指していた交通網整備や再生エネルギー開発の推進においても具体的な取り組みが進み、「同盟」内の他党もそれぞれの主張を実現していった。なかでもキリスト教民主党の要望で導入された育児手当の制度は、小政党が連立政権に加わることで自党の重点政策を実現しえた典型例であった。それは、保育所を利用せずに自宅で子育てをする親に現金を給付する仕組みであり、女性の社会進出と公的保育の充実を目指してきたスウェーデン社会においては通常であれば支持されにくく、穏健党は消極的で、国民党は強く反対していたものだったからである[5]。

このような「同盟」政権については、政党間の非対称な関係からその持続力に懐疑的な声があったものの、議員任期の後半に入っても各党指導者らの関係を中心に4党の結束が崩れる気配はなかった。そのようななかで、左派側にも新たな動きがみられるようになる。

2008年の秋に社会民主党と環境党は次期選挙に向けて協力関係に入ることを表明し、合同で対抗予算案を提出した[6]。その後、両党は左翼党をも含めた協力

の可能性を探ったが、左翼党は当初、国際関係等での立場の違いから選挙前の連携には消極的であった。しかし、最終的に同党も要請に応じ、共闘体制を組むことで合意が成立した。その時点ではまだ、3党間にEUやエネルギー問題などで不一致があったが、雇用と経済、環境、社会保障、都市問題、国際関係に関わる5つの作業班を設けて政策目標の調整に入ることが決まった（DN 2008.12.9）。

　社会民主党、環境党、左翼党による協力体制は、まもなく「赤緑連合（Rödgrön koalition)」と呼ばれるようになった。政策目標の大枠についても協議が進められ、2009年7月には、3党の党首および代表が「同盟」政権の下でさまざまな経済格差が広がっていることを指摘しながら、①雇用の創出、②緑の社会への転換、③公正な社会の実現、を目指すと宣言した。そして10月には政府の予算案に対し、中小企業支援のための基金の創設、若年層への職業訓練の充実、環境保護と結びつけた観光業支援、低環境負荷自動車の開発への投資、公正な資産課税の新設など、9項目を重点化した対抗予算案を提出した（S/V/Mp 2009）。

　こうして次の選挙が左右の選挙連合対決となることが決まった一方で、その間の社会経済動向として特筆すべきは、2008年秋のアメリカの「リーマン・ショック」に端を発した金融危機と経済不況が世界に広がったことである。スウェーデン経済も影響を受け、2009年はマイナス成長を記録した。しかし、国際比較においてはスウェーデンが受けた打撃は相対的に小さく、経済分析庁（Konjunkturinstitutet）は2010年春には同年の経済成長率が5％近くに達するという急回復の見込みを示していた。また、同時期に国債庁は、財政収支も改善され、国の累積債務が2009年のGDP比39％から2010年には35％に縮小するとの予測を発表していた（Widfeldt 2011：1151-1152）。

　続いてこの間の政党支持の動向についてみておく。政党間協力、議席数とも盤石の体制にみえた「同盟」政権であったが、発足から1か月も経たないうちに商工大臣と文化大臣が、正規の手続きを避けた家政婦の雇用や公営放送受信料未払いの発覚により辞任に追い込まれるなどの不祥事が続き、選挙直後から

1年半ほど、穏健党と国民党が支持率を下げ続けた。その一方で、野党となった社会民主党は支持率を40％台半ばまで上昇させた。しかし、2008年の前半にはその傾向が逆転し、再び穏健党の支持率が上がり、社会民主党との差が縮まっていった。

選挙連合対決でみると、「赤緑連合」が発足した翌月（2009年1月後半）の支持率調査では、それが「同盟」を10％近く上回った（ただし、穏健党の支持率は過去最高の27％弱）（DN 2009.1.30）。その後は4月にほぼ同率となるものの、2009年中は「赤緑連合」が優位を保ったまま2010年を迎えていた。

もう1つふれておかねばならないのは、この時点では議席を有していないものの、次の選挙での議会参入を狙っていたスウェーデン民主党の動向である。2009年の半ば過ぎまでは支持率調査での数値が3％台であったが、同年夏以降たびたび議席獲得要件の4％に達するようになり、2010年1月には過去最高の5.6％を記録していた（DN 2010.2.26）。したがって、左右の選挙連合対決のゆくえとともに、同党が初めて議席を得るかどうかもこの選挙での大きな関心事となっていた。

(2) 選挙戦

左右2陣営間の争いとなったこの選挙では、「同盟」が前回のように4党で共通の選挙公約を準備しただけでなく、「赤緑連合」も同様に共通の公約を作成し、社会民主党党首のM. サリーン（Mona Sahlin）を首相候補として運動を進めた。市中に貼られる選挙ポスターも、従来のような各党のものに加えて、双方の選挙連合が作ったものも多く貼り出されるなど、それまでとは異なる様相を呈していた。

政策面での議論は、主に社会保障と雇用をめぐって展開された。「同盟」は、公的支出の削減と労働市場の拡大を進めたことや、2008年秋以降の国際不況の影響を最小限に食い止め、景気を回復させることに成功した実績を有権者にアピールした。他方、「赤緑連合」の側は、「同盟」政権による社会保障削減を批

判し、失業保険給付を以前の水準に戻すことを主張した。こうした論争における両者の立場を象徴していたのが医療保険からの疾病手当をめぐる対立で、「赤緑連合」がその要件の厳格化や期限の導入が非人道的だと批判すれば、「同盟」側は就労への動機づけの重要性を強調して反論した。

社会民主党は、前回選挙の敗因分析をふまえて雇用政策を軸に目指すべき社会の像を示そうとした。すなわち、単に雇用創出や就労支援を謳うだけでなく、それらを通じた経済の強化はもちろん、就労が社会参加や自己実現につながるという面や、連帯や社会統合の基礎になるという点からも意義づけられた。また、教育との関係も強調され、就労を通じて自由や安心を確保するためにも、職業教育やリカレント教育を含めた多様な取り組みを目指すとした。さらに環境問題へのアプローチとしても、環境負荷の小さい交通システムへの移行や再生可能エネルギーの開発や利用に関わる雇用機会を増やすことが提案された（SAP 2009）。前回選挙から「就労原則」の解釈が論点になり、穏健党が中間層から労働者の一部の支持をも取り込もうとして攻勢を強めるなかで、それを正面から受け止めて論戦を挑む形になっていた。

こうして穏健党と社会民主党を中核とした「同盟」と「赤緑同盟」による競争が展開される一方、論点の面でも対立の構図の面でも、それらとは離れたところで、初めての議席獲得を狙うスウェーデン民主党が移民批判に徹して精力的な選挙運動を進めていた。

2003年のアメリカによるイラク侵攻以降に同地域から多くの難民を受け入れたことや、1990年代に受け入れた難民の社会統合の遅れ（失業率の高さ、集住化）が指摘されるようになったことに加え、この時期までに移民集住地域でたびたび暴動が起こるようになっていたこともあり、数年前から移民・難民をめぐる問題が一部では議論になっていた。[8]この選挙戦においても、スウェーデン民主党は、移民批判に特化して有権者に支持を呼びかけた。同党の選挙公約は比較的簡単なものであり、「スウェーデンをわれわれの手に取り戻そう」という表題が付されたリーフレットにまとめられていた（Sverigedemokraterna 2010）。そ

こには「責任ある移民政策を」、「安心で尊厳のある老後に」、「犯罪への妥協なき対応を」という「3つの重点領域」が挙げられていた。

　1点目の移民政策については、難民受け入れと家族呼び寄せを厳しく制限するとともに、入国者の在留許可や市民権付与の要件を厳格化するよう求め、さらには、スウェーデンのイスラム化を阻止するとの主張が続いた。2点目の高齢者政策については、年金受給者の経済状況や要介護高齢者の食生活の改善を掲げ、移民の受け入れや社会統合に充てている財源をそのために使うよう主張した。3点目の犯罪への対処については、重大犯罪・再犯への厳罰化、小児性愛者の認定・登録制度の導入に加え、移民犯罪者の国外追放が目標として挙げられた。こうしてスウェーデン民主党は、移民の存在を文化変容、福祉、治安など、さまざまな論点と結びつけて批判していた。

　このようなスウェーデン民主党については、左派・右派を問わず他のすべての政党が人権意識を欠いた非民主的勢力とみなしており、選挙戦においても彼らとの対話や議論を拒否する態度を貫いていた。主要メディアも同様で、当初より同党を民主政治における正当なアクターとしては認めない姿勢をとっていた。2006年選挙では関係者の人種差別的言動をとりあげる一方で、政党支持率調査で2～3％の数値があってもあえて「その他」に含めて直接の言及を避けるという対応もみられたが、今回は議会参入の可能性が現実味を帯びるなかで、その報道自体は増えていた。こうした反応について、スウェーデン民主党は、民主政治のルールにのっとって行動する自党を排除しようとする他党やメディアのほうこそ非民主的だとの不満をたびたび表明していた。[9]

　「同盟」と「赤緑」の全面対決となったこの選挙については、新聞報道等も従来とはやや異なり、両陣営の支持率（各政党の数値を合計したもの）の比較が数日ごとに発表され、その優劣が注目された。その動向に関しては、2010年の初頭まで「赤緑」陣営が優位であったが、春頃を境に形勢が逆転し、本格的な選挙戦が展開される8月から9月にかけてはほぼすべての調査で「同盟」が数％の差をつけて優位に立っていた。

スウェーデン民主党については、9月に入ると各調査での支持率が5～6％を記録するようになり、議会参入の可能性が高いとみられていた。選挙戦の最終盤になると、選挙連合対決においては、大差ではないものの「同盟」が政権を維持するとの見方が強まり、そのうえで彼らが過半数の議席を確保できるか、それともスウェーデン民主党が議席を得て決定票を握る立場になるかが注目された。

(3) 選挙結果

2010年9月19日に投票が行われた選挙の結果は、**表5-2**のとおりである。

スウェーデン政治史上初の選挙連合対決を制したのは中道右派の「同盟」であった。その中心となった穏健党は前回に続いて得票率を伸ばし、最高値を更新した。それは社会民主党に1％未満の差にまで迫るもので、穏健党にとっては大きな成果であった。しかし、他の3党はいずれも得票率を下げ、議席を減らしており、その点で単純に「成功」とはいえなかった。さらに大きな問題は、スウェーデン民主党の議会参入により、議席の過半数を確保できず、同党に決定票を握る位置を占められ、議会運営に支障が出かねない状況が生じたことであった（後述）。

2006年から2010年までをみると、野党3党が共闘を決める前の時期も含めて、ブロック間の支持率では「同盟」が不利な時期が圧倒的に長かった。政権発足後に不祥事が続き、相次ぐ社会保障削減が各方面からの反発を招いてもいたが、2008年から2009年にかけての不況期の危機管理の成功が「同盟」の勝利につながった（Möller 2015: 316-317）。また、特に穏健党への支持の伸びについては、ラインフェルトと財務大臣のボリへの評価と信頼によってもたらされたところが大きいともみられていた（Widfeldt 2011: 1148）。

敗れた「赤緑連合」の側では、社会民主党が2006年選挙からさらに得票率を下げ、18議席を失った。左翼党は得票率でみると前回からわずかに下がった程度で、環境党は2％強の伸びで過去最高の7.3％を記録し、僅差ながら議会第

表5-2 2010年選挙における各表得票率と獲得議席数 (カッコ内は前回選挙からの増減)

	左翼党	社会民主党	環境党	中央党	国民党	穏健党	キリスト教民主党	スウェーデン民主党
得票率(%)	5.6(−0.3)	30.7(−4.3)	7.3(+2.1)	6.6(−1.3)	7.1(−0.4)	30.1(+3.9)	5.6(−1.1)	5.7(+2.8)
議席数	19(−3)	112(−18)	25(+6)	23(−6)	24(−4)	107(+10)	19(−5)	20(+20)
ブロック	左派「赤緑」			(中道)右派「同盟」				
議席数(349)	156 (−15)			173 (−5)				

出所：選挙管理委員会 (Valmyndigheten) ウェブサイトのデータより作成。

3党になった。これらのことから、選挙連合対決での敗北は社会民主党の後退によるものにほかならず、同党にとってはあらゆる意味で厳しい結果となった。社会民主党は、先に述べたような労働の意義の強調に加え、10万人分の雇用創出という数値目標も打ち出していたが、労働市場の自由化を通じて雇用機会を確保するという穏健党ないし「同盟」の主張がより多くの支持を得る形となった。

「赤緑連合」では環境党が成功を収めたといえよう。2006年の選挙戦の最中から左派共闘の必要を訴え、選挙後は、彼らの提言を拒み続けた社会民主党といったん距離を置いたが、再び同党との交渉に臨み、共闘を実現させた。その過程で、反EUの主張を取り下げ、有償労働と切り離した「市民賃金(medborgarlön)」の導入を党の政策目標から外すなど、譲歩した部分も大きかったが、現実的な対応を選んだことがむしろ評価された形となった。また、巧みな交渉力で小党の存在感を示し、党首討論での言動も明快であった代表のヴェッテシュトランドへの評価も同党への支持を高めることになった。

他方で、選挙連合対決をよそにこの選挙のもう一方の「勝者」となったのがスウェーデン民主党であった。得票率5.7％で20議席を獲得し、既存の2政党(キリスト教民主、左翼党)をも上回り、さらには2つのブロックの間で決定票を握る立場をも得ており、同党に敵対的な態度をとり続けた各メディアもその

「勝利」を大きく報じざるをえなかった。

　スウェーデン民主党の成功の要因としては、ブロック対抗が全面化するなかで、既成政党が議論を避け続けた移民・難民問題を正面から取りあげ、対応の遅れを批判する同党に支持が集まったことが挙げられる。同党への投票が右派への支持を意味するとの指摘がある一方で（Wingborg 2014）、移民の社会統合に使われる財源を、高齢者を中心としたネイティブの人々への施策の維持・改善に用いるべきだと主張する点は、いわゆる福祉排外主義の性格をもつともいえる。福祉政策への支持を明確にしているがゆえに、従来は社会民主党を支持していた人々へのアピールも可能であり、そのことが同党の支持の伸びにつながった面もあった（清水 2011：15-20）。前回選挙からの票の流れ（各2党間の投票先変更の差）をデータでみると、スウェーデン民主党は左右のブロックのすべての党から票を奪ったことになっていた（DN 2010.9.20）。

　ここでこの選挙で議会参入を果たしたスウェーデン民主党について、第2章第3節(2)「各政党の概要」および第3章第1節(3)での環境党、同章第2節(3)でのキリスト教民主党と新民主党に関する説明に対応させる形で、そのプロフィールを確認しておく。

スウェーデン民主党

　スウェーデン民主党は、移民の増加を批判し自らの文化を守ることを掲げた民族主義運動組織「スウェーデンをスウェーデンのままに（Bevara Sverige svenskt）」にファシズムの流れをくむ団体が合流する形で1988年に結成された（Ekman/Poohl 2010：74-80）。当初は党首がネオ・ナチとしての活動歴をもち、集会で鉤十字の旗を掲げ、ナチ風の制服を着て演説するような組織で、一般的に非民主的な極右政党とみられていた（Larsson 2004：29-30）。同党は結党以来、国政選挙に候補者を立て続けたが、1990年代までは得票率が1％に満たない泡沫政党に過ぎなかった。

　しかし、2000年代に入ると、他党で議員経験をもつ人物を幹部に迎え、フラ

ンスの国民戦線やデンマーク国民党など、他のヨーロッパ諸国で成功を収めていた右翼政党をも意識して党の活動スタイルを変えていった。2005年に当時25歳のJ.オーケソン（Jimmie Åkesson）が党首になると、南部スコーネ地域出身の若手で執行部を固め、極右イメージの払拭に努めながら、本格的に国政進出を目指すようになった。彼らは党員の差別発言や暴力行為を厳しく取り締まりながら、党のシンボルマークも国旗に松明の炎を組み合わせたものからユキワリソウの花を図案化したものに変え、党の刷新をアピールしていった。

　スウェーデン民主党は、民主政治のルールを守ることを強調しながらも一貫して排外主義的な主張を繰り返し、イラクからの難民を中心に移民が増え続けるなかで行われた2006年の選挙で2.9％の票を得ると、次の2010年選挙で議席獲得に成功した。しかし、同党の場合、同じ右翼ポピュリスト政党の範疇に含められることが多いデンマーク国民党やノルウェーの進歩党とも異なり、ネオ・ナチ的な民族主義運動に起源をもつことが明らかであるため、議会参入後も他のすべての政党から交渉相手として認められない状態が続いていた。

　スウェーデン民主党の主張の概要は本節で述べたとおりであるが、その支持者については、選挙での出口調査などから、性別では男性の方が多く、学歴は相対的に低く、産業労働者や失業者が多いことが指摘されている。また地域的には、南部で支持が多い傾向がみられた（Oscarsson/Holmberg 2013：137-141）。

（4）　政権の構成

　選挙結果が報じられ、各党の議席獲得状況が明らかになると、「同盟」政権の継続が確定的になった。とはいえ、中道右派4党で議会の過半数を占めるには2議席足りなかった。スウェーデン民主党が決定票を握る立場になると、政権が要求を突きつけられたり、譲歩を迫られたりする可能性が高くなることから、ラインフェルトはその日の深夜のうちに環境党に政権参加を打診した。しかし環境党は、直前まで政権を争った相手からの一方的な協力要請に不快感を示し、それを断った。

結局「同盟」政権は、選挙前とは異なる少数派政権として存続することとなった。翌日の新聞はこの状況を「ラインフェルトの悪夢」と表現し、選挙後の議会政治が混沌に陥ると報じた（AB 2010.9.20）。その後のスウェーデン民主党の動向については不明なところがあったものの、政権の立場が弱まることは確実であった。

他方で、中道左派の側も、中心勢力の社会民主党が議席を大きく減らしたことに加え、スウェーデン民主党に策動の余地を与えないためにも、不信任案を提出して争うことはしなかった。その結果、ラインフェルト内閣は、オーロフソンに代えて国民党党首、J. ビョルクルンド（Jan Björklund）を副首相にするなど、数名の閣僚を替えたうえで2期目に入った。なお、この内閣改造における副首相の交代は、僅差ながら国民党と中央党の議席数の順位が変わり、前者が連立政権内での第二党になったためである。また、議席の割合が増えた穏健党が自党からの閣僚選出の増員を望んだ一方で、他党が減員を拒んだため、閣僚のポスト自体を2つ増やすこととなり、穏健党13、国民党4、中央党4、キリスト教民主党3という配分になった（Widfeldt 2011: 1150-1151）。

いずれにせよ、中道右派の連立政権が途中で崩壊することなく次の選挙を迎え、同じ首相の下で2期連続して政権を担当するのは、スウェーデン政治の歴史においては初めてのことであった。

第3節　小　　括

2006年選挙と2010年選挙およびそれらの前後の時期には、中道右派4党の結束が固まり、左右両ブロックの対抗関係が鮮明化するとともに、2010年の選挙ではそれぞれの陣営が事前に選挙連合を組んで対決するという新たな政権競争の形態も生まれた。前章でみたように、右派4党による「同盟」の結成が左派3党による政権協力の進展に対抗するものであった一方、「同盟」の成功が左派3党を「赤緑連合」の形成へと向かわせたことも明らかであった。

2010年選挙後の主要朝刊紙の社説は、穏健党の2回連続での勝利と政権維持により「システムが変わった」と論じた。またそれは「歴史的変化」であり、これで他の欧州諸国と同様に複数の対等な勢力による政権争いが実現したとの見方をも示していた（DN 2010. 9. 20）。

　他方で、2006年選挙での「同盟」の勝利に際し、政治学者のB. ロートスタイン（Bo Rothstein）が、保守主義勢力である穏健党でさえ福祉国家の成果を肯定し、「左-右」軸の中央に向かう戦略をとらざるをえなくなったことは「社会民主党の勝利」だと論じたように、両ブロックないしそれぞれの中心勢力の間の政策距離はむしろ縮まった面もあった。それにもかかわらず、左右両陣営の間での政権選択が協調され、政権をめぐる競争の側面は強まった。その点では矛盾をはらんだ現象が生じていたともいえる。

　同じことを少し異なる角度からみると、2006年選挙に向けた右派による選挙連合の結成、2010年の左右の選挙連合対決の実現は、スウェーデンにおける選挙の意味を大きく変えるものでもあった。すなわち、それ以前にも有権者の間で投票時にブロック対抗が意識されることがあったとはいえ、実際の政権は選挙後にあらためて政党間の協議を経て決まるものであった。それが、選挙連合戦術の出現により、有権者が投票時に政権を選ぶ形になったのである。これらの点については、ここでは変化が起こったことの確認にとどめるが、代議制デモクラシーのあり方との関係で重要な意味をもつため、第9章であらためて検討する。

　また、2006年選挙で「同盟」諸党が事前に共通の選挙公約を準備し、首相候補を明らかにして臨んだことは、有力な選挙戦術だというだけでなく、政策分野を分担して選挙公約を準備する中で「影の連立内閣」ともいうべき状態ができていたことをも意味していた。そのため政権交代後の大臣ポストの分配も順調に進み、1970年代の経験からたびたび語られてきた内部対立による不安定化への懸念をも払拭することができた。

　左派側の動きとしては、2002年選挙までに進んでいた環境党の左派への包摂

がより明確になったことが挙げられる。政権をめぐる競争に着目して政党システムをとらえる場合、政党どうしの関係だけでなく、選挙の際の有権者の認識もその一部をなすと考えられる。それは、新聞が政党の勢力関係を図に示す方法のなかにも表れる。

　この点で、2002年選挙までは、棒グラフ形式の場合、社会民主党と左翼党からなる左派を赤で、穏健党、中央党、国民党、キリスト教民主党からなる右派を青で描きながら、環境党はそれらの間に黄色や緑で区別されて描かれていたし、左派2党と合わせて描かれる場合も、やはり環境党の部分だけは赤ではない別の色で塗られていた。それが、2006年選挙では、その年の初めからすでに環境党を含めた左派3党が赤一色でひとまとめにして描かれるようになっていた（たとえば、DN 2006.2.24）。当然ながら、左右の選挙対決となった2010年も同様で、選挙期間中の新聞の政党支持率情報では、環境党を含む左派3党が赤、右派4党が青という2本の棒（帯）で表現されていた（たとえば、DN 2010.9.10）。これらのことから、少なくともこの時期には環境党が客観的にも完全に左派ブロックの一部となっていたことがわかる。

　他方で、2010年選挙では、左派3党が赤、右派4党が青の棒（帯）ので描かれ、その間に議会進出をうかがうスウェーデン民主党が灰色で描かれていた（たとえば、DN 2010.9.18）。選挙翌日の新聞でも、各党議席数を表した半円形のグラフの左側に左派3党が赤で、右側に右派4党が青で描かれながら、スウェーデン民主党（の議席数）はその中央に灰色の部分として示されていた（DN 2010.9.20）。

　それがこの時期の政党システムに関する重要な変化の1つでもある。つまり、ブロック政治が全面化する形となった2010年の選挙で、結果として第8の政党が議会進出を果たすこととなった。政党の数が1つ増えたことに加え、その党が両ブロックの間で決定票を握る立場になり、かつ、それは他の全政党が交渉を避けるような存在でもあった。この点については、第二次大戦後のスウェーデン議会において初めて政権の存続条件に直接関わらない政党が存在する状況

が生まれたとの指摘もあった（Aylott 2018: 153）。

　最後の点については、1991年選挙後にやはり左右のブロックの間で決定票を握る立場になり、かつ中道右派政党からも交渉を拒まれた新民主党の例があるため、正確でないところもある。しかし、いずれにしても、2ブロック対抗に加え異質な新党が要党の位置を占めたことで議会運営が混乱しかねない状態が、この時点でのスウェーデンの政党政治を特徴づけることとなった。

注
1) 2004年8月に1位パーション（38%）、2位ラインフェルト（32%）であったものが、2005年2月には、1位ラインフェルト（36%）、2位パーション（32%）と逆転している（TEMO社調査）（DN 2005.2.19）。
2) 以下の内容については、以前に発表した拙稿でも論じており（渡辺 2009；渡辺 2011）、一部の記述はそれらと重複している。
3) まもなく「同盟（Alliansen）」と呼ばれるようになった。原語は定型名詞で（英語の"the alliance"に相当する）、後にそれが正式名称にもなった。本書でも以下、「同盟」と表記する。
4) 逆に、産業労働者層において、社会民主党への投票者は54.4%（前回59.4%）、左翼党への投票者は10.4%（前回13.6%）、事務労働者層において、社会民主党への投票者は31.1%（前回39.0%）、左翼党への投票者は8.3%（前回12.4%）と、伝統的な労働者政党は従来の支持基盤の内部で票を減らしていた（DN 2006.9.18）。
5) 最終的には、男女同権化を進めたい国民党が、育児休暇を夫婦で半分ずつ取得した場合に所得補償が最大になる仕組みの導入と組み合わせることで了承し、同制度が成立した。しかし、有権者の間でも女性を家庭に引き戻そうとするものだとの批判が強かったことに加え、一定水準の給与を得ている女性にとっては長く休職することによる不利益のほうが大きく、制度の利用が進まなかったうえに、雇用条件が悪い（あるいは職を得にくい）移民層が多く利用することで（保育所に通わなくなることにより）子どものスウェーデン語習得が遅れるというデメリットも生じることになった（渡辺 2012）。なお、同制度は後に社会民主党が政権に戻ると廃止された。
6) 1990年代半ばの予算制度改革により、翌年の予算を法案化して議決することになったため、野党側が対案を提出することも可能になっていた。連立与党が過半数の議席を占めるなかで否決されることは明らかであったが、政府とは異なる政治・政策の構想を示すことがその目的であった。
7) その際には、政府が上位5分の1の高所得者層への減税に充てようとしている財源を、自治体が教員、保育士、介護職員を追加雇用する費用に回すべきであるとし、同案を有

第5章　政党政治の展開 ③　右派連合の時代　　*117*

権者の3分の2が支持しているとのデータを挙げながら、富裕層と中低所得者層、都市と地方、女性と男性、現役世代と年金受給世代といったさまざまな亀裂の克服を目指すべきだと主張した（DN 2009.7.3）

8)　当時の移民・難民をめぐる問題状況については、拙稿（渡辺 2013）を参照されたい。以下、2010年選挙でのスウェーデン民主党の動向については、そこでの記述と重複する部分がある。

9)　テレビやラジオの討論番組にもスウェーデン民主党が招かれることはなく、主要朝刊紙「ダーゲンス・ニーヘーテル」は同党の広告掲載を拒否し、二大夕刊紙は選挙当日に同党に投票しないように紙面で呼びかけるほどであった（Häger 2012: 29-31）。

10)　公営放送の出口調査で有権者が重視した争点の順位でみると、移民問題は16位（19項目から複数回答可で選ぶ方式）と低いが、スウェーデン民主党への投票者が重視した争点としては1位になっている。なお、スウェーデン民主党投票者のなかで2位の「法と秩序」は、全体では13位である。つまり、これらの問題に強い関心をもつ人が比較的多くスウェーデン民主党に投票したことが、この結果を生んだと考えられる（SVT 2010: 3-4）。

11)　ただし、1990年代から、大陸との国境に近い南部地域を中心に、いくつかの地方議会で議席を得るようにはなっていた。

12)　具体的な調整として、社会統合・ジェンダー平等大臣の職を社会統合大臣とジェンダー平等大臣に分けるとともに、（教育大臣に加えて置いていた）高等教育・研究大臣の職を廃止し、行政・住宅大臣とIT・エネルギー大臣の職を置いた。

第6章

政党政治の展開 ④
右翼ポピュリズムの台頭と混迷の時代

第 1 節　2014年選挙──社会民主党の政権復帰とスウェーデン民主党の躍進

(1)　選挙前の社会・政治状況

　2010年選挙の後には、選挙連合対決に敗れた左派の各党に動きがみられた。「同盟」政権が継続する一方で、「赤緑連合」は選挙の翌月に解消された。3党それぞれに事情はあったが、有権者の投票行動が明らかになるなかで、社会民主党が、左翼党との関係強化が自党にとって得策ではなかったとの見方を強めたことがその終焉を決定づけた。

　社会民主党の内部では、2回続けての議席減少で第一党の座を穏健党に脅かされるようになったことを受け、党勢再建に向けた議論が進む一方、指導体制をめぐる混乱も生じていた。党首のサリーンは中間層の支持者の開拓を望んでいたが、左翼党と組まざるをえなかったことにより、むしろ逆の結果を生み、選挙での大敗の責任をとって辞任することとなった。後任には、政界での知名度には欠けるものの党の結束を維持するうえでの適任者として、H. ユーホルト（Håkan Juholt）が選ばれた。ユーホルトは党首就任演説で社会民主主義の基本的価値に立ち返って党の再建を目指すと宣言したが、南部にある自宅から首都ストックホルムに赴いて滞在する際の宿舎の家賃を議員経費で支払っていたことが（それ自体が違法であったわけではないものの）問題化し、彼の評価も党の支持率も下がり続けた。その結果、就任後わずか10か月で党首を辞任することと

なった。

　後任にはS. レヴェーン（Stefan Löfven）が選ばれた。彼は溶接工出身で、労組支部の責任者を務めた後に政界入りして党幹部になったいわば叩き上げの実力者であり、その主導の下で党の再建と政権奪還をめざすこととなった。

　環境党では、10年近く代表を務め、2度の選挙で支持拡大を導いたヴェッテシュトランドとP. エーリクソン（Peter Eriksson）が2011年に退き、Å. ロームソン（Åsa Romson）とG. フリドリーン（Gustav Fridolin）が後を継いだ。左翼党でも2011年、オーリーが退任し、J. シェーステット（Jonas Sjöstedt）が新党首となった。こうして、3野党はいずれも選挙翌年には党首・代表の交代を経て「同盟」政権と向き合うことになった。与党側でも中央党では、10年あまり党首を務めたオーロフソンが勇退し、2011年の党大会で28歳のA. レーヴ（Annie Lööf）が新党首に選出されていた。

　議会内での動向が注目された新勢力のスウェーデン民主党をめぐっては、他の全政党が同党との交渉を避ける姿勢をとり続けた。「同盟」政権は、重要案件については左派野党とも事前に協議し、特に環境党にたびたび協力を求めるなどして、スウェーデン民主党が影響力を発揮する余地を極力限定しながら議会運営を進めた。左派諸党もこの時期には不信任案を出して政権を脅かすことはなかった。

　他方、スウェーデン民主党は、政策的立場については基本的に右派「同盟」に近いため、同党が票決時に政府案を支持することも多かった。とはいえ、社会政策に関わっては、政府法案に左派野党が反対する場合にスウェーデン民主党が便乗する形で投票し、公的支出の削減を阻む例は何度かみられた。その点ではスウェーデン民主党も政策決定に一定の影響を及ぼしたともいえるが、急に勢力を拡大した同党自体が組織基盤の整備に追われる場面も多く、他党への攻勢を強めて議会運営を著しく混乱させるということはなかった。

　2010年選挙後から2014年前半までの経済状況については、期間半ばの2012年に不況があったものの、選挙が近づくころにはGDPでみた成長率をはじめと

する主要指標は好転していた。

　政党支持率の動きに関しては、期間の前半に穏健党が社会民主党の数値を何度か上回った後、前者が落ち込む形でその差が開いていった。ブロック対抗でみても、左派3党の合計が「同盟」4党のそれを上回り、その差が徐々に開いていった。その一方で、スウェーデン民主党は2010年選挙時よりさらに支持率を高め、10％前後を記録することが多くなっていた。同党については、2012年に議員2人を含む3党員による過去の差別発言と暴力行為が映像とともに公表された「鉄パイプ事件（Järnrörsskandalen）」をはじめ、党員の不祥事が相次いだが支持率はほとんど下がらなかった。

　政治制度の面では、前回の選挙後に一連の改正が実現していた[1]。そのなかで特に選挙や政党政治に関わるものを挙げておく。

　その1つは、選挙後の首相に対する信任投票が義務づけられたことである。従来は、政府が結果をみて自ら辞職するか、野党側が不信任案を提出して可決された場合にのみ政権交代が生じ、そうでなければ選挙前の政権がそのまま続くことになっていた。それがこの改正により、選挙が行われた後、結果を受けて内閣が退陣しない限り、（議席配分における与党の優位が明らかな場合でも）首相の信任投票が実施されることになった。その趣旨は、選挙で示された有権者の判断と政権の存立とを手続き的に明確に対応させるということにある（第8章第1節(2)で詳述）。なお、議決の基準については従来どおりで、反対が半数を超えなければ信任されたものとみなされる。

　続いて、個人選択投票制度の名簿順位変更の基準が、選挙区得票率8％から同5％に引き下げられたことが挙げられる。1998年選挙から導入された同制度（第4章第1節(3)）の利用者は初回で3割程度、その後2回ではさらに減っており、この仕組みによって当選した者の数も3回の平均で10人弱に過ぎなかった。そこで、名簿順位変更の基準を緩めて個人選択票が結果に反映されやすくし、制度の利用を促そうとしたのである。

　さらに、4年おきに実施される選挙の投票日が9月の第3日曜日から第2

曜日に改められた。これについては、新政府が次年度予算案を準備する時間を確保することが目的で、もっぱら技術的な理由での変更であった。

(2) 選挙戦

中道右派連立政権の4与党は、引き続き「スウェーデンのための同盟」の体制を維持しながら3期目を目指した。これに対し、前回は事前に共通の政権公約と首相候補を示し、選挙連合を形成して戦った左派3党は、2014年選挙ではそれぞれが単独で選挙運動を行うことになった。

ブロック対抗における主要争点は、経済運営および教育、医療、高齢者福祉など、いわば伝統的なもので、2010年選挙ともさほどかわらなかった。しかし、2期8年近く続いた中道右派政権の間に、国内で広がった経済格差についての有権者の不満は一定程度広がっており、3度目の選挙戦に臨む「同盟」は最初から守勢に回る形となった。

「同盟」は2006年選挙で穏健党が福祉国家を肯定する立場に転じたことを強調して政権に就きながら、その後は単純な福祉削減ではないにせよ、規制緩和、競争原理の強化により実質的には再分配政策を縮小し、さらには「リーマンショック」後の経済危機の影響を和らげるためとして所得税や法人税を引き下げてきていた。こうした対応が経済・財政運営においては一定の成果を収めた一方で、8年近くにわたる施政のなかで国民間の所得格差は拡大していた。

そのような状況にあって、社会民主党は高所得者や銀行への課税を強化し、付加価値税についても例外規定を縮小して税収を高め、教育や社会保障の充実と雇用促進策に充てることを主張していた。この点については、「同盟」側も金融取引への課税強化や物品税（酒税、たばこ税）の税率引き上げなどを提示し、数年来の市場主義的なアプローチを修正する形で有権者に支持を求めざるをえなくなっていた。

もちろん、こうした社会全体に関わる方針をめぐる議論の他に、各党はそれぞれに独自の主張を展開していた。たとえば国民党は、2000年代に入るころか

ら一貫して教育政策を重視してきたが、左派が機会の保障を重視するのに対し、実質的な学力を向上させる取り組みが必要であることを強調していた。中央党は、自らを右派ブロック内の環境保護勢力と位置づけるとともに、地域間格差の縮小や、国土の均衡ある発展を通じた雇用創出を目指すとした。キリスト教民主党は、高齢者福祉や育児支援策の充実を訴える従来からの主張に加え、医療分野での営利活動を認めるべきだという点をそれまで以上に押し出していた。

　左派の側では、左翼党が市場主義的な改革を重ねる「同盟」政府を批判しながら、教育や福祉の分野への民間企業の参入に強く反対した。また、あらゆる差別との戦いや人権擁護を掲げ、労働条件の向上と労働時間の短縮を目指すとしていた。環境党は、教育政策への注目度が高まるなかで、環境保護を子どもの健全な成長の条件から意義づける議論を展開した。

　他方でもう1つの議会政党、スウェーデン民主党だけは、左右の既成政党による従来からの移民・難民政策を批判し続けており、その意味でこの選挙戦はややねじれた構図となっていた。議会政党となってこの選挙を迎えた同党は、他党のスタイルに合わせて各政策分野の目標を示した選挙公約を準備した[2]。そこでは主な分野にひと通り言及されていたとはいえ、導入部に続けて置かれた3点（高齢者・治安・移民）は2010年選挙での「重点項目」と同じであった。また、マクロな経済政策や企業活動の環境整備といった視点は弱く、資本主義の社会における弱者の立場からの主張が目立った。その一方で、文化政策においてはナショナリズムの発想が色濃く表れており、自国ないし自民族中心の主張もみられた。

　移民については、それ自体を直接否定はせず、「団結と福祉を増進する移民政策を」として、スウェーデンが世界に開かれるべきだが、自国にとっての負担ではなく資源になりうるような形で受け入れるべきであるとされた（Sverigedemokraterna 2014: 7）。とはいえ、この時期の党のウェブサイトでは、移民を受け入れることは大きな経済コストをともなうため「移民と福祉のどちらをとるかという選択を迫られている」とも述べられていた（http://www2.sverigedemokr

aterna.se.var-politik、2014年9月14日閲覧)。これは、2010年選挙の直前に、ブルカ (目以外の全身を覆うタイプのヴェール) を被った女性たちが公的福祉に依存する存在として描かれたために差別的であるとしてテレビ局 (TV4) が放映を拒否した宣伝映像と同じ主張であり (Häger 2012: 29-31)、排外主義の根本は変わっていなかった。

　これに対して他党は、基本的に移民・難民問題が争点化することを避けようとした。スウェーデンは1970年代半ばにそれまでの同化路線を基調とした移民の処遇方針を改め、その出自を尊重し、差異を認めながら社会に包摂し、統合するという意味での多文化主義政策をとるようになった。また、第二次世界大戦後の経済成長期に積極的に受け入れてきた労働力移民については大きく制限する一方で、世界各地の紛争地域からの難民や庇護申請者の受け入れは続けてきた。こうして同国では、人道的観点から難民を受け入れて多文化主義的に統合するという基本方針が政党の立場を超えた合意事項となり、それを政治争点化しないという政党間の合意も形成されていた。

　スウェーデン民主党はまさにそのことに不満をもち、既成政党を批判していた。同党が議席を得てからは、党首討論の機会などに議論を避けられないことも増えたが、他党はスウェーデン民主党の主張に含まれる人権軽視や差別的発想を批判しつつも、具体的な政策をめぐる論戦には応じない姿勢をとった。そのようななかで世論調査におけるスウェーデン民主党への支持率は、選挙戦の終盤になってさらに上昇した。

　この選挙では、選挙連合対決となった2010年に続き、ブロック間対抗だけでなく、首相候補者への評価が注目された。現職の首相であるラインフェルトに対し、野党側は前回のような共闘体制を組んでいなかったが、事実上の首相候補が社会民主党党首のレヴェーンであることは明らかであり、メディアでは、どちらがふさわしいかという点への言及が増えていた。それを象徴するのが民間放送局「TV4」がこの時初めて投票日前日の夜に「次の首相」と題した90分間の討論番組を放映したことである。

ただしこの選挙戦では過去2回とは異なり、ラインフェルトへの評価が信頼度調査でも、党首討論に関するメディアの論評でも低調で、堅実な言動が好意的にとらえられていたレヴェーンに及ばなかった。穏健党の支持率の低下もあり、「同盟」の苦戦が予想されるなかで投票日を迎えることになった。

この選挙をめぐるもう1つの関心事として挙げられるのが、2005年に元左翼党党首のシーマンらが立ち上げたフェミニスト政党、「フェミニスト・イニシャティヴ（Feministiskt initiativ）」の動向であった。同党は、2009年の欧州議会選挙では2.2％、2010年選挙でも0.7％の得票率で、いずれも議席は得られなかったが、この年の5月に行われた欧州議会選挙では5.5％の得票率で1議席（全20議席中）を獲得しており、その実績を生かして国政選挙でも4％を超える票を得ることを目指していた。左派を自認するフェミニスト・イニシャティヴが議席を得ると、ブロック政治の力関係を大きく変え、またスウェーデン民主党の力を制限することにもなるため、その結果が注目されていた。

(3) 選挙結果

2014年9月14日に投票が行われた選挙の結果は、**表6-1**のとおりである。

もっとも重要な帰結は「同盟」政権の敗北であり、4党すべてが前回に比べて得票率を下げた。特に過去2回の選挙で議席を増やし、2期にわたって政権の中心をなしてきた穏健党が全政党の中で最も大きく議席を減らした。党首として初めての選挙戦に臨んだレーヴが党首討論等で健闘したとみられていた中央党も、得票率をわずかに下げ、1議席を失った[3]。

対する左派の側では、社会民主党と左翼党が議席をわずかに増やし、環境党は議席数に関しては現状維持であった。しかし、「同盟」の4与党が合わせて32議席を減らしたことからブロック間対抗では右派を大きく上回ることとなった。

ただし、この選挙での明確な「勝者」はスウェーデン民主党であった。同党は得票率、議席とも前回の2倍以上となる躍進をみせ、議会第三党となった[4]。

表6-1　2014年選挙における各表得票率と獲得議席数（カッコ内は前回選挙からの増減）

	左翼党	社会民主党	環境党	中央党	国民党	穏健党	キリスト教民主党	スウェーデン民主党
得票率(%)	5.7(+0.1)	31.0(+0.3)	6.9(−0.4)	6.1(−0.5)	5.4(−1.7)	23.3(−6.8)	4.6(−1.0)	12.9(+7.2)
議席数	21(+2)	113(+1)	25(0)	22(−1)	19(−5)	84(−23)	16(−3)	49(+29)
ブロック	左派			(中道)右派				--
議席数(349)	159(+3)			141(−32)				49

出所：選挙管理委員会（Valmyndigheten）ウェブサイトのデータより作成。

　その背景には、既成政党やメディアがそろって従来からの移民・難民をめぐる基本方針を支持し、スウェーデン民主党を異端視し続ける一方で、移民政策に関連した不満をもつ有権者には同党が唯一の選択肢となる状況が生じていたことがある。その急激な伸びの内訳を公営放送の出口調査からみると、まず前回の各党への投票者のうち、投票先をスウェーデン民主党に替えた者の割合については、穏健党からがもっとも多く8％で、以下、自由党と社会民主党が5％、キリスト教民主党4％、中央党3％と続いた。前回のスウェーデン民主党への投票者については、社会民主党に投票先を替えた者が13％であったが、両党の規模の違いをふまえると後者から前者に支持が流れたと推察されるし、他は3％が穏健党に変更し、それ以外の党へは0～1％程度なので、全体としてはスウェーデン民主党が「同盟」4党から多くの票を奪ったことになる（SVT 2014: 15）。

　次いで、スウェーデン民主党への投票者が重視した争点の順位をみると、1位が「難民・移民」、2位が「法と秩序」、3位が「医療」で、他党とは傾向が明らかに異なっていた[5]（SVT 2014: 10）。逆に、スウェーデン民主党投票者が重視した争点の全体における順位は、「難民・移民」が14位、「法と秩序」が15位であった（「医療」は「学校・教育」に次ぐ2位）。「難民・移民」を重視した（複数回答可）と答えた人の割合は33％で、2006年の25％、2010年の26％に比べると

増えてはいるが、全体として移民・難民問題がこの選挙の主要争点になったとはいいがたい。争点の順位としてはさほど高くはないものの、これらを重視した人の多くがスウェーデン民主党に投票したということであろう。

　出口調査の結果から、あらためて有権者が重視した争点をみると、上位5項目は順に「学校・教育」、「医療」、「経済」、「社会福祉」、「雇用」であった（SVT 2014: 9）。次に5つの争点のそれぞれについて有権者が最善の策を提示しているとみなした政党の順位は、「雇用」のみ穏健党が1位で、他は社会民主党が1位であった（SVT 2014: 11）。社会民主党の得票率自体はやや伸びた程度であったが、上述のように「同盟」各党がスウェーデン民主党に票を奪われるなか、教育や福祉（社会保障）が重視されたこの選挙では、（少なくともブロック対抗でみると）左派への支持が回復したことがわかる。とはいえ、社会民主党のレヴェーンにとっては、政権を得ても第三党にまでなったスウェーデン民主党への対応に苦慮することは避けられそうになく、「ほろ苦い勝利（bitterljuv seger）」であった（SvD 2014.9.15）。

　なお、議会への新規参入の可能性もあるとみられていたフェミニスト・イニシャティヴは、3.1％の得票率で、議席獲得はならなかった。

　個人選択投票制度の利用者は27％で、前回よりも5％ほど増えた。とはいえ、導入後初めての選挙での数値よりは低く、名簿順位変更の要件を緩和し、利用を促した効果が十分に表れたかどうかの判断は難しい結果となった。

（4）　政権の構成

　投票日の夜、開票が進んで議席配分状況が判明すると、ラインフェルトは早々に敗北を認め、首相だけでなく穏健党の党首をも辞任する意向を表明した（DN 2014.9.15）。政権交代が実現し、社会民主党を中心とした政府となることは確実になったが、左派3党を合わせても議席は半数に届かず、またもスウェーデン民主党が両ブロックの間で決定票を握る立場を得たことから、連立政権の構成および政党間協力のあり方が注目された。

スウェーデン民主党は、再分配政策に肯定的だとはいえ、より多くの点で右派と親和的であるため、理論上は「同盟」が同党と協力すれば政権維持も可能であったが、ラインフェルトの即座の辞意表明が示すように、4与党にその意思はなかった。同様に社会民主党も、スウェーデン民主党との協調だけはありえないことを早々に言明していた。

　そのような状況で、社会民主党を中心とした政権が誕生する場合に重要な役割を果たすとみられていたのが環境党であった。投票日の夜、結果が判明した直後に同党代表のロームソンは、ブロックの対立を越えてスウェーデン民主党の影響力行使を阻止すべきだと述べるとともに、政権参加については社会民主党との協議をふまえて検討するとの立場を示した（SvD 2014.9.15）。翌15日、社会民主党と環境党が交渉を行い、両者が協力していくとともに、その枠組みに左翼党を含めないことを発表した。社会民主党は、中央党と自由党に協力を求めたが、すでに次の選挙までは野党の立場をとることを決めていた両党はこれを拒否した。産業界からは政治的混乱を避けるために社会民主党との協力を促す意見も出されたが、両党は立場を変えなかった。ただし、両党とも個別の案件をめぐっては社会民主党政府と交渉していく姿勢を示していた（SvD 2014.9.16; DN 2014.9.17）。

　こうして結局、社会民主党と環境党による少数派連立政権となることが決まった。9月末に議会が招集され、10月2日にこの選挙の後から必須の手続きとなった信任投票が行われ、レヴェーンが首相に選出された。[6] 翌3日に、社会民主党と環境党からなる連立政権が正式に発足した（以下、スウェーデンでの呼称に倣い「赤緑」政権とする）。環境党は閣外協力ではない初めての正式な政権参加で、環境大臣兼副首相となったロームソン、教育大臣となったフリドリーンの両代表の他、計6人が入閣を果たした。

　両党から政権入りを拒まれた左翼党は、不満の意を示しながらも、スウェーデン民主党を利する行動は避けつつ、政府が予算案を作成する際には、福祉分野への営利企業の参入阻止を中心に自党の要求を突きつけていくかまえをみせ

ていた（SvD 2014.9.17）。社会民主党は、同党に譲歩すれば、個別案件で協力を求める場面も出てくると予想される中央党や自由党との関係が悪化するという難しい状況で政権運営にあたることとなった。

　前途多難な出発とはいえ、政権協議が長期化するという予想もあったなかで（DN 2014.9.15）、新政権の発足までは通常の日程でことが進んだ。しかし、その後に大きな混乱が起こることになる。

第2節　2018年選挙——スウェーデン民主党の伸長と政党政治の混乱

(1)　選挙前の社会・政治状況

政権危機と「12月合意」

　2014年選挙を経て下野することになった中道右派4党は、引き続き「同盟」の協力体制を維持し、社会民主党が中心となる政権に対抗していくことで合意していた。社会民主党と環境党による少数派政権は、左翼党との距離を考慮しつつ、議会運営においては必要に応じて中道2党（中央党と国民党）に協力を求めるという難しい舵取りを迫られることになった。ただし、立場を異にするこれらの党のすべてが共通してスウェーデン民主党との交渉の可能性は否定し、同党が影響力を発揮する事態が生じることを極力避けようとした。

　しかし、選挙で議席を2倍以上に増やしたスウェーデン民主党は、難民受け入れの制限や移民の社会統合に関する費用の削減を強く求める姿勢をとっていた。同党は、オーケソンが選挙後に過労で休養に入ったため、党首代理のM.カールソン（Mattias Karlsson）に率いられていたが、議会第三党となって立場を強めており、他党に対しても厳しい態度をとるようになっていった。それが最初に軋轢を引き起こしたのは予算審議においてであった。

　「赤緑」政権は、いったん中道政党との連携を断念し、左翼党の支持をとりつけながら次年度の予算案を作成し、10月23日に議会に提出した。これに対し、11月に入ると「同盟」4党とスウェーデン民主党がそれぞれに対抗予算案を提

出した。1990年代半ばの制度改革以降、野党が対案を出すことも可能で、与党側は（連立政権の形ではなくとも）票決時の多数派確保を見込める状態にしておく必要があった。しかし、この時はそのような対応ができていなかった。

　財務委員会で各案についての検討が続くなか、スウェーデン民主党は、自党案が否決された場合には「同盟」4党の案を支持する可能性があることを示唆していた。とはいえ、実際にそのように行動すれば政府案が否決されることになり、内閣が総辞職するか再選挙に向かい国政が混乱するため、同党が国民から批判を浴びることは必至であった。そのため、政府に圧力をかけつつ最終的には票決時に棄権するとの見方も多かった。

　スウェーデン民主党が最も反発していたのは、環境党が主張する人道主義的な難民受け入れのための予算が大きくとられている点であり、彼らは政府が予算案を委員会に差し戻して検討し直すのであれば行動を再考するというメッセージも発していた。しかし、政府がそれに応じる可能性はないに等しく、レヴェーンも12月1日時点で、政府案が通らなければ辞職すると発言していた（DN 2014.12.2）。すると票決を翌日に控えた12月2日、スウェーデン民主党党首代行のカールソンは、自らの目的がレヴェーン政権を倒すことにあるとあらためて宣言した。その一方で同日、社会民主党は「同盟」4党に対し、混乱を回避するために対抗予算案をとり下げるよう求めたが、後者はこれを拒んだ（DN 2014.12.3）。

　こうして迎えた12月3日、スウェーデン民主党が公言していたとおりに「同盟」の予算案を支持したためそれが可決され、政府案が事実上否決された。これを受けてレヴェーンは、（政府の辞職ではなく）翌年3月に臨時選挙（extra val）を実施する考えを明らかにした。

　それは、通常定期的にしか選挙が行われないスウェーデンで、二院制時代の1958年以来五十数年ぶりに臨時選挙が行われることを意味しており、多くの国民に衝撃を与えた。スウェーデン民主党を非難する声があがる一方で、識者によるものも含め、局面打開の効力への疑問や経済的なコストの問題など、さま

ざまな理由から選挙を行うべきではないとする見解も多くみられた。各党の選挙対策や政局の予測などが報じられるなか、先行きが不透明なまま議会はクリスマス休暇に入った。

事態が動いたのは12月27日で、水面下で交渉を続けていた２与党と「同盟」４党が合同で記者会見を開き、臨時選挙の取りやめとその後の議会運営の方針に関する合意事項を発表した（DN 2014.12.28）。その主な内容として、まず首相に関しては議会内で（相対的であれ）最も多くの支持を得られる人物がその職に就けるようにするということであった。次いで予算に関しては、2015年度分は春の補正予算に政府の意向を反映させたうえで、すでに議決されている野党提出予算を執行し、その次の年の分からは政府案を尊重する（野党合同での反対案を出さない）とされた。そして何より特徴的であったのは、この取り決めの期限が次の2018年選挙まででではなく、2022年選挙までとされていたことである（S/M/Mp/C/Fp/Kd 2014）。

次の選挙を挟んで８年近く続くことを想定した異例の措置は、当面その勢力が持続すると予測されたスウェーデン民主党の動きを封じることを狙ったものにほかならなかった。以後「12月合意（decemberöverenskommelsen）」と呼ばれることになるこの取り決めが生まれたのは、再度選挙を行ってもスウェーデン民主党が決定票をもつ状況は変わらない可能性が高く、議会政治の安定化にはつながらないと予想されたからであった。2015年度については野党が作った予算を執行しなければならないという点で「赤緑」政権にとって苦渋の選択であったが、次の選挙で右派が多数派になった場合は逆に左派が協力するとはいえ、少なくとも３年間は野党としての活動が制約されるという点では「同盟」側が譲歩したところも大きかった。

この前例のない長期的な政党間協定に対し、たとえば労働組合では、LO議長のK.-P.トールヴァルドソン（Karl-Petter Thorwaldsson）が、「同盟」が危機回避のために必要な行動をとったと評価したが、選挙や野党の意味をあいまいにし、民主政治の意義を歪めることになるとの批判も多かった。ともあれ、それ

だけスウェーデン民主党の影響力が高まっており、左右の既成政党が同党への警戒を強めていたということでもある。

　なお、左翼党については、中道右派諸党が同党と直接協力関係を結ぶことを嫌ったため、この取り決めから除外される形になっていた。当然ながら左翼党はそのことに不満を示していたが、実際には協議の経緯や内容は「赤緑」政府側から伝えられており、上記6党が左翼党との関係を大きく変えようとしたわけではなかった。むしろ実態は、スウェーデン民主党だけを徹底して政党間の交渉から排除しようとするものであったといえる。

　「12月合意」により、スウェーデン民主党の伸長に起因する議会政治の混乱は一応収束した形となった。年が明けて1月になると穏健党では、すでに辞意を表明していたラインフェルトの後任に議会会派の長を務めていたA. シンベリ・バトラ（Anna Kinberg Batra）が選ばれ、同党初の女性党首となった。また、キリスト教民主党も、2015年4月の党大会で、ヘグルンドに代わって28歳の若手、E. ブッシュ・トール（Ebba Busch Thor）を選出し、同党でも女性党首が誕生した。なお、スウェーデン民主党では、過労で休養をとっていたオーケソンが2015年3月に党首に復帰した。

　さらに、3回の選挙で続けて後退を続け、2014年には得票率を5.4％にまで落とした国民党は、その後党内で自己改革の議論を進めており、2025年11月の党大会で党名を「自由党」に改めた。党の原点に立ち返ってリベラリズムを前面に出したより明快な名称にするという趣旨であった。

「欧州難民危機」とその影響

　「12月合意」に続く重要なできごととして挙げられるのが、2015年夏以降の「欧州難民危機」である。内戦が続いていたシリアを中心に、中東、アフリカ北東部、南アジアから同年末までに100万人を超える難民がヨーロッパ諸国に流入し、スウェーデンは半年で約15万人の庇護申請者を受け入れた。それは総数ではドイツに次いで2番目に多く、人口比では他のいずれの国よりも多かっ

た。スウェーデンが人道的かつ寛容な難民受け入れ政策をとっていたことと、その評判ゆえに難民のなかでスウェーデンをめざした人も多かったためである。

このとき、スウェーデン民主党は一貫して受け入れの制限や審査の厳格化を主張していたが、左右の既成政党は当初から人道主義に基づいて対応するという方針で一致しており、受け入れを続けようとした[10]。スウェーデン民主党を除く与野党は、8月末から9月にかけて、庇護申請者の急増に対応するために、自治体に受け入れ数を割り当てるとともに関連する補助金の増額を決めた。しかし入国者は増え続ける一方で、やがて施設が足りなくなり、庇護申請および審査の手続きが追いつかないまま、それらの人々を公園等に設置したテントに収容せざるをえない事態となった。

そのような状況でキリスト教民主党は新党首、ブッシュ・トールの下で難民受け入れの条件を厳格化する方向に転じた。さらに同党は10月9日に開催された党大会で、前年度末に成立した「12月合意」からの離脱をも決めた[11]。これを受けて穏健党党首、シンベリ・バトラも合意の破綻を認め、移民・難民問題をめぐる協力体制も崩れたかにみえた。しかし、間もなくあらためて与野党間の協議がもたれ、入国した庇護申請者に暫定的な許可を与えるとともに、各自治体にその受け入れを義務づけることとなった。そしてさらなる難民の流入が続くなかで、11月初めには法務大臣 M. ヨーハンソン（Morgan Johansson）がスウェーデンの受け入れ態勢が限界に達したことを認め、直後に与野党の合意の下に国境での身分検査を導入し、実質的な入国制限を行うことを決めた。

この間に世論も大きく変化した。イプソス（Ipsos）社の調査によれば、難民の受け入れを「今より多くすべき」と考える人と、「今より少なくすべき」と考える人の割合は、2015年9月には44％対30％で前者の方が多かったが、10月には26％対42％と逆転し、12月には19％対55％とさらにその差が開いた（DN 2015.12.24）。予想をはるかに超える流入のためであろうが、2015年末の時点では受け入れ制限を肯定する人が明らかな多数派となっていた。

この「難民危機」については、2016年の初頭になると欧州全体への難民流入

もピーク時の半分ほどとなり、スウェーデン国内の状況もある程度落ち着いていった。スウェーデン民主党への支持はこの危機の最中から横ばいに転じたが、その前の１年ほどの間に急激に高まって20％近くにまでなっており、その水準を維持したまま選挙に向かっていった。

　2015年の夏にスウェーデン民主党の支持者にその理由を尋ねた調査では、第１位が「移民の社会統合を問題視する唯一の党だから」、第２位が「彼らが移民を制限しようとしているから」となり、かつ、この２点はほぼ全員が理由として選んでいた（所定の項目から複数を選べる方式で100％と97％）[12]。このことからも、増え続けるスウェーデン民主党支持者は、移民（難民）の受け入れとその社会統合の両面で、従来の政策や他の政党の対応に不満をもっていたといえる。

　こうしたなかで、他党の動きにも変化がみられるようになる。自由党は2000年代初頭から市民権付与の条件としての「言語テスト」の導入を主張していたが、受け入れ数の上限設定を求めるなど、明確に厳格化路線に転じつつあった。キリスト教民主党は、移民向けの就労支援策を示しながらも、審査待ちの庇護申請者への給付金の減額、在留資格の期限設定といった厳格化を模索していた。これに対し中央党は、難民受け入れにともなう自治体への補助金の増額、新規移民向けの住宅の建築、名前による雇用差別の禁止など、より寛容な路線をとろうとしていた（渡辺 2017b：172）。

　穏健党は、人権への配慮を意識して慎重な態度をとりながら、やや明確さを欠くものの、基本的には厳格化路線に移行しつつあった。同時に2017年になると、党首シンベリ・バトラが、政権運営や予算審議を除く個別案件ではスウェーデン民主党との協力を排除しないとの見解を示すようになった。これは穏健党としては、従来の立場の変更を意味しており、党内から相次いで批判が出された。２期にわたり首相も務めたラインフェルトの後を継ぐという難しい状況ではあったが、彼女に対する不満が広がり、選挙を１年後に控えた同年10月の党大会では、代わりに党の経済責任者を務めていたU. クリステション（Ulf Kristersson）が党首に選ばれた。彼はスウェーデン民主党との協力を否定する一方

で、移民・難民政策については、受け入れと社会統合の両面で厳格化を進める姿勢をとり始めた。

　政権党であった社会民主党も、2017年秋の党大会で、「欧州難民危機」を経て大きく変更された移民政策を定式化した。大会で採択された活動方針「新時代の安心」(SAP 2017) では、「責任ある、かつ連帯的な移民政策 (En ansvarsfull och solidarisk migrationspolitik)」という項目において、まず「多様性」がスウェーデンの成功の鍵であり、移民の受け入れなしに経済・社会の繁栄はありえなかったとし、難民の積極的な受け入れが人権擁護や平和への努力という点で国際的にも大きく貢献したとして、従来の対応の意義を示した。そのうえで、現代の難民問題はもはや一国で対処できるものではなく、その受け入れには EU 全体で向き合うべきであり、スウェーデンもそこでの割り当てにしたがうとした。

　国内的には、すべての自治体に受け入れ分を割り当てるとし、適正な処遇で受け入れ、就労まで支援できるという意味で「持続可能」なものであるべきだとする一方で、所定の審査で庇護が認められなかった者には国外退去を命じること、不法入国者には厳しく対処することが明言されていた。また、経済的理由による移民については、労働力が不足している領域、十分な技術をもった人材が不足している分野に限って認めることも明記された (SAP 2017: 33-34)。これらについては、何より2015年の「欧州難民危機」が、難民であれば人道的見地から受け入れて社会への定着を支援するという従来のスウェーデンの政策を事実上不可能にしたことへの対応であった。

　しかも上述の見出しで使われた「責任ある移民政策」という表現は、2010年選挙でスウェーデン民主党が用いたものと同じであり、不法移民の取り締まりや、庇護申請が認められない場合の強制送還なども、同党が既成政党を批判しながら訴えてきた点であった。現実の問題状況の厳しさが、社会民主党でさえスウェーデン民主党の主張をある程度まで受け入れざるをえなくしたといえる。労働力移民の制限についても、労働者層が抱く失業への不安に配慮するもので

あり、スウェーデン民主党への対抗戦術という意味をもっていた。

こうして、スウェーデン政治においては、初めて移民・難民問題が明確に争点化するなかで選挙を迎えることになった。

なお、2018年5月の中央統計局による支持率調査では、1位が社会民主党で28.3％、2位が穏健党の22.6％であったが、どちらも前回選挙の投票率から数値を下げていた。これに対し、3位のスウェーデン民主党は18.5％で、選挙での得票率より5.6％高くなっていた（SCB 2018）。

(2) 選挙戦[13]

2016年以降のスウェーデンについては、「欧州難民危機」にともなう混乱を除けば、他の欧州諸国と比べても経済状況は良好であった。前回同様、教育や医療に関わる問題が伝統的な左右軸に重なる形で議論されていたとはいえ、1990年代のように経済問題が深刻化していたわけではなかった。また、NATO加盟が多少議論になったものの、EU・EMUへの加盟をめぐって国民投票が行われた前後の時期に比べれば、対外関係についても大きな争点はなかったといえる。

そのようななかで、選挙戦においては医療・福祉、学校・教育に移民・難民への対応を加えた3つが重要な問題領域だとみなされていた（SvD 2018.9.7；DN 2018.9.8）。医療・福祉に関しては、受診時の待ち時間の短縮や看護師の確保が課題とされる一方で、これらの分野での営利活動を認めるか否かをめぐって左派と右派の見解が対立していた。学校については、長らく公的なものに限られてきた運営に営利企業の参入を認めるかどうかという点と、従来は点数による成績評価がなかった基礎学校6年生まで（日本の小学校に相当）にもそれを導入するかどうかをめぐる議論があった。基本的に右派諸党は学校経営の自由化と低学年からの点数評価を求め、左派諸党はそれらに反対していた。

難民問題については、スウェーデン民主党が受け入れの抑制だけでなく、すでに入国した人々への処遇についても支援の削減や行動制限を求めて続けてい

た。これに対し、キリスト教民主党はそれに近い立場をとるようになり、穏健党は、スウェーデン民主党との対決姿勢を維持しながらも、政策的にはむしろそれに接近する形になっていた。自由党は国際協力の重要性を指摘しつつも、社会統合については能力主義的なアプローチをとっていた。中央党は、人権重視の対応を強調することで「同盟」4党のなかでは独自色を出していた。

　環境党と左翼党は、より寛容な受け入れ政策への回帰を含め、人道支援や国際連携を主張し、これらの点では社会民主党と距離をとっていた。この2党は「難民危機」を経ても従来の移民・難民政策を守る姿勢を崩さなかったといえる。

　社会民主党の移民・難民政策も、先にみたような路線転換を経て、いくつかの点でスウェーデン民主党の主張に近づいていた。社会民主党は選挙戦を控えたタイミングで、前年来の議論を具体化した移民政策を発表した。党首レヴェーンが2018年5月3日に記者会見を開いて明らかにした内容は、「新たな時代のための安心できる移民政策」（SAP 2018a）として文書化されていた。そこでは、全般的な方針として、①国際協調を通じて難民と紛争地域への支援を続ける、②難民受け入れについてはEU加盟国間で協力して行い、スウェーデンもその人口比に応じて責任をもつが、それを超えて受け入れることはない、③国内滞在を認めた移民には、これまで以上にスウェーデン語の習得や就労、自活の努力を求めるとともに、申請が認められない場合は国外に退去させる、という3点が示された。その他にも、入国時の身元確認の強化、不法移民の取り締まりの強化、受け入れた難民の居住地域指定の強化など、より具体的な14の項目が挙げられていた。全体として明らかに厳格化された内容となっており、受け入れ抑制の方向への転換がなされたことが対外的に示された。

　その一方で、社会民主党はスウェーデン民主党に対して、同党が経済的に「右」の党であることを強調するようになった。それは直接にはスウェーデン民主党党首のオーケソンが自党を「中道」と位置づけたことへの批判を意図していた。同党の予算関連の主張に減税と社会保障費削減の項目が含まれていたのを根拠

に、再分配に否定的で、福祉を営利活動に委ねようとし、従来の「スウェーデン・モデル」を危機にさらす政党であると結論づけている（SAP 2018b）。選挙戦の終盤にもこうした議論を繰り返し、スウェーデン民主党と自党の各分野への予算配分の構想を対比させながら「スウェーデン・モデル」の擁護を主張した。

(3)　選挙結果

2018年9月9日に投票が行われた選挙の結果は、表6-2のとおりである。

各党の得票および議席獲得状況

最終的には表6-2のようになったが、投票日夜半過ぎの開票終了時点では、左派（社会民主党・環境党・左翼党）と右派「同盟」4党（穏健党、中央党、自由党、キリスト教民主党）それぞれの合計は、前者が得票率40.6%で144議席、後者が40.3%で143議席となり、海外からの郵便投票分などの集計が数日遅れるために、それによって勝敗が動くのではないかと指摘されるほどの僅差であった（1週間後にそのままの議席数で確定）。翌朝の新聞の一面には、レヴェーンとクリステションの2人の首相候補の顔写真が並び、「大接戦（dött lopp）」の見出しが付された。他方で、スウェーデン民主党はこの時点で得票率17.6%と、前回から大幅に数値を伸ばしており、その「勝利」が伝えられた（DN 2018.9.10）。

左右の主要政党がともに議席を減らした一方で、スウェーデン民主党がさらに勢力を拡大した。同党はすでに2014年選挙後から、両ブロックのいずれもが過半数の議席を制することができないなかで決定票を握る位置を占めていたが、その立場がいっそう強まった。

社会民主党は得票率が30%を切って普通選挙実現後の最低値を記録し、大きく議席を減らした。同党は前回選挙以降、移民・難民政策において受け入れを抑制する方向に転換し、犯罪対策の強化も掲げて、既成政党への不満からスウェーデン民主党支持に動く有権者を自らのほうに引き戻そうとしたが、十分

表6-2　2018年選挙における各表得票率と獲得議席数（カッコ内は前回選挙からの増減）

	左翼党	社会民主党	環境党	中央党	自由党（前国民党）	穏健党	キリスト教民主党	スウェーデン民主党
得票率(%)	8.0(+2.3)	28.3(−2.7)	4.4(−2.5)	8.6(+2.5)	5.5(+0.1)	19.8(−3.5)	6.3(+1.7)	17.5(+4.6)
議席数	28(+7)	100(−13)	16(−9)	31(+9)	20(+1)	70(−14)	22(+6)	62(+13)
ブロック	左派			(中道)右派				--
議席数(349)	144(−15)			143(+2)				62

出所：選挙管理委員会（Valmyndigheten）ウェブサイトのデータより作成。

な成果を収められなかった。

　穏健党は、前回選挙で政権を失った後に党勢を立て直すことができず、難民政策でもスウェーデン民主党との距離の取り方でも明確な方向性を打ち出せないまま、選挙が近づくなかで党首を交代させざるをえなかった。シンベリ・バトラに代わって党を率いることになったクリステションは、スウェーデン民主党との連携を否定しながらも移民・難民政策を厳格化する方針を示し、有権者の評価が一時的に上向いたものの、選挙戦の終盤に再び支持率が低下した。結局1980年代以降最低の得票率となり、社会民主党以上に多くの議席を失った。

　他党については、右派陣営において中央党が比較的はっきりした伸びをみせた。前回からレーヴに率いられていた同党は、社会の多様性や弱者への配慮を強調する比較的リベラルな立場からの諸政策を掲げ、右派ブロック内での存在感を高めた。他方でキリスト教民主党は、より保守的な立場から秩序や伝統の維持を求め、スウェーデン民主党にもやや寛容な姿勢をみせていた。党首のブッシュ・トールは、前任者ヘグルンドとは明らかに異なり、保守色を強めた主張を展開しながら支持を集めていた。教育問題や男女同権化への取り組みを強調して選挙を戦った自由党は、党勢再建の努力の成果が十分に表れたとはいいがたいものの、低下傾向には歯止めをかける0.1%、1議席増という結果を得た。

　左派の側では、社会経済への公的規制の強化を求め、弱者への配慮を訴える

左翼党が議席を増やした一方で、社会民主党との連立により初めての政権入りを果たしていた環境党は、得票率を議席配分要件の4％近くまで下げ、議席も大きく減らした。

有権者の動向とスウェーデン民主党の支持者像

　この選挙の重要争点について、公営放送の出口調査の結果をみると、いくつかの特徴が浮かびあがる（SVT 2018: 10）。所定の項目から投票時に重視した項目を選ぶ問い（複数回答可）では、多い方から順に、①医療、②学校・教育、③男女同権、④社会福祉、⑤法と秩序、⑥経済、⑦高齢者ケア、⑧年金、⑨難民・移民、⑩雇用（以下、略）となっていた。「医療」や「学校・教育」は投票前の調査でも有権者が重視していた争点であり、また近年の選挙ではいずれも高い関心を集めていた。続く「社会福祉」や「経済」や「高齢者ケア」も同様である。他方で、今回特に高くなったのが「男女同権」と「法と秩序」であった。「難民・移民」については、順位は前回から1つ上がっただけであるが、それを選んだ人の割合は2010年が26％、2014年が35％、2018年が41％と増えており、回を追うごとにそれが争点化してきていることがうかがわれた。逆にほぼ常に重要争点であった「雇用」が2010年の3位（53％）、2014年の4位（51％）から、10位（37％）と大きく後退していることも目を引く。

　これらをふまえると、この選挙の特徴は、医療や教育、福祉の「質」が引き続き重視された一方で、生活の基盤に関わる雇用の重要性がやや下がり、その分ジェンダーをめぐる問題や犯罪対策を含む治安政策、移民・難民政策といった従来は周辺的な争点であったものへの関心が高まったことにあるといえよう。しかも、「法と秩序」、「難民・移民」はスウェーデン民主党が一貫して強調してきた分野であり、こうした争点の変化が同党の伸長とも深く関連していたと推察される。

　続いて、同じ調査から政党間の票の流れをみておく。前回選挙での投票先を尋ねた結果から、2党間で一方から他方へ投票先を変更した人の割合の差を算

出して比べていくと、全体で得票率の伸び幅が最大であったスウェーデン民主党は、他のすべての党から票を奪った形になっている。特に穏健党から14％、社会民主党からも11％の票が流れていることから、スウェーデン民主党は左右の主要政党から多くの支持者を奪ったことがわかる。また、キリスト教民主党からは13％、中央党から6％、自由党から5％となっており（環境党と左翼党からは3％ずつであったことからも）中道右派の諸党からより多くの票が動いたこともわかる（SVT 2018: 15）。

このようにして勢力を広げ続けるスウェーデン民主党については、公営放送による調査報告書でもその支持者像が別途検証されていた。それによると、さまざまな属性からみた場合、女性より男性に、事務職・専門職より産業労働者層と自営業者に、有職者より失業者に、また学歴が相対的に低い層に同党への投票者が多かった（年齢についてはさほど明確ではないが、30歳代より上の層でやや多い）（SVT 2018: 16-18）。

さらに、別の調査項目との関係で単純な属性以外の特徴をみると、難民の受け入れを減らすべきであると考える者（36％）、難民・移民問題が重要争点だと考える者（36％）、政治家は信頼できないと考える者（33％）にスウェーデン民主党への投票者が多い。すなわち、同党の全体得票率は17.5％であるため、それらの人々の間では、全体での数値に比べて2倍程度、スウェーデン民主党を支持する割合が高くなっていたといえる（SVT 2018: 33-35）。

また、同調査では各党投票者のなかで党首を理由にその党を選んだ者の割合も示されており、この回はスウェーデン民主党のオーケソンが45％で、キリスト教民主党・ブッシュ・トールの35％、中央党・レーヴの34％を上回り第1位であった。前回・前々回も、オーケソンが党首であることを理由にスウェーデン民主党に投票した人の割合は、首相でもあったラインフェルトが党首であることを理由に穏健党に投票した人の割合に次いで高く、スウェーデン民主党の支持者の間では党首への評価が高い傾向にあるといえる（SVT 2018: 37）。

もう1点、前回からの制度変更にもかかわらず今回も利用者が伸びなかった

個人選択投票制度においても、スウェーデン民主党に特色がみられた。というのも、今回の同制度の利用者は全体で26％にとどまったが、スウェーデン民主党投票者に限れば34％と割合が高かった。同党への投票者の場合、政治家一般への信頼度は低いが、党首を中心に特定の政治家は強く支持する傾向があるといえそうである。伝統的な組織政党の支持構造とは異なることがうかがえるが、この点については第９章（第２節(2)）であらためてふれたい。

（4）　政権の構成

　選挙結果をブロック対抗でみると、右派は、ブロック内の最大勢力である穏健党が大きく議席を減らした一方で、他の３党の増加分により全体としては議席を増やし、左派３党との差を１議席にまで詰めた。従来のブロック政治の慣行からは、僅差であれ、左派による政権が続くと考えられたが、この時は特に穏健党が強く異議を唱えたため、政権協議はかつてないほどに難航した。

　この選挙で14議席を失った穏健党が、党としては最大の「敗者」であったにもかかわらず強硬な姿勢をとるのには理由があった。その１つが2014年選挙後の「12月合意」において、政局の安定のためとはいえ大きな譲歩を受け入れていたことであり、今回は社会民主党と環境党が議席を減らすなかで、左派ブロックとの差を縮めた「同盟」が政権に復帰すべきだというのが同党の主張であった。もう１つは、ブロック対抗から除かれる形になっているものの、この間の経験から多くの点で右派を支持する可能性が高いスウェーデン民主党がますます力を強めていたからである。つまり、穏健党からすると、スウェーデン民主党との公式な協力に言及することはないとしても、左派との関係においては強い態度に出られる立場にあった。

政権協議の経緯

　議会の開会後に行われたレヴェーン首相に対する信任投票は、「同盟」４党とスウェーデン民主党が反対票を投じたことで否決され（DN 2018.9.26）、次期

政権の形成に向けた協議に入っていった。政党間の攻防は、議長の人選をめぐる争いから始まった。スウェーデンでは、議長が（組閣担当者となる）首相の候補者を指名する役割を果たし、ほとんどの場合、相対的に安定した政権を主導できそうな候補者、すなわち、多数派となったブロックの最大政党の党首を選ぶことになる。

また、議長は首相の指名権をもつだけでなく、儀礼的には国王に次いで高い地位にあるため、その職は通常、議会の多数派から支持されるベテラン議員が務める。したがって、たいていは優勢となったブロックの最大政党から選ばれ、政権とともに代わることになる。この時は、僅差とはいえ左派ブロックの優位が確定した時点で、社会民主党のU. アリーン（Urban Ahlin）が再任されるものとみられた。しかし、政権奪取を狙う穏健党は自党から議長を出すよう主張して譲らず、最終的には票決時にスウェーデン民主党がそれを支持したことにより、慣例に反して穏健党のA. ノレーン（Andreas Norlén）が選出された。

ノレーンは数日にわたって各党党首と面談したうえで、10月2日に穏健党党首のクリステションを組閣担当者に指名した。そして、2004年以来の「同盟」4党の共闘関係を前提とし、スウェーデン民主党が反対しない（賛成か棄権）と予測できれば、首相の信任投票に踏み切るものと思われた。穏健党はそれを望んでおり、それまでの経緯から条件は満たされたようにみえた。

しかし、そうはならなかった。中央党と自由党が、議会運営において常にスウェーデン民主党の支持を頼まざるをえなくなるような政権には参加できないとして、これを拒否したからである。リベラルな価値を重視する2党は、選挙戦を通じて、排外主義的な主張を展開するスウェーデン民主党には特に強く反発してきていた。この段階で両党が望んだのは、社会民主党と環境党の了解（首班指名や予算審議の際に「反対はしない」という消極的な支持）を得たうえでの「同盟」政権であった。

しかし、議会第一党の座を守り、ブロック対抗でも僅差ながら優位に立った社会民主党に自ら政権を譲るという選択肢はなかった。結局、クリステション

がこの状況を打開することはできず、議長ノレーンは10月15日に社会民主党のレヴェーンを次の組閣担当者に指名した。今度は中央党と自由党が社会民主党を中心とした政権を容認すれば決着する状況となったが、選挙中有権者に「同盟」4党での政権奪取を目指すとしてきた両党が、そのように態度を変えることも難しかった。過去に経験のない状況で、議長はスウェーデン民主党と左翼党以外の全党党首を集めてさまざまな連立政権の可能性を話し合ったが、合意には至らなかった。

それから2週間を経た11月12日、ノレーンはついにクリステションを首相候補とした票決の実施を表明した。すでに選挙から2か月が過ぎており、着地点が見えないままでの苦渋の決断であった[15]。これに対し、スウェーデン民主党は即座にクリステション支持を表明したが、中央党党首レーヴは、あらためてスウェーデン民主党頼みの政権は認めないことを明言し、自由党党首ビョルクルンドもそれに同調した。結局、14日に実施された信任投票は反対多数で否決された。

これを受けて議長ノレーンは、次に中央党のレーヴを組閣担当者に指名した。彼女はこの選挙でスウェーデン民主党を批判し続けるとともに、中央党は9議席を増やして「同盟」内の第二勢力となっており、連立政権の要となる可能性はあるとみられていた。その場合には、選挙結果や直前の交渉の経緯からみて、自由党とともに（左翼党を除いた）社会民主党・環境党とブロックの境界を越えた連立を組み、それを穏健党とキリスト教民主党が容認する（採決の際には棄権する）という形ができれば、スウェーデン民主党の影響力を削ぐことが可能であった。しかし、穏健党とキリスト教民主党は社会民主党との協力には消極的で、社会民主党の側も、政権交渉が長引くなかで支持率が高まっていたことを背景に自党中心の政権を主張したため、協議はまとまらなかった。

このような状況で、11月23日にノレーンが今度は社会民主党レヴェーンについての首相信任投票を行うと発表した。これに対して中央党と自由党が、政策面での譲歩と引き換えにレヴェーンの首相就任（実質的には継続）を容認する用

意があることを表明した。すなわち、減税、住宅市場の自由化、労働規制緩和の3点の実行が約束されるなら、信任投票を棄権し、閣外協力で社会民主党政権（ないし同党と環境党の連立政権）を支えるということであった。これにより、ようやく政権協議がまとまるものと思われた。

しかし、社会民主党のレヴェーンは政策面での譲歩を拒んだ。これを受けてレーヴとビョルクルンドがレヴェーン首相を認めないと宣言したが、議長ノレーンは12月14日に信任投票を決行した。結果は大方の予想通り、反対多数で否決され、政党間交渉は「手詰まり」のまま年を越すこととなった。

新政権の発足と「1月協定」

政権協議が難航するなかで話題になったのが再選挙（臨時選挙）である。というのも、憲法に相当する基本法の一部である統治法に、議長提案による首班指名の信任投票が4度続けて否決された場合、議会を解散して再選挙を行うものと規定されているからである（統治法第6章第5条）。ただしこの時は、再度選挙を行ってもスウェーデン民主党がブロック間で決定票を握る状況は変わらないと予想されたことと、実施費用の問題もあって、世論は一貫して再選挙に否定的であった。

年が明けると議長ノレーンは、遅くとも1月末までには政権問題に決着をつけると宣言し、特に中道2党に社会民主党と穏健党のどちらを支持するか決断するよう求めた。穏健党は、中央党と自由党の閣外協力を前提に、キリスト教民主党との2党連立政権の可能性を追求しようとしたが、予算の票決等において結局はスウェーデン民主党の支持を頼らざるをえないため、中道2党にとっては受け入れられるものではなかった。

こうしたなか、中央党と自由党は再び社会民主党との交渉に入った。それは、ひと月あまり前に両党が譲歩を迫り、社会民主党がそれを拒否した3つの論点を中心に、あらためて妥協点を探ることを意味していた。そこには環境党も加わった一方で、除外された左翼党は反発を強めたため、政策的志向が大きく異

なる穏健党、キリスト教民主党、さらにはスウェーデン民主党までもが左翼党の動向に期待する発言を繰り返すというねじれた状況も生じた。

　最終的に、中央党と自由党が、両党の要求を受け入れた社会民主党と環境党の連立政権を容認することで交渉がまとまり、1月11日にその内容も発表された。それは、以後「1月協定（januariavtalet）」と呼ばれることになるもので、具体的な合意事項を挙げながら、次の選挙までの間、予算の作成やそれに基づく政策の遂行について協力していくことが記されていた[16]。こうして、ようやく新政権発足の見通しが立つこととなった。

　これを受け、1月18日の票決を経てレヴェーンが首相となり、社会民主党と環境党の連立政権が成立した。その誕生までに前年9月の選挙から実に4か月あまりの時を要しており、もちろんスウェーデンでは前例のないことであった。

　このようにして生まれた新政権は、社会民主党が中道2党との間に緊張関係を抱えるうえに、それら2党と左翼党の関係が極めて悪いという点でも、以後の政局運営に大きな不安を残すこととなった。また「1月協定」とこの体制の成立により、穏健党、中央党、自由党、キリスト教民主党の緊密な協力関係が崩れることとなった。すなわち、2004年に始まり、2006年から2期8年の連立政権を挟んで14年にわたって続いた「同盟」が終焉を迎えたのである。

第3節　小　　　括

　2014年選挙と2018年選挙およびその前後については、勢力を増していくスウェーデン民主党が他党との間でさまざまな軋轢を生みながら政党政治に混乱をもたらした時期だといえる。そこでは、スウェーデン民主党が社会民主党政権の打倒を狙って動いたこともあったし、他の諸政党がスウェーデン民主党の影響力を抑えこもうとして動くなかで、ブロックごとの連携を含む既存の政党間関係が変化した面もあった。

　政党システムとしてみると、期間を通してスウェーデン民主党が政権協議だ

けでなく、通常の議会運営においても他のすべての政党から排除される存在であった点が注目される。これは同党に対して「(政治的)防疫線」が張られた状態だといえる。

　この「防疫線」については、ヨーロッパの極右政党への他党の対応を表す言葉としてしばしば用いられてきたものである。たとえば、かつてベルギーのフランデレン民族主義政党をめぐるケースについてB. ヘイス（Benny Geys）らが、他党が政権交渉における協調を否定するだけでなく、法案の議決に票が必要な場合でさえその党の協力を求めないような取り決めがなされたと指摘したが（Geys/Heyndels/Vermeir 2006：966）、この時期のスウェーデンで他党がスウェーデン民主党の影響力を削ぐために用いた方策もまさにそのようなものであった。

　スウェーデン民主党については、選挙や議会、司法手続きといった既存の制度的枠組を否定したり、その変革を狙ったりするような意味での反システム政党ではないものの、人権侵害を含む差別的な発言を繰り返す民族主義運動を起源とし、その体質を近年まで残しているという理由で、他党から正当な交渉相手として認められていなかった。

　ただし、移民・難民批判は別として、全体的な政策的志向からすると、穏健党のような右派の有力政党にとっては、票決時のことを念頭に置けばかつての社会民主党と共産党の関係のように、スウェーデン民主党を事実上の補完勢力とみなして行動することも可能であったようにみえる。しかし、穏健党がそのようには動かなかったため、2018年選挙後までは、それぞれに中核的な政党を含む左右の政党ブロックの対抗が続くと同時に、そこから完全に排除された政党が1つだけ存在する、という状況が生じていた。しかもその政党が選挙で支持を伸ばし続け、十数パーセントの議席を得て議会第三党となっていたのである。

　その間にスウェーデン民主党が関わるいくつかの政治的紛争を経て、他の諸政党の間にも対立や不満が蓄積した結果、最終的には長く続いた右派「同盟」の結束が崩れ、ブロック対抗の枠組みが流動化することになった。それを決定

づけたのは、スウェーデン民主党の動きそのものというより、同党を強く意識した中道2党の動き（特に「1月協定」の成立）であった。

　より長期的にみると、1990年代末から十数年にわたり、すべての議会政党が左右に分かれて政権の獲得・維持を競い合うという比較的明快なパターンに向かって進み続けたスウェーデンの政党システムが、そこになじまないスウェーデン民主党の参入と勢力拡大によって動揺し始めたともいえる。スウェーデンの政治学者、H. オスカション（Henrik Oscarsson）は2018年選挙の帰結をふまえ「スウェーデンの政党システムは、その帰結が予測できないような劇的な変化のただ中にある」（Oscarsson 2019：37）と述べていたが、それがこの時期の状況を端的に表していたといえるだろう。

注
1）　これらの制度改正は、2004年以降、法務省内の憲法問題調査会で続けられてきた議論と2008年にまとめられた提言を受けて実現したものである（SOU 2008（125））。実態に合わせた調整や漸進的な改善という性格のものが多いが、憲法に相当する基本法の一部をなす統治法の改正に関わるために、選挙を挟んで議員の構成を異にする2つの議会で承認される必要があり、1度目の議決が2010年の6月に、2度目が2010年の11月になされて成立した（2011年1月1日施行）。
2）　公約集は分量が前回から大幅に増えて24ページになり、愛国を強調する導入部分から始まって、高齢者、治安、移民、労働者、失業、雇用、医療、学校教育、防衛、環境・エネルギー、男女同権、文化、農業、動物愛護、EU、国際関係、社会的弱者への支援、と続き、最後にスウェーデン国家の結束を訴えて結ばれる構成になっていた（Sverigedemokraterna 2014）。
3）　「レーヴ効果」による中央党の得票率上昇を予測する者も少なくなかったが、結果的には、当人が掲げた「前回以上の得票率」という目標も達成されなかった（SvD 2014.9.15）。
4）　議会参入以前も含めてみると、初めて1％を超えた2002年が1.4％、2006年が2.9％、2010年が5.7％、2014年が12.9％と、3回の選挙で連続して倍増以上の伸びをみせたことになる。
5）　他党については、環境党への投票者のなかで「環境」が1位であったほかは、すべて、経済か教育・医療・福祉に関わる争点が1位であった。逆に、19項目のうち、「難民・移民」が半分より上になった党は環境党（9位）だけであった（環境党の場合は、移民・

第 6 章　政党政治の展開④　右翼ポピュリズムの台頭と混迷の時代　　*149*

難民の人権擁護や社会統合支援を重視しており、主張の内容はスウェーデン民主党とは正反対である)。
6)　この時は「同盟」4党が選挙での敗北を認め、ラインフェルトが早々に辞意を示し、他の3党にも争う意思はなかったため、従来の慣行でもレヴェーンが問題なく組閣に進める状況ではあった。なお、信任投票の結果は、賛成139（社会民主党、環境党）、反対49（スウェーデン民主党）、棄権154（穏健党、中央党、国民党、キリスト教民主党、左翼党）、欠席14（社会民主党6、穏健党6、キリスト教民主党2）であった（Riksdagens protokoll 2014/15：5, Torsdagen den 2 oktober［議会議事録］)。
7)　その点で、この「12月合意」は、スウェーデン民主党排除の制度化であり、政党システムの変化に関わるともいえる。本書では、政党システムの変化は基本的に選挙とその後の政権形成をめぐって起こると想定しているが、この時の政党の動きとその帰結は、それ以外のタイミングでも重要な変化が生じうることを示している。
8)　第2章および第4章でもすでにふれている名称変更であるが、その際には党のイメージの刷新を目的としてシンボルマークもヤグルマソウの花から"L"の文字を図案化したものに改められた。スウェーデンでの通称も「国民党（Folkpartiet)」から「リベラルな人々／自由党（liberalerna)」に変わったため、本書の表記にもそれを反映させている。
9)　移民庁の発表によれば、2015年を通しての新規入国者の数は16万2876人で、過去最高であったユーゴスラビア内戦時の年間入国者数の約2倍であった（DN 2016.1.2)。
10)　以下の内容は、拙稿（渡辺 2017b：第5節）の記述を一部修正したものである。
11)　「12月合意」に関しては、社会民主党の財務大臣の M. アンデション（Magdalena Andersson）と当時のキリスト教民主党党首ヘグルンドの対話が交渉開始の重要なきっかけとなったことが報じられており、ヘグルンドはむしろ与野党協調に積極的であった（DN 2014.12.28)。そのキリスト教民主党が、約8年という長期間を想定した政党間合意を1年と経たないうちに一方的に破棄したことについては、難民危機の進行だけでなく、党首交代の影響が大きいと推察される。
12)　主要民間放送局と提携していたノーヴス（Novus）社が行った調査の結果である。http://novus.se/nyhet/anledningen-till-sds-uppgang/、2015年9月30日閲覧。
13)　本節(2)～(4)には、過去に発表した拙稿（渡辺：2019a）の一部を加筆修正したものが含まれる。また、その部分の事実経過の記述については、注記がない場合も含め、朝刊2紙（DN、SvD）の記事に基づいている。
14)　いわゆる消極的議院内閣制（第2章第1節(2)を参照のこと）により、中道左派3党が反対票を投じても、半数を超えることがなく、議決されるからである。
15)　その間、選挙前からの社会民主党・環境党連立政権がそのまま暫定政府として機能しており、予算法案の作成も進められていた。
16)　その内容は16ページに及ぶ文書にまとめられており、そこには経済、雇用、地域振興、環境・気候変動対策、社会統合、住宅、学校、医療、障害者福祉、移民、治安と民

主主義、といった見出しの下に合計73項目の政策目標が記されていた。また、中道2党の意向を受け、期間を通じて政府の政策方針に左翼党が影響を及ぼすことがないようにすることも明記された（S/C/L/Mp 2019：1）。

第7章

政党政治の展開 ⑤
ブロック政治の再編

第1節　スウェーデン民主党の「主流化」と2022年選挙[1]

(1)　選挙前の社会・政治状況

　社会民主党と環境党の連立政権を中央党と自由党が条件付きで支える体制が発足して2か月ほど経った2019年3月21日、キリスト教民主党の党首、ブッシュ・トールが、それまですべての党が一貫して避け続けてきたスウェーデン民主党との交渉に踏み切ることを表明した（SvD 2019.3.22）。2018年選挙の後の長い政権協議の末、中道2党が離脱する形で「同盟」の結束が崩れたことが、その決断につながったと推察される。保守志向を強めていた彼女の過去の言動からある程度予想されたこととはいえ、これを機にスウェーデン政治はそれまでとは確実に異なる局面に入った。

　2018年選挙以降の政党支持率の推移をみると、政権交渉が長引く間、社会民主党の数値が上がり、2019年1月には33％に達した。しかし、「1月協定」に基づく体制がスタートするとすぐに同党の支持率が下がり始め、秋には25％ほどにまでなった。これに対し穏健党の支持率は選挙後に多少上下したものの、16〜19％程度の水準で保たれていた（DN 2019.9.25）。

　この時期、支持率低下に最も悩まされていたのが自由党であった。同じ中道政党として難しい立場で政権協議に関わった中央党に比べても、十分な存在感を示すことができず、従来の支持者の間には左派への妥協に対する不満も生じ

ていた。結局6月に党首が交代し、ラインフェルト政権で閣僚（男女平等大臣）を務めたアフリカ系移民の女性政治家、N. サブーニ（Nyamko Sabuni）の下で党勢再建を目指すこととなった。しかし、その後も8党中最下位となる状態が続き、2020年には支持率がたびたび4％を切るようになった。

　その一方でスウェーデン民主党の支持率は2019年春頃まで上下動を繰り返した後、夏から秋にかけて急激に上昇し、25％に達して社会民主党にほぼ並んだ（DN 2019. 11. 27）。そして2020年になると、1月・2月と続けて同党が社会民主党を上回り、支持率で1位となった。

「コロナ危機」

　このタイミングで新型コロナウィルス感染症の世界的な拡大が生じた。スウェーデンは、周辺諸国とは異なり、強制的な外出・移動制限を実施せず、社会活動への影響を最小限に抑えながら感染状況を管理するという独自の政策をとった[2]。そのことが国際的にも注目されたが、国内政治、特に政党間対立に関しては「コロナ危機（coronakrisen）」がいわば休止期間をもたらすことになった。政府は、基本的に医学・疫学的な対応を専門家・行政官僚の手に委ねてそれを尊重し、野党も批判を控えたからである（Aylott/Bolin 2023：1050）。

　「コロナ危機」発生後、社会民主党の支持率は上昇に転じ（DN 2020. 3. 25）、5月には30％を超える水準に回復した。スウェーデン民主党はその間に支持率を落とし、社会民主党との差は10％以上開いた。穏健党も支持をやや伸ばし、2020年5月には20％に達した（DN 2020. 5. 27）。

　社会民主党のこの時期の支持率の伸びについては、国全体が突発的な危機に見舞われた場合に政府への支持が高まるという一般的な現象や、かつてほどではないもののスウェーデンにおける長期的な優位政党である同党に信頼や期待が寄せられたものとして理解できるが、「コロナ危機」が長期化するなかで、2020年6月をピークにその支持率は下がり始め、指導部が交代する（後述）2021秋まで低下傾向が続く。その間、穏健党は支持率を高めて20％を超える水準を

維持し、スウェーデン民主党についても2020年初頭の数値には及ばないものの、20％程度で推移していた。

　2020年夏のこうした政党支持状況の変化については、いくつかの要素が絡み合っていると考えられる。スウェーデンの場合、新型コロナウィルスの感染自体は周辺国に比べてむしろ多いくらいであったが、数か月の間に社会としての対処方法はある程度定まり、少なくとも政治争点化することはなかった[3]。その一方で、パンデミックへの危機感が和らぐのと反比例するように、すでに受け入れている多くの難民の社会統合や増え続ける重大犯罪への不安が拡大していき、政府が難しい対応を迫られるという「コロナ危機」以前の状態に戻っていったとみることができる[4]。

2021年6月の政権危機と「1月協定」の破綻

　前章で述べたように、2018年選挙後の4か月にわたる政党間交渉を経て社会民主党と環境党による連立政権が成立した際に、両党が中道2党の閣外協力を得るために交わした取り決めが「1月協定」であった。しかし、そこにはさまざまな矛盾がはらまれており、時とともにその歪みが蓄積されていった。それが最も劇的な形で現れたのが2021年6月の政権危機であった。スウェーデン政治史上初めて首相個人への不信任案が可決されるという事態が生じたのである。

　社会民主党が中央党と自由党から支持を取りつけるために譲歩して設定した共通目標のなかには、左派の伝統的な政策の転換につながるものが含まれており、その1つに、都市部の新築賃貸物件の家賃に上限を設けてきた制度の見直しがあった（S/C/L/Mp 2019: 11）。これが実行に移されようとした時に左翼党が強く反発した。

　社会的・経済的弱者の生活を支えてきた同制度を市場主義的な規制緩和によって廃止することは、左翼党としてはとうてい認められるものではなかった。加えて、「1月協定」には左翼党を政策形成から排除することが明記されており（第6章注16）、当然ながら同党はそのことに強い不満を抱いていた。さらに

左翼党内では前年秋に、家庭の事情で辞意を表明していたシェーステットに代わりイラン移民2世のN. ダードゴスタル（Nooshi Dadgostar）が党首に選ばれており、彼女が自身の行動力を示そうとしていた時期とも重なった。

　政府が家賃上限撤廃法案の提出に向けた準備を進めていた6月15日、ダードゴスタルは記者会見を開き、社会民主党に2日の猶予を与え、その間に法案提出を中止しなければ政権への支持を打ち切ると宣言した。これに対し法務大臣のヨーハンソンは「1月協定」を守るとしつつ、「まだ出してもいない法案を取り下げることはできない」と左翼党の批判をかわし、それに応じなかった。社会民主党からすれば、制度変更自体は本意ではないものの、中央党や自由党との関係に配慮して譲歩することを決断した時点で決着済みの案件であった。その実現は時間の問題だとみられており、新聞報道の範囲でも、翌年の春まで待ち、次の選挙との関係で倒閣や臨時選挙の選択肢がなくなった時点で議会での審議に入るであろうことが伝えられていた（DN 2021. 6. 16）。

　こうして社会民主党が特段の行動を起こさなかったところ、その機に乗じてスウェーデン民主党が首相への不信任案を提出した。穏健党とキリスト教民主党はもとより社会民主党政権に反対しており、また「1月協定」によって「同盟」が解体した後にはスウェーデン民主党とも条件次第で連携する方針に転換していたため、それに賛同することは確実であった。今度は左翼党が選択を迫られることとなったが、社会民主党に対して強い姿勢に出て収まりがつかなくなっていた同党は、結局この動きに加わった。

　6月21日に不信任案が議決され、レヴェーンは首相を解任されることとなった（DN 2021. 6. 22）。この時、左翼党が棄権すれば、穏健党、キリスト教民主党、スウェーデン民主党の3党では票決で過半数には達せず、不信任は成立しなかった。これまで激しく反発しあってきたスウェーデン民主党からの挑発ともいえるような誘いに同党があえてのったのは、社会民主党への不満の大きさと自らの影響力を示すためであった。

　レヴェーンは臨時選挙に向かわず、6月28日に内閣が総辞職した[5]。それを受

けて議長ノレーンが穏健党党首のクリステンションに組閣の可能性を検討するよう指示した。中道2党のうち、中央党はやはりスウェーデン民主党の支持を必要とする政権への協力を拒否した。そのため、社会民主党、環境党、左翼党に加えて中央党が反対すれば、自由党が棄権ないし賛成しても、穏健党を中心とする政権は成立しない見通しとなった。他方で、いったんは政権を追われた社会民主党は、労働組合も含めた支持者層に反対の多い制度改革を追求する理由がなくなり、家賃上限制撤廃を目標からはずすことを決めた。

クリステンションは7月2日に組閣を断念したことを議長に報告した。ノレーンは再びレヴェーンに組閣の可能性を検討させた（DN 2021.7.3）。ここで注目されたのが、左翼党ともスウェーデン民主党とも予算編成で協力したくないと考える中央党、レーヴの動きであった。結局彼女は後者をより嫌い、家賃上限制の廃止を諦めて社会民主党（と環境党）を支えることを選んだ。それは「1月協定」の破綻を意味した。するとそれを機に自由党は、スウェーデン民主党との共闘は否定しつつも、穏健党およびキリスト教民主党との協力を目指す方向へと転換した。

ノレーンは再度レヴェーンを首相候補に指名し、7月7日に信任投票が実施された。社会民主党と環境党が賛成、中央党と左翼党が棄権（容認）で、自由党は穏健党・キリスト教民主党とともに反対票を投じたものの、スウェーデン民主党を合わせても半数には届かず、レヴェーンが承認された。こうして社会民主党と環境党の連立政権が継続することとなった[6]。

左翼党は政局を混乱させたとして各方面から批判された一方で、同党が家賃上限制を守った点を評価する有権者も少なくなかった。左翼党の支持率は上昇して一時は10％を超えた。

2021年11月の政権危機と「赤緑」政権の終焉

レヴェーンは再び政権を率いることになったが、「1月協定」が解消されて右派陣営に戻った自由党の協力が得られないうえに、相互に反発しあう左翼党

と中央党の支持に依存した不安定な議会運営を余儀なくされた。そのようななか、2021年8月にレヴェーンが秋の党大会で党首の職を辞する意向を表明した。

　社会民主党では後任選びが始まったが、当初より財務大臣のアンデションが有力視されており、その点で党内が混乱することはなかった。11月の大会でアンデションが新党首に選出されると、議会では彼女が首相の職を引き継ぐための承認手続きがとられることになった。[7] 11月24日に行われた信任投票において、賛成票は社会民主党と環境党のみで、半数に遠く及ばなかったが、左翼党と中央党が棄権（容認）したことで、アンデションが首相となることが決まった。

　ところが、同じ日の午後に行われた予算決議では、中央党が、社会民主党が左翼党との交渉を経て年金増額を盛り込んだことを理由に政府予算案を支持せず、棄権した。予算の議決手続きは単純多数決であり、「棄権」の意味合いが首相および政府への信任投票の場合とは異なるため、政府案は否決された。これに対し穏健党、キリスト教民主党、スウェーデン民主党が共同で提出した対抗予算案については、社会民主党、環境党、左翼党が反対したが、中央党と自由党が棄権した結果、僅差で可決された（DN 2021.11.25）。

　これを受けて環境党は、スウェーデン民主党が作成に関わった予算を執行することはできないとして、その日のうちに連立政権から離脱することを表明した。その直後にアンデションも、連立与党の一部が離脱した場合には政権自体が解消される慣行にしたがうとして、首相の職を辞した。[8]

　その後、議長ノレーンが穏健党党首のクリステションを首班とした政権の樹立が難しいことを確認したうえで、11月29日に再びアンデションに対する信任投票が行われた。賛成票は社会民主党議員と、指導部との対立から左翼党を離党していた1名分（計101票）であったが、環境党、中央党、左翼党が棄権したため、穏健党、キリスト教民主党、自由党、スウェーデン民主党の4党による反対票が過半数に2足りず（173票）、アンデションが承認された。こうして、約15年ぶりとなる社会民主党の単独少数派政権が誕生した（DN 2021.11.30）。

　しかし、スウェーデン初の女性首相に率いられることとなったこの政権は、

議席占有率が3割に満たないうえに、2014年に続いて野党が編成した予算を執行しなければならないという困難な状況に置かれていた。ただし、次の選挙まで1年を切っており、暫定政権的な役割を果たすものともいえた。その一方で、皮肉なことに有権者の間では政治家としてのアンデションへの評価は高く、世論調査における党首への信頼度で高い数値を記録し、前年夏から低下していた社会民主党の支持率も急速に回復していった。

ロシアによるウクライナ侵攻とNATO加盟問題

社会民主党の単独政権となり3か月が経とうとする頃、スウェーデンにも大きな影響を及ぼすことになる国際的な事件が発生した。2022年2月24日、ロシアがウクライナへの軍事侵攻を開始したのである。スウェーデン国内では、他の多くの国と同様に、ロシアによる一方的な武力行使を非難する声が上がると同時に、安全保障上の不安から従来の中立策を転換してNATO（北大西洋条約機構）に加盟すべきだという意見が強まっていった。

スウェーデンは、第二次大戦中も含め、過去200年近く国防面では非同盟・中立の方針をとってきた。国内では、2000年代初頭のテロ事件の際などに、国際安全保障の文脈でNATO加盟をめぐる議論が断続的に起こってはいたが、基本的に中立策が国民の支持を得ていたといえる。ただし、たとえば2021年の初頭には、2014年からの継続的な世論調査の結果として、加盟賛成派の割合が横ばいである一方で、反対派は減少を続けて賛否がほぼ拮抗するまでになったということも報じられていた（DN 2021.1.11）。とはいえその時点でも、社会民主党政府はNATO加盟には明確に反対の立場であった。2014年から防衛大臣を務めている社会民主党のP. フルトクヴィスト（Peter Hultqvist）は、たびたびロシアの脅威を語り、防衛力強化には積極的でありながらも、NATO加盟は支持しない立場であり、そのことは国民の間でも知られていた。

しかし、ロシアのウクライナ侵攻が報じられると、世論は一気にNATO加盟支持へと傾いた。2月24日の進行開始から1週間後のイプソス社の調査によ

ると、賛成が46％、反対が29％で、3か月前の2021年12月末には賛成が33％、反対が35％だったことからすると、賛否が逆転したうえに、賛成が反対を大きく上回った（DN 2021.3.5）。その後も加盟支持が増えていったが、特に重要なのは、社会民主党支持者の意見の傾向が前年度までと完全に変わったことであった。上記調査で2021年12月末には賛成21％、反対42％であったものが、2022年4月には賛成41％、反対32％となった（DN 2022.4.30）。

　社会民主党の内部には、軍事同盟への参加がロシアを刺激し、かえって自国を危険にさらすと考えたり、戦争を避けて自国の安全を守るためにこそ中立を維持すべきだと考えたりして、なおもNATO加盟に反対する者が少なくなかった。しかし、世論および支持者が圧倒的な賛成優位へと変わっていくなかで、同党執行部も5月初めにはついに加盟追求へと方針を転換した。その間アンデションと、先に加盟を決めていたフィンランド社会民主党のS. マリン（Sanna Marin）首相も協議を重ね、両国が歩調を合わせて行動することにしたのも1つの理由であった。防衛大臣のフルトクヴィストも、ロシアの脅威がより高まったこと、国際関係を含めさまざまな状況が変化したことなどを理由に考えを改めた（DN 2022.5.16）。何より、選挙まで半年を切った時点で、世論や支持者の意向に照らせば、それ以外の選択肢は現実的にはとりえなかったというべきであろう。[9]

　最終的にスウェーデンは5月末にフィンランドとともにNATOへの加盟申請の手続きを行った。その後、フィンランドの加盟が早期に実現する一方で、スウェーデンについては過去のクルド人難民の処遇を巡ってトルコが反発し、手続きが難航するが、国内政治の争点としてはこの時点でほぼ決着をみたといえる。環境党と左翼党は最後まで加盟に反対したが、社会民主党の方針転換と申請の完了によって、この問題は選挙の争点から外れることとなった。

　なお、選挙戦に入る前に、自由党では4月にサブーニが党勢の不振を理由に辞任し、議会会派の長を務めていたJ. パーション（Johan Pehrson）が後を継いでいた。また、環境党では2019年春に任期満了となった男性代表がフリドリー

ンから、レヴェーン政権で副首相や環境大臣を経験したP. ボールンド（Per Bolund）に代わった。また、女性代表は、ロームソンが2期目途中の2021年1月に、元ジェンダー平等大臣および住宅大臣のM. ステーネヴィー（Märta Stenevi）に交代していた。

(2) 選挙戦

　2018年選挙以降は、「コロナ危機」とNATO加盟問題の間に2度の政権危機を経験するなど、現代スウェーデン政治史においても特に波乱に満ちた期間であった。その一方で、2022年選挙が近づくなかで浮かび上がってきた特徴的な争点は、犯罪対策とエネルギー問題であった。

　まず、犯罪への対応である。スウェーデンでは、2010年代に入る頃から若者の暴力集団（ギャング）どうしの抗争に絡んだ銃犯罪が増加し、社会問題となっていた。それらは特に大都市郊外の移民集住地区で多く発生しており、スウェーデン民主党がそうしてきたように、移民問題と治安問題・犯罪対策が結びつけて論じられることが多くなっていた。選挙を控えた2022年前半にもいくつかの事件が起こり、国民の不安が増大し、政府の対応への不満も募っていた。

　社会民主党は、前章でみたように、2015年の「欧州難民危機」を経て2017年党大会から2018年選挙に至るまでの時期に、移民・難民政策をいわゆる厳格化路線へと転換していた。その過程で治安政策、犯罪対策の重視をも強調するようになっていた。さらにこの選挙戦では両者を結びつけて論じることも多くなっており、その点でスウェーデン民主党の従来からの主張を受容した部分が大きいのは明らかであった。かつての社会民主党がスウェーデン民主党の排外主義を批判し続け、同党との議論をも避けていたことからすると、現実を重視した転換として評価する声もあったものの、連帯や公正といった自らが掲げてきた理念との関係では批判されることも少なくなかった。また、治安政策については、穏健党やキリスト教民主党も含め、それを重視してきた右派ないし保守主義勢力のいわば得意分野であり、社会民主党はそこでの論争に苦戦を強い

られた。

　もう1つ、選挙が近づいてから浮上した争点はエネルギー問題であった。「コロナ禍」の影響が続く2021年から、ガソリン価格の急騰やロシアからの天然ガスの供給量の低下等により、ヨーロッパ全体のエネルギー市場がひっ迫していた。そこへロシアのウクライナ侵攻やそれに続く天然資源利用関連の施設破壊により、燃料費のさらなる高騰が生じ、その影響はスウェーデンをも直撃した。政府は燃料価格の抑制を約束し、その点は社会民主党への支持が強まる要因となった。

　さらに、冬の寒さが厳しい北欧において燃料の確保は国民にとってとりわけ重大な関心事であり、短期的な価格の問題だけでなく、議論は長期的なエネルギー政策にまで及ぶことになった。そのなかで、耐用年数に達した原子炉から順次廃止していく計画が進みつつあった原子力エネルギー問題についても議論が再燃した。穏健党は原発の漸次廃止を目指してきたエネルギー政策を批判し、再生可能エネルギーとともに、改めて原子力利用をも進めるべきだと論じた（DN 2022.9.6）。地球温暖化を防ぐためにも温室効果ガスの排出が少ない原子力エネルギーを活用すべきだという意見も国民の間には残っており、キリスト教民主党や自由党は新規の原発建設をも主張するようになった。他方で、環境党や中央党はこれまでどおり原発には反対の立場をとった。

　争点の面での事情とは別に、政権構成をめぐる各党の対応も、前回選挙時とは大きく異なっていた。まず、2019年の「一月協定」に基づく政権発足後に、キリスト教民主党がスウェーデン民主党との交渉に踏み切ると、穏健党も徐々に同党と政府批判で歩調を合わせるようになり、2021年秋には予算法案作成で協力するまでになっていた。自由党は、2021年6月の政権危機で「一月協定」が破綻すると社会民主党から離れ、穏健党やキリスト教民主党との協力関係に戻っていた。自由党はなおもスウェーデン民主党との直接の協力は避けようとしたが、穏健党を中心とした政権に加わる姿勢はみせていた。ただし同党の場合は、4％の議席獲得要件を満たせるかどうかが文字通り死活問題となってい

た。

　その一方で、かつて中道右派「同盟」の一員であった中央党は、スウェーデン民主党への反発を続け、社会民主党との協力を選んだ。同時に中央党は、左翼党との直接の共闘は否定しており、同党の影響力ができるだけ及ばないように牽制しながら、社会民主党を中心とした政権を支持する意向を示していた。

　社会民主党は2022年1月時点で、「戦う相手は、穏健党とスウェーデン民主党に導かれる右翼保守主義ブロック（högerkonservativa block）である」としており[11]、すでにこの選挙では、スウェーデン民主党を含めた右派ブロックを競争相手として想定していた。2021年秋まで約7年間にわたって連立を組んだ実績のある環境党との共闘を前提に、左翼党と中央党の双方の支持を取りつけて政権維持をめざすという構想であった。

　こうしてこの選挙では、社会民主党、環境党、左翼党、中央党の（中道）左派4党と、穏健党、キリスト教民主党、自由党、スウェーデン民主党の（中道）右派4党という2つのブロックの対抗として競われる面が比較的はっきりと表れた。そこでは前者がアンデションを、後者がクリステションを首相候補として想定していることが明らかであり、「アンデション陣営（Lag Andersson）」対「クリステション陣営（Lag Kristersson）」と表現されるようにもなった。2022年の7月にはメディアもそのことを各党の位置関係や組み合わせの図とともに報じており（DN 2022.7.24）、本格的な選挙戦に入る時点でそのような構図が国民の間でも広く認識されていた。両陣営内の各党間にも対立や緊張関係があり、明確な選挙連合が組まれていたわけではないが、スウェーデン民主党が右派の協力関係に組み込まれ、中央党が左派へと移行した形での新たなブロック政治が生まれていたといえる。

　政党支持率については、アンデションが党首・首相となってから上昇していた社会民主党の数値と、横ばいに近かった穏健党の数値が、2022年春から夏にかけてともに徐々に下降していった。その一方で、選挙戦の最中にも銃器による殺傷事件の発生が続き、捜査手段の強化や厳罰化で強硬路線を掲げるス

ウェーデン民主党の支持率が上昇するなかで投票日を迎えた。

(3) 選挙結果

2022年9月11日に投票が行われた選挙の結果は、**表7−1**のとおりである。

スウェーデン民主党をも組み込んだ形で再編された左右のブロック間の争いは、稀にみる接戦となった。投票日夜、公営放送（テレビ）の開票速報番組では、出口調査に基づく予想が「左派わずかに有利」と発表され、喜びに沸く各党選挙本部の様子が映し出された。しかし、開票と集計が進むにつれ、両陣営の差は縮まっていき、ついには右派が左派を上回るに至り、各党関係者の表情の明暗も逆転した。

翌日（9月12日）16時の時点で選挙管理委員会が発表していた「暫定結果」では、左派4党と右派4党のそれぞれの投票率の合計が、49.0％対49.7％で、議席配分を確定させるには、大使館関係者らを含む海外投票分の集計が終わるまで数日待たねばならない状況になった。僅差とはいえ、優位が伝えられた右派の首相候補、クリステションは、当然ながら政権担当に強い意欲をみせていたし、この段階では、現職のアンデションも政権を維持する姿勢を示していた（DN 2022.9.13）。

その後、9月14日水曜日に議席配分が確定し、最終的に右派が左派を3議席上回ることとなった。アンデションは敗北を認め、同日首相を辞任する意向を表明した。これにより政権交代が実現し、クリステションを首相とする穏健党中心の政府となることが決まった。

各党の状況について、社会民主党はアンデションの人気もあり、前回から得票率を2％上昇させて7議席を増やした。しかし、1920年以降2番目に低い得票率で、ブロック対抗でも敗れ、とうてい成功とはいえない結果であった。選挙の前年に連立政権から離脱した環境党は、一時期世論調査での支持率が4％を割ることもあって関係者を心配させたが、最終的には前回をわずかに上回る結果となった。逆に左翼党は、2021年6月の政権危機以降、同党としては比較

表7-1　2022年選挙における各表得票率と獲得議席数（カッコ内は前回選挙からの増減）

	左翼党	社会民主党	環境党	中央党	自由党（前国民党）	穏健党	キリスト教民主党	スウェーデン民主党
得票率(%)	6.8 (−1.2)	30.3 (+2.0)	5.1 (+0.7)	6.7 (−1.9)	4.6 (−0.9)	19.1 (−0.7)	5.3 (−1.0)	20.5 (+3.0)
議席数	24(−4)	107(+7)	18(+2)	24(−7)	16(−4)	68(−2)	19(−3)	73(+11)
ブロック	（中道）左派				（中道）右派			
議席数(349)	173				176			

出所：選挙管理委員会（Valmyndigheten）ウェブサイトのデータより作成。

的高い水準を維持していたものの、選挙が近づくと支持を減らし、前回をやや下回る得票率で4議席の減少となった。

　右派から左派に立場を変えてこの選挙を戦った中央党は、前回選挙で増やした議席をほぼ失う結果となった。この間の政党間関係の変化において鍵となる動きをみせて注目された中央党であったが、立場を変えたことにより伝統的な支持者の一部を失った面もあった（支持者・投票者の動向については後述）。

　右派では中心勢力である穏健党が8年ぶりの政権復帰を確実にしたとはいえ、自らは3回連続で支持率を下げ、前回から2議席を減らした。同党の支持者のなかには自由党が得票率4％の条件を満たせずに議席を失う事態を避けようと戦略的に投票した者が一定程度いると推察されたうえに、スウェーデン民主党に接近したことによって票を失った可能性も高く（Aylott/Bolin 2023：1056）、支持を伸ばすことはできなかった。

　自由党は得票率が4％台となり、1920年以降で最低の数値となった。とはいえ、同党の場合は、前回選挙以降に党首が2度替わり、世論調査での支持率が4％に満たない時期が続いたことからすると、議席を維持するという喫緊の課題は達せられたとみるべきであろう。キリスト教民主党も得票率を1％下げ、3議席を失った。党首ブッシュ[12]が、国の多文化主義政策の批判に踏み込んだり、

強い口調で主張を述べるスタイルで耳目を集めたりしたが、有権者の間で支持を広げることはできなかった。

　そして、この選挙でも明確な「勝者」となったのがスウェーデン民主党である。得票率は前回から3％上昇して20％に達した。議席も11増えて73となり、穏健党をも上回って議会第二党となった。これで議会参入前の2002年選挙（1.4％）から5回の選挙で連続して得票率を上昇させたことになる。出口調査のデータにもとづき、2018年選挙からの「票の流れ」をみると、前回穏健党に投票した有権者のうちの14％、社会民主党への投票者の8％、自由党と左翼党への投票者の5％がスウェーデン民主党を選んでいた（SVT 2022: 17）。そこから、スウェーデン民主党は左右両ブロックの他党から票を奪う形になっているものの、右派ブロック内での同党への票の移動が大きかったことがわかる。

　今回立場を変えたことで注目された中央党についてみてみると、前回同党に投票した有権者のうち、23％が社会民主党に、14％が穏健党に、7％が自由党に投票先を変更している。逆に中央党への変更については、2018年選挙での自由党投票者からの16％が突出しているが、規模が小さいために得票率の伸びにはつながっていない。自由党支持者の一定部分がスウェーデン民主党への接近を嫌い、同じ中道政党と目される中央党に投票したと推察されるが、中央党自身の社会民主党への接近は、左派支持の有権者を引きつけるというより、左右の主要政党への票の流出を招いたと解釈できそうである[13]。

　有権者が投票時に重視した争点をみると、上位の項目は、①医療、②学校・教育、③法と秩序、④エネルギー・原子力、⑤スウェーデン経済、⑥社会福祉の順であった（SVT 2022: 12）。「法と秩序」が3回連続で上昇し、これを重視したと答えた人の割合は（複数選択式で）50％となり、世界各地でテロ事件が発生した後の2002年選挙の数値をも超えた。それだけ組織的暴力や銃犯罪が問題化していたということである。また、「エネルギー・原子力」については、順位は前回の16位から、選択率は26％から45％へと急上昇しているが、その理由はすでに述べたとおりである。

得票率上位の3党について、投票者が重視した争点の上位3項目を挙げると、社会民主党が、①医療、②教育、③社会福祉であるのに対し、穏健党は、①法と秩序、②スウェーデン経済、③エネルギー・原子力、スウェーデン民主党は、①法と秩序、②難民・移民、③エネルギー・原子力となっている。

続いて、注目された争点の側からみてみると、「法と秩序」については、穏健党、キリスト教民主党、スウェーデン民主党への投票者の間では1位、自由党投票者では2位だったのに対し、中央党を含む今回の左派ブロック4党ではすべて10位以下であった。「エネルギー・原子力」についても、穏健党・キリスト教民主党・スウェーデン民主党への投票者の間で3位、自由党投票者の間で4位と右派諸党の間で相対的に高かった[14]。「難民・移民」については、争点間の順位では前回と同様9位であったが、スウェーデン民主党支持者の間では2位と高く、穏健党とキリスト教民主党の支持者の間では7位、他の各党支持者の間では10位以下であった（SVT 2022: 13）。

これらのことから、右派諸党への投票者と左派諸党への投票者の間では、重視する争点が比較的はっきりと分かれていたことがうかがわれる。さらにいえば、今回の選挙で争点としての比重を高めた「法と秩序」や「エネルギー・原子力」（特に原発再評価）が右派の主張する争点であったことも、スウェーデン民主党のさらなる伸長と、それによる右派への政権の移行につながったといえよう。

（4）政権の構成

選挙結果が確定し、穏健党を中心とした政権が誕生することはほぼ確実になったものの、右派ブロックの僅差での勝利が、そこに新たに加わったスウェーデン民主党の勢力拡大によりもたらされたことは明らかであった。首相となるクリステションにとっては、わずか2年前まで非民主的勢力とみなして議会内での交渉さえ拒んでいた政党との協力が不可欠であり、さらにはそれが議席数で自党を上回るという状況で、難しい対応を迫られることは必至であった。

議会が開催されるとノレーンが議長に再任され、クリステションが組閣担当者に指名された。穏健党としては、キリスト教民主党および自由党との連立政権を目指す一方で、スウェーデン民主党との正式な連立は避けるのが大前提であった。また、特に自由党は党員、支持者の間でスウェーデン民主党への反発が強く、同党と連立政権を組むことについては明確に拒否していた。

穏健党、キリスト教民主党、自由党の間での連立政権樹立の合意は容易であったが、いずれも議席を減らした3党が政権を維持するには、議会運営におけるスウェーデン民主党の全面的な協力が不可欠であり、それを実現するための方法が問題となった。議席を大きく増やしたスウェーデン民主党は、当然ながら政権入りを含め、自党の政策的な影響力を最大限に確保することを目指していた。同党党首のオーケソンは選挙直後から、新政権においては同党が中心的な役割を果たすことになると宣言して、クリステションを牽制していた（DN 2022.9.12）。

こうした状況での政権交渉は、3党連立政権をスウェーデン民主党が閣外協力で支えることを前提に、後者の政策形成への関与をどのように約束するか、という形をとることとなった。4党間での協議には2週間あまりを要したが、最終的に合意に達した。その内容は交渉がもたれた場所にちなんで「ティードエー協定（Tidöavtalet）」と呼ばれ、文書化されたものが10月14日に発表された（Sd/M/Kd/L 2022）。

それは62ページに及び、協力体制や共通の政策目標を詳細に定めるものとなっていた。そこではまず、4党が次の選挙まで4年間続く共同プロジェクトを遂行することと、スウェーデン民主党は閣外協力ながら完全に対等な立場でそこに関与することが明記された（Sd/M/Kd/L 2022: 2）。続いて、予算の編成・執行を軸にスウェーデン社会が抱える重大な諸問題を解決するために4党が協力して改革を進めていくことが宣言された。そのうえで6つの問題領域、すなわち、①保健・医療、②気候・エネルギー、③犯罪対策、④移民・社会統合、⑤学校、⑥経済成長が挙げられ、順に具体的な政策目標が記されていた。

なかでも目を引くのが「移民・社会統合」に関する部分で、19ページと最も多くの分量が充てられ、スウェーデン民主党の長年の主張がほぼ全面的に反映されたものとなっていた。その目的として、難民の受け入れの基本方針の転換が掲げられ、EUその他国際的な枠組みによって義務づけられる以上に寛容なものにすることはないと宣言されている（Sd/M/Kd/L 2022：29）。具体的には、国内在住外国人への管理の強化、市民権付与条件の厳格化、問題を起こした移民の国外追放の要件拡大などに関わる施策が挙げられ、さらに社会統合については、経済的支援を縮小しつつ、社会、文化、言語の面で「適応」を求める方向への転換が示されており、1970年代からの多文化主義的な統合路線は破棄されたといえる内容になっていた。[15] 自由党が大幅な譲歩を強いられたことは間違いないが、圧倒的な議席数の差の前に抵抗するすべはなかったものと推察される。

　この文書のもう1つの特徴は、4つの党名が並べられてその共同プロジェクトである旨が強調される箇所が不自然なほどに多いことである。しかも、議席順ではあるが常にスウェーデン民主党が筆頭にきており、閣外協力ではありながら、事実上同党が最も力をもつことが示される体裁になっていた。2022年選挙の後には、連戦連勝の結果に自信を深め、将来的には単独政権を目指すと豪語していたオーケソンが、まずは右派諸党の態度変更を成果ととらえ、「名を捨てて実を取る」ことを選んだものといえよう。

　こうして4党による政権運営に一応の目途がたち、クリステション首相の議会での承認手続きが行われた。10月17日の票決では、賛成が176票（穏健党、キリスト教民主党、自由党、スウェーデン民主党）、反対が173票（社会民主党、環境党、左翼党、中央党）（棄権・欠席0）でクリステションが新首相となった（DN 2022.10.18）。

　閣僚ポストの配分については、穏健党が財務、法務、外務を含む13を占め、キリスト教民主党が7つ、自由党が6つを得た。スウェーデン民主党が大臣職を得ることはなかったものの、3つの副議長職の1つ（第2副議長）と、15の常任委員会のうち、法務と外務を含む8つにおいて委員長の職を得た。3年ほど前までは政党間交渉からも排除されていたスウェーデン民主党は、この選挙の

前後で政党政治における立場を大幅に強めただけでなく、議会内でも確実に影響力を発揮しうる条件を確保した。

第2節　最近の状況（2023年末まで）

　ここで「ティードエー協定」に基づく右派連立政権が発足して以降、最近（2023年末）までの政治状況を、政党の動きと有権者の反応に着目して簡単にみておく。この1年あまりの間に社会的に特に大きな事件が起こったということはない。銃犯罪は選挙後も断続的に発生し、移民の社会統合をめぐる議論は続いているが、スウェーデンのNATO加盟については、トルコやハンガリーが反対の動きをみせるなかで、関係国間での意見調整が続けられていた。その点で、短期間で政党政治に大きな影響をもたらすようなできごとはなかったといえる。

　8年ぶりに誕生した右派政権への有権者の評価は厳しく、ひと月ごとに政府の仕事ぶりを問う調査（イプソス社）では、2022年11月の時点で「評価できる」が21％、「評価できない」が43％と、否定的な意見が上回っており、その後も差が広がり続けて、2023年3月には、「評価できる」が17％、「評価できない」が55％となっていた（DN 2023.3.25）。

　政権の中核をなす穏健党の支持率は、1年近く19〜20％程度で横ばいの状態が続いた。スウェーデン民主党は、選挙後支持率をやや下げ、その後は穏健党と同程度か少し低いくらいの水準が続いた。他方で、連立与党の他の2党、キリスト教民主党と自由党ともに支持率を下げ、自由党は2023年秋に2％にまで落ち込み、キリスト教民主党も4％を切ることが増えた（DN 2023.11.2）。

　これに対し、左派野党では、社会民主党の支持率が上昇していった。選挙後2か月で8年ぶりに30％台半ばに達し（DN 2022.11.30）、その半年後の2023年5月には37％を記録し、同月のイプソス社の調査では、右派4党の支持率の合計が43％であったのに対して、左派4党の合計は54％となっていた（DN 2023.5.25）。国の指導者としての相応しさを尋ねる調査でも、選挙から1年が

経った2023年9月後半の時点で、アンデションがクリステションを大きく上回っていた（DN 2023.9.29）。

　他の野党については、左翼党が選挙後1年あまり、支持率7〜8％で安定していた一方で、環境党の支持率は選挙後にやや下がり、その後は4％に近い状態が続いた。

　野党のなかでも中央党は、2018年選挙から2022年選挙までの間にブロック政治における立ち位置を変えたという点で特に注目される存在となっていた。同党では、2022年選挙後にレーヴが党首辞任の意向を表明し、翌年2月の党大会でM. デミローク（Muharrem Demirok）が後任に選ばれた。

　レーヴは28歳で就任した党首の職を12年あまり務め、前任者のオーロフソンの経済自由主義路線を再分配や人権重視のリベラル路線へと転換し、スウェーデン民主党を批判し続けて左派への接近をも主導した。しかし、2022年選挙でスウェーデン民主党が関わる政権の樹立を阻止するという目的を達成できず、党首を辞任した。先述のように、支持者の政策志向もこの間に左派寄りに変化しているとはいえ、農業者を中心とした伝統的な支持層のなかには左派諸党との協力に抵抗を覚える者もおり、同党の立場は必ずしも安定しているとはいえない。

　中央党の支持率も2022年度選挙後には下がり、4〜5％で推移している。近年の同党の場合、政党間の位置関係における独自の動きで存在感を示してきた一方で、有権者に認知された得意分野がはっきりしない傾向にあり、党勢の不振に悩まされている[16]。それでも、「ティードエー協定」に基づく政権が1年を迎えた時点で、デミロークはなおも社会民主党を中心とした政権の実現を望むと明言しており、左派陣営にとどまり続けている（DN 2023.9.29）。

　2023年秋に野党4党が次年度の対抗予算案を作成した際には、中央党が限界税率の引き下げや社会保険の雇用者負担分の減額、失業保険への支出の減額など、伝統的な左派の立場とは異なる要望を出したために作業は難航したが（DN 2023.10.6）、最終的には教育を重視した社会発展を目指すことを軸に法案をま

とめあげた。2022年選挙を機に出現した新たな左右ブロックの対抗関係は、その後1年半ほど経った時点で基本的には持続していることが確認できる。前章の最後では、2019年の時点で2ブロック対抗が崩れ始めた政党システムの変化の帰結が予測できないとした政治学者オスカションの言葉を引用したが、それはわずか2年ほどの間に2ブロック対抗の再編という形で決着したようにもみえる。

　ただし、2024年初頭の時点でみると、スウェーデン民主党を含む右派与党に対する有権者の評価は低下している一方、野党側に次の選挙でそのまま政権奪還を目指せる体制があるともいいがたい。2022年選挙以降、支持率ではむしろ優位にある左派野党の側も、中央党と社会民主党（および他の2党）との関係は予断を許さないものとなっている。右派の協力体制がどの程度機能し、持続しうるのかという点を含め、今後の展開が注目される。

第3節　政党システムの変化

　2022年選挙の前後の時期の政党システムをみると、最初に指摘すべきは、2019年3月にキリスト教民主党がスウェーデン民主党と状況に応じて協力する意向を表明したことによって、後者に対する「防疫線」が解かれた点である。それは、直前の「1月協定」によって中道右派4党による「スウェーデンのための同盟」が解消されたことで始まった2ブロック対抗の流動化を加速させた。

　その後、中央党を除く旧「同盟」の3党は、キリスト教民主党が比較的積極的で自由党が消極的であったという差異はあるが、徐々にスウェーデン民主党との距離を縮めていき、本章第1節(1)でみたように、2021年秋にはスウェーデン民主党とともに予算案を作成するまでになる。そして2022年選挙は、穏健党・キリスト教民主党・自由党・スウェーデン民主党の4党が事実上、新たな右派ブロックとして認識されるなかで行われることとなった。こうしてスウェーデン民主党が既存の政治の枠組みのなかに包摂されたのであるが、この

ような現象は、右翼ポピュリスト政党の「主流化」としてとらえられる。

　オランダの政治学者 T. アッカーマン（Tjitske Akkerman）らは、極右政党ないし右翼ポピュリスト政党の穏健化と政治システムへの包摂を単純に結びつける見方が不十分だという認識から「主流化」という視点を提起した（Akkerman/de Lange/Rooduijn eds. 2016）。各国の事例に照らすと、穏健化が既存システムへの包摂につながるとは限らないし、「穏健化」が主張の内容と活動形態に分けられるうえに、排外主義的な主張をやわらげる場合についてもその程度をどう評価するかという問題がある。さらには有権者の側が「過激」な主張を受け入れる方向に変化することもあるし、他党、特に主流の右派政党がその主張を取り入れることによって差異が縮小し、主流化が起こる場合もありうる（古賀 2020 : 13-16）。さまざまな要素が絡みあう議論を体系的に整理することは難しいが、アッカーマンらが結論として指摘するように、結局は組織形態や行動様式の点で他の主要政党と同様の存在になっていくことが「主流化」だといえるだろう。

　スウェーデン民主党の場合、民族主義や排外主義の主張を維持している一方で、本格的に議会参入を狙うようになるなかで活動形態は既成政党に近づいていった。前章および本章でみたように、国内外の環境変化もあって有権者や他党の側が同党に接近する形で政党間競争のシステムに包摂されていったといえる。

　関連する論点として包摂の程度がある。すなわち、議席獲得なのか、政策的影響力の発揮なのか、連立政権への参加または閣外協力による政策過程への関与なのか、といった区別である。この点では、計量的な比較分析の指標化のために政権への関与という高い水準を設定する研究もあるが（譚 2019 : 234-235）、スウェーデン民主党の場合、2022年の選挙戦で、右派政権ができる際には少なくとも閣外協力の立場を得ることが確実視された時点でこの厳しい基準をも満たしている。ネオナチ的な民族主義運動に起源をもつ勢力が、三十余年の時を経て政権参加を果たしうる存在になったという点で、極右政党ないし右翼ポ

図7-1　ブロック政治の再編

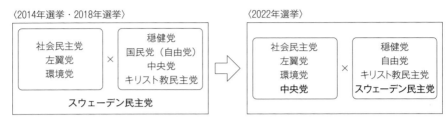

出所：筆者作成。

ピュリスト政党の「主流化」の顕著な事例だといえる。また、「防疫線」が解かれた後の変化の速さも特筆されるべきであろう。

　ここであらためて政権をめぐる競争の構造に注目すると、この数年間の変化は、図7-1のように表すことができる。

　ただし、実際にはこの再編の過程でいったんブロック政治の枠組みが流動化している。個々の政党の思惑とは別に、全体が外部からどのように見えていたのか、という点では新聞報道が参考になるが、2018年選挙と2022年選挙のほぼ中間点にあたる2020年6月にダーゲンス・ニーヘーテル紙は、閣外協力も含めた政権協力の候補として以下の5通りを示していた（DN 2020.6.17）。

　①「1月協定」4党：社会民主党、環境党、中央党、自由党
　②右派3野党：穏健党、キリスト教民主党、スウェーデン民主党
　③「赤緑」3党：社会民主党、環境党、左翼党
　④「ブルジョワ・ブロック」：穏健党、キリスト教民主党、中央党、自由党
　⑤「1月協定」4党＋左翼党：社会民主党、環境党、中央党、自由党、左翼党

　この時点ですでにスウェーデン民主党を含む政権が候補になっていることが注目されるほか、最終的に実現することになる〈穏健党、キリスト教民主党、自由党、スウェーデン民主党〉の組み合わせは含まれていないことも興味深い。

それだけこの時期には政権構成の可能性が多様かつ流動的だったということである。

その後1年半ほどの間に、新たな2ブロック対抗の構図が現れるが、その要因となったのが、自由党の動きであった。さらに、やや長期的にみれば、こうした再編の動きを引き起こしたのはスウェーデン民主党の伸長とともに、2014年から2018年にかけて、当初は左右のブロック対抗を崩す戦略をとっていたものの、最終的には左派につくことになった中央党の動向であったともいえる。

最後に、新たに生じた政党の位置関係を確認しておこう。この点については、近年の政党・選挙研究で広まっている手法、すなわち伝統的な「左－右」軸と「GAL－TAN」軸（「環境保護志向（green）・オルタナティヴ（alternative）・リバタリアン（libertarian）」か、「伝統的（traditional）・権威主義的（authoritarian）・ナショナリスト（nationalist）」か、という区別）とを組み合わせて得られる4象限に位置づける方法でみておく。ここでは、イプソス社が支持者のイデオロギー位置の認識を調査して作成した図を参照する（図7-2）。

「左－右」軸上では、ほぼ中央にある中央党までを含めた4党が左派ブロック（アンデション陣営）、右側にある他の4党が右派ブロック（クリステション陣営）で矛盾なく分かれている。他方、「GAL－TAN」軸に関しては、社会民主党と自由党の位置が互い違いになっている。とはいえ両党は「左－右」軸上では大きく離れており、2つの基準（軸）を合わせてみた場合にも4党ずつが間に直線を引いて分けられる位置関係をなしている。8党が2つに分かれる場合に、可能性としては中央党や自由党が別の陣営に入る形もありうるが、2022年を機に現れた2ブロック対抗については、有権者の支持状況に照らしても一定の整合性をもつといえよう。

もちろんこの図自体が、各党の主張の内容ではなくそれぞれの支持者の認識に基づくものではあるが、両者は相互に連動しながら他党との関係をなしていると考えられることから、政党システムを把握するうえでは有力な情報の1つとだといえる。このように再編されたブロック政治が、基本的には本書執筆時

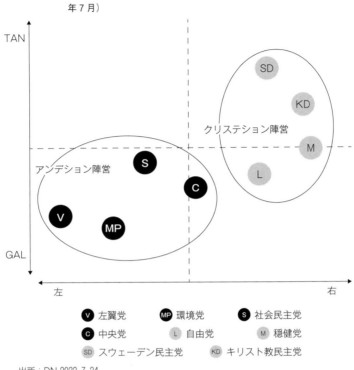

図7-2 支持者のイデオロギー認識からみた各党の位置（2022年7月）

出所：DN 2022.7.24。

(2024年) まで持続しているとみられる。

注
1) 本節の記述には、先に発表している拙稿（渡辺 2023）の一部を加筆修正したものが含まれている。
2) 「コロナ」パンデミックは、他国と同様、スウェーデンの人々の社会生活にも多大な影響を及ぼしたが、本書では政党間関係に関わる部分にのみふれる。なお、スウェーデンの特徴的な「コロナ」対応については、事態の推移の解説も含め、日本でも社会科学分野の研究者による紹介と分析がなされているのでそれらを参照されたい（吉武 2021；清水 2024；鈴木 2024）。

3) スウェーデンでは人口比での感染者数、死者数ともに欧州の水準からみて高く、医学・疫学的な政策に関する議論もないわけではなかったが、政治的な対応や専門機関の判断に対して不満が大きく広がることはなかった。
4) こうした解釈は、政治ジャーナリストのE. ステンベリ（Ewa Stenberg）による分析に基づく（DN 2020.8.26）。
5) 通常選挙を1年3か月後に控えながらここで臨時選挙を行うことには国民の理解を得にくいという事情があった。そのうえ、この時期の政党支持率調査では、自由党が4％未満、環境党は4％強であり、選挙を行うと議席を失う党が出る可能性があった。そうなればスウェーデン民主党を利することになるため、それを避ける意味もあった。
6) 形式的には、全閣僚が改めて任命された新しい内閣ということになるが、実際には一部を除いて同じメンバーが再任されている。
7) 学者出身のアンデションは、党内での人望が厚い一方で、レヴェーンとは異なり、労働組合には支持基盤がなかった。そのため、彼女を支える党幹事長には、自治体職員組合中央組織の議長、T. バウディーン（Tobias Baudin）が抜擢された。また、アンデションが首相となる際には、前年まで8年にわたってLO議長を務めたトールヴァルドソンを産業大臣として入閣させ、労働運動勢力に配慮した。
8) この件については、日本を含めた世界各国でも、スウェーデン初の女性首相が就任後わずか数時間で辞任に追い込まれたと驚きをもって報じられた。
9) 社会民主党の青年部は最後まで加盟反対、中立維持を主張した。党の正式な方針変更を受け、議長は反対意見を述べつつ、執行部の判断には理解を示していた。
10) 環境党の男女の代表については、2000年代に入って以降、基本的に1期5年、最長で2期までという形で運用されている。
11) 社会民主党ウェブサイト「2022年選挙に向けた社会民主党の方針（Socialdemokraternas plan för valet 2022）」。https://www.socialdemokraterna.se/nyheter/nyheter/2022-01-28-socialdemokraternas-plan-for-valet-2022 （最終閲覧日：2022年3月5日）
12) 2020年に婚姻関係の変更にともない姓を「ブッシュ・トール」から「ブッシュ」に変えている。
13) ただし、同じ調査で、投票者に左右の位置の自己認識を問う項目をみると、中央党支持者は投票者の政策志向でも「左」に動き、移民・難民、エネルギー、安全保障など、各政策においても、右派4党との間に一定の距離が生じていた。また、中央党への投票者のうち自らを「左派」として認識する人の割合は、2014年選挙で6％、2018年が10％、2022年が24％と増えており、逆に「右派」と認識する人の割合は、2014年が65％、2018年が57％、2022年が37％と減っている（SVT 2022：37）。これらのことから、レーヴが党首となって以降、支持者の政策志向も相対的には左派に接近していることがわかる。その意味では、ブロック対抗における立場変更に実態がないわけではないといえよう。
14) 「エネルギー・原子力」については、中央党投票者の間で6位、環境党投票者の間でも8位と中程度であるが、右派諸党支持者が原子力エネルギーの積極利用を求めるのに

対し、これらの党の支持者はそれに反対する立場から関心をもったと推察される。
15) ただし、スウェーデンの移民・難民政策の展開としてみると、ここで決定的になった政策転換も、「欧州難民危機」を経験した社会民主党政権期からEU基準に合わせるというメッセージを発信し、かつての「開かれたスウェーデン」というイメージとの不調和を和らげながら段階的に進められてきたという面もあった（小川 2023）。
16) たとえば、有権者に「法と秩序」、「環境・気候」、「医療」、「学校・教育」、「難民・移民」、「スウェーデン経済」、「防衛」の各分野について、最も有効な政策をもつと考える党を尋ねた調査でも、上位3位までに入る項目が1つもないのは、全党のなかで中央党だけであった。他の小政党については、たとえば、環境党が「環境・気候」で1位、自由党が「学校・教育」で2位、キリスト教民主党は「医療」で2位、左翼党が「医療」で3位、となっている。中央党は、自らが重点領域の1つとみなしている「環境」においてさえ（原発をめぐる議論の趨勢が変わったこともあろうが）、有権者の評価を十分に得られていない状況にある（DN 2023. 4. 13；DN 2023. 9. 16）。

第8章

政党政治の変容をめぐる考察

　本章では、次章で政党システムの変化とその意義を論じる前提として、第3章から第7章まででたどった政党政治の展開を、制度的変化、有権者の投票行動、各政党の動向の3点から整理しておく。

第1節　制度的変化

　ここでは、本書が検討の対象とした1980年代末から現在までの間に実施された制度改革のなかで、政党政治に影響を与えた可能性があるものについて、選挙制度に関わる改革、選挙後の政権に関わる手続きの改革、予算編成制度に関わる改革の順にみていく。

(1)　選挙制度に関わる改革

　まず、第4章で述べたように、1991年からの中道右派連立政権の下での制度改革により、選挙の間隔が1994年以降4年に1度に改められたことが挙げられる。1970年代初頭の一院制移行時には、民意の変化を政党間の議席配分に反映させやすくするために、選挙の間隔をそれまでの4年から3年にしたが、その後20年あまりを経て、社会経済的変化に政府が責任をもって対応するには、むしろ次の選挙までの期間が短すぎるという意見が強くなったためである。選挙間隔を5年に延ばすという意見もあったなかで (SOU 1993 (16): 167)、最終的には4年とすることで落ち着いた。

また、第7章でふれたように、2010年の統治法改正時には、投票日が9月の第3日曜日から第2日曜日へと変更された（2014年選挙から実施）。投票日を早めた理由は、1990年代の予算編成制度改革によって予算法案の提出期限が定められたことに関係している[1]。というのも、選挙後に政権交代がある場合を含め、政権協議に時間がかかると新政府がその準備期間を十分にとれなくなる可能性があると認識されたからである。後述する政権形成に関わる手続きの変更とも関連するが、基本的に選挙後の政府活動が円滑に進むようにという趣旨での制度改革であった。

　以上の2点は、選挙制度に関わる改革ではあるが、その中心的な機能である代表選出のあり方に直接影響するものではなく、実質的には他の要因との関係や現実的な要請に応じた「微調整」であったといえる。その一方で、時期は前後するが、もう1つの改革として挙げられる1998年の個人選択投票制の導入は、代表選出の原理に関わるという点でより重要なものであった。

　この個人選択投票制度も、第4章でふれた1990年代前半の「経済委員会」（通称「リンドベック委員会」）以来の議論を受けて実現したものである。形式的には比例代表制の運用、特に政党の候補者名簿の扱いをめぐる手続きの変更ではあるが、スウェーデンの選挙に新たな原理が導入されることとなった。すなわち、有権者が従来のように政党を選ぶだけではなく、（政党が示した名簿の範囲からではあるが）候補者個人を選べるようにするものであり、その導入をめぐっては政党間の意見対立もみられた。

　新制度導入の背景として、第二次世界大戦後の高度経済成長を経て社会構造がより複雑になり、利害関係も細分化されるなかで、代表選出の際に政党単位でしか意思表示ができないという比例代表制の特質に関わる疑念が出されていたことがあった。さらに、積極的な議論としては、この仕組みの導入により、有権者が政党だけでなく個別の候補者を考慮して選ぶようになることで、選挙により主体的に関与し、政治への理解が深まるという期待もあった。つまり、政治参加の促進によりデモクラシーを強化するという意義づけがなされていた

のである (SOU 1993 (21)：51-55)。

　ただし、穏健党をはじめとする中道右派政党がその導入に熱心であったのに対し、社会民主党や左翼党は消極的で、当初はそれに反対していた。その理由の１つは、財力があって宣伝費等を多く使える党や候補者が有利になるために公平性を欠くというものであったが、元来労働組合の組織的支持に依拠するところが大きい社会民主党や、労組に加え、特定の政治思想に基づいて支持を得るタイプの左翼党には、選択単位を個人にする利点がなかったこともある。

　そのようななかで、制度設計をめぐる議論において、個人選択を任意とし、名簿順位の変更要件を選挙区内での当該政党の得票の８％以上と高めに設定することで反対派も容認するところとなり、改革が実現した。それにもかかわらず、その初回となった1998年選挙で個人選択投票を行った有権者は29.9％と少なく、この制度による当選者も12名で、効果が大きいとはいえなかった[2]（第４章第１節(3)）。

　さらには、当初それを強く求めた穏健党も、導入が決まってからは、むしろ候補者の党からの独立性が強くなりすぎるのを警戒するようになった。そして、候補者への経費補助の要件を厳格化したため、個人での選挙運動に力を入れようとした候補者から不満が出され、党内で同制度の評価に混乱が生じることにもなった。とはいえ、政党の側でより積極的にこの制度を活用しようとしたのは穏健党、中央党、自由党の３党であり、これらの党においてはまとまった額の自己資金を選挙運動に投じた候補者の数も相対的に多かった (DN 1998.9.1)。

　この個人選択投票制度については、その後も2002年選挙では利用者が26％、当選者が10人、2006年選挙では利用者23％、当選者６人と、利用者も効果もむしろ減少した (Widfeldt 2007：823)。そこで再び中道右派政権のもとで利用促進策が検討され、2010年の統治法改正時に、次の2014年選挙から個人候補の名簿順位変更の要件が「８％以上」から「５％以上」に緩和されることになった。それでも、改正前の制度で実施された2010年選挙で利用率が25.1％とわずかに

上昇したものの、改正後は、2014年選挙が24.6%、2018年選挙が24.1%、2022年選挙では22.5%と数値は下がっている。

　結局、この個人選択投票制度については、導入後四半世紀を経ても利用者は4分の1程度にとどまっており、これまでのところ政党中心の選挙という性格を大きく変えるには至っていない。現実の効果も限定的で、政党政治に明確な影響を及ぼしているとはいいがたい。

　有権者の意識や行動の変更を狙った制度改革が、これほどまでに意図した効果を生まないという事実は、スウェーデンにおいて、選挙では政党を選ぶという発想や行動様式がきわめて強固であることを表している。同国の代議制デモクラシーは、選択単位としての政党の比重が特に大きいタイプだといえよう。

(2)　選挙後の政権に関する手続きの改正

　続いて挙げられるのが、選挙後に従前の政権の存廃を決める手続きに関するもので、首相信任投票が制度化されたことを指す。2010年の統治法改正の際に実現した改革の1つで、具体的には第6章の政府に関する諸規定に新たに以下のような内容が加わった[3]。

　〈選挙後の首相信任投票〉
　　新たに選挙された議会は、招集後2週間以内に、首相が議会の十分な支持を得ているか否かを票決によって審査しなければならない。首相がすでに辞任している場合、投票は実施されない。

　これは次のようなことを意味している。すなわち、以前は、選挙結果から政権交代の条件が整ったようにみえたとしても、選挙前からの与党が政権を譲る姿勢をみせない場合、野党は議会に不信任案を出して目的を果たすしかなかった。それが法改正後は、政府が辞職しない場合は、与党の優位が明らかな場合でも、また、野党の判断とは関係なく、議会開会後に首相（実質的には政府）に対する信任投票が行われることになったのである。

もちろん、与野党間で選挙結果の解釈が異なり、政権の存続・交代が争われることになったとしても、議決の要件や、選挙で決まった議席配分は同じであるため、新たに制度化された信任投票でも、不信任案に基づく投票でも、結果は基本的に変わらないはずである。しかし後者の場合、「票読み」をめぐって各党間に駆け引きが生じたり、不信任案を出すタイミングについても戦術的考慮がはたらいたりして、選挙後の議会運営が混乱する可能性がある。信任投票の制度化は、そのような不確定要素を排し、手続きを合理化する意味をもっていた。

この制度変更の背景には、1996年以降、次年度予算を一括審議・議決する方式に移行したことにより、その法案提出が遅れると議会運営に大きな支障が生じることになるため、政権の発足が遅れることは極力避けねばならないという事情があった。また、そもそも5党制の時代であれば、2つのブロック間の優劣の判断は、それぞれの合計議席数から容易に判断できた。社会民主党と共産党は正式に協議することはなかったし、中道右派3党も相互の利害の調整に課題があったが、選挙でブロック間の優劣が逆転すれば、不信任案が提出される前に政府が辞職して政権交代が実現すると想定されていた。

しかし、政党数が増え、当初の環境党のように左右どちらのブロックにも属さない政党や、新民主党のように中道右派諸党も含めたすべての党が交渉・協力を避けるような政党の登場も経験したことにより、選挙結果の解釈の不一致や政権形成をめぐる混乱が生じる可能は高まっていると考えられた。さらには、憲法委員会での議論が進んでいた2008年前後には、スウェーデン民主党やフェミニスト・イニシャティヴが議会に参入する可能性をも意識せざるをえなくなっていた。

こうしたなかで、選挙後にそれまでの政権(首相)に対する支持の状況を票決によって確認する機会を設けることで、政権交代が生じる場合には次の政権形成が円滑に進むように制度改正が行われたのである。したがって、それは政府や政党の行動を一定の目的に沿って変えようというものではなく、想定され

る弊害を取り除くための手続きの改善という性格をもつものであった。もちろん、多党化が進み両ブロックに属さない勢力が大きくなった場合の政権交渉の難しさは、2018年選挙後の政権協議の長期化による混乱のように、前政権の退陣が決まった後の段階で生じることもあり、このような改革でそれを防げるわけではない。とはいえ、この首相信任投票の制度化によって、選挙直後の政権をめぐる政党間の交渉の流れが一定程度整理されることにはなった。

(3) 予算制度に関わる改革

　政党に直接関わる内容をもたないものの実際には政党政治に多大な影響を与えた制度改革として、予算編成制度の変更があった。その概要は、すでに第4章で述べているので、要点だけを繰り返すと、1990年代前半の経済・財政危機の時期に、歳出拡大を招きがちであった従前の分権的で合算基調の予算編成方式を、全体の上限を決めたうえで各分野に配分し、調整していく方式に改めたというものである[4]。政治的な手続きとしては、次年度予算の全体を秋に法案化して一括して審議する方式が導入された。

　新制度の下では基本的に政府が予算法案を提出して票決が行われるが、与党にはその議決を確実にすべく事前に議会内の多数派を確保することが求められるようになる[5]。そのため、改革が実現した直後には、当時政権にあった社会民主党が中央党との間でブロックの境界を超えた協力関係を結び、予算の編成と執行にあたった（第4章第1節(1)）。1998年選挙の後には政権を維持した社会民主党が、中央党との関係を解消した一方で、議席を大幅に増やした左翼党と左派色を強めた環境党から閣外協力による支持をとりつけた。それまでは同じ左派ブロックに数えられた左翼党（旧共産党）との間でさえ正式な交渉をもつことはなかったが、この時は3党間で共通の政策目標や連絡体制を定めた文書化を交わし、次の選挙まで継続的な協力関係を維持することを決めた（第4章第1節(4)）。

　続く2002年選挙後にも、社会民主党の少数単独政権を左翼党と環境党が支え

る同じ体制が継続したが、そこでは政策合意の範囲が広げられ、連絡・協議の方法も強化された。これも社会民主党が主導する予算の編成と執行を確実にし、安定した議会運営を行うためであった（第4章2節(4)）。こうした動きは、対抗する右派4党による「スウェーデンのための同盟」の結成と2006年選挙での政権獲得につながり、さらには2010年選挙での左右の選挙連合対決へと発展した（第5章）。つまり、政権側は自らの予算案を確実に議決するために議員任期（すなわち1つの選挙から次の選挙までの期間）を通じた安定的な多数派形成を目指すようになり、それが2ブロック対抗の枠組みの強化につながったといえる。

　また、この制度変更は、上述のブロック政治への影響とも結びつき、野党であることの意味をも変えた。新たな予算管理の方式によって、閣外協力の形であっても政権の側につくことが、自らの政策目標の実現には明らかに有利となる状況がもたらされたからである。つまり、予算編成に関わる協議に参加できれば、部分的ではあれ、自党の目標を政府の政策に確実に組み入れることが可能になる。その一方で、政府に反対する純粋な野党になる場合は、将来政権側に立つことを目指して政府批判に徹し、他の勢力とも協調して次の選挙での政権奪取を追求する傾向が強まることになる。

　スウェーデンの場合、かつては野党が議会内委員会での法案審査への関与や、議会外での調査委員会（審議会）への参加によって、政策形成への実質的な影響力を保持しえたが、この予算制度改革によってそのような状況は大きく変わることとなった。別の言い方をすれば、中間的な位置にあって争点や政策ごとに立場を変えながら柔軟に立ち回ろうとするような野党の戦略は難しくなったのである（このことがデモクラシーのあり方の変化という点でもつ意義については、次章であらためて検討する）。

　さらには、予算を一括して議決する方式の導入は、政府が早い時期に施政方針を明確化し、各政策分野への資源配分を決定することを意味するため、諸政党が関わる具体的な政治過程にも少なからぬ影響を及ぼす。政府ないし政権側についた勢力が、その意向に沿った予算案を作る一方で、野党ないし反対勢力

は、基本的には多数派の支持が得られず否決されることになるとはいえ、単独あるいは共同で政府案への対抗予算法案を提出するようになっていった。

　このことがもたらした帰結の1つが、複数の予算案の競合や票決をめぐる政党間の戦略的行動の余地の発生であり、それらが議会運営の混乱を招きかねないことも明らかになった。それが端的に表れたのが2014年選挙後の予算審議の場面であり、スウェーデン民主党が自らの案が否決された後に野党となった「同盟」の対抗予算案を支持して可決させ、政府案が議決不能になった（第6章第2節(1)）。2021年秋の政権危機の際にも右派野党の予算案が可決され、さらには、その作成にスウェーデン民主党が関わったことから、環境党が反発して連立政権から離脱した。結局この時は、社会民主党のアンデションも首相を辞職し、政権自体が崩壊した（第7章第1節(1)）。

　それに関連してより重大な帰結といえるのが、政府が野党の作成した予算案を執行しなければならない状況が生まれたことである。上記の2例がそうであり、1度目は当時の「12月合意」によって（また、それが破綻した後も、中道右派野党がスウェーデン民主党を利するような動きを控えたため）辛うじて政府が難局を乗り切り、2度目は次の選挙まで1年を切っていたために、議席占有率が3割の社会民主党少数単独政権が選挙管理内閣的なものとみなされ、それ以上の混乱が起こることは避けられた。

　しかし、このような事態が生じること自体、財政の健全化と併せて政府の主導権の強化や行政の効率化を狙った改革の目的に反しており、おそらく当初は予期できなかったことであろうが、きわめて深刻な問題だといわざるをえない。その原因の1つは、2021年秋の政権危機が象徴するように、政権の発足や存続に関わる議決がいわゆる消極的院内閣制の考え方による一方、予算法案は単純多数決であるという制度間の矛盾にある。つまり、前者では「棄権」が「容認」ないし「消極的支持」として実質的には「賛成」を意味するのに対し、後者では賛否のどちらでもない文字通りの棄権として扱われるからである。

　新しい予算制度の下での議会運営においては上記2つの票決が実質的に連動

するようになったにもかかわらず、その議決要件は異なったままであることが問題化しているともいえる。見方を変えれば、かつて消極的議院内閣制を機能させていた条件が失われつつあることにも関わっている。この点についても次章であらためてふれるが、いずれにしても、予算編成をめぐる手続きの変更が、与野党双方にとっての新たな戦略的行動の余地を生み、政党間の相互作用のあり方をも変えたことは間違いない。

第 2 節　有権者の投票行動

　代議制デモクラシーにおける政党の役割や政党システムの機能を把握するためには、有権者と政党の関係およびその変化に注目する必要がある。ここでは、有権者と政党の最も強い結びつきを示す党員の数や割合をみたうえで、代表選出の手続きである選挙の際の有権者の動きを、スウェーデンの投票行動研究で使われてきたいくつかの指標によって確認していく。[6]

　まず、いずれかの政党に所属しているという意味での党員の数については、20世紀初頭から1960年頃まで基本的に増え続け、1950代末の時点で150万人弱、当時の有権者の約30％となった（Håkansson 1995: 45-47）。その後、人口が1990年頃までの30年間で100万人あまり増える一方で、登録者の実数はほぼ変わらず、その割合が緩やかに減少していった。

　1990年代になると、いくつかの特徴的な動きも含めて党員数は大きく減っていく。まず、社会民主党の党員数は1990年の時点で100万人を超え、全党員数の3分の2以上を占めていたが、その規模の大きさは同党が労働組合の地方組織を単位とした団体加入の制度をとっていたことによるところが大きかった。組合員の不満や他党からの批判をうけて1991年に社会民主党がこれを廃止したため、党員数は激減し（Håkansson 1995: 45; Bergman 2003: 596-597）、参照する文献によって多少差があるものの、1990年代の10年ほどの間に3分の1以下に落ち込んだ。このように統計上の数値が実態を反映していない面もあり、その

ペースを正確に把握することは難しいが、有権者の多数を占める労働者層と優位政党であった社会民主党との結びつきも弱まっていったと推察される。

　また、この時期には他の政党の党員数の動向にも大きな変化がみられた。1900年から2001年までの10年あまりで、中央党と国民党（現 自由党）の党員数は、それぞれ21万5000人から9万8000人、4万5000人から2万2000人へとほぼ半減した。穏健党の党員数もこの間に14万3000人から8万5000人へと約3分の2に減少している。これに対し、左翼党は1万3000人から1万1000人へと減り幅が少なく、キリスト教民主党は議会参入後にやや増えて1992年に2万9000人となった後、2001年までに2万5000人となって1990年の水準に戻っている。環境党は多少の増減があるがこの間は8000人程度でほぼ横ばいである（Bäck/Möller 2003：106-107）。以上から、多党化が進み、政党システムが変化し始めたこの時期に、長く5党体制を形成していた政党では党員数が激しく減少しており、政党が一定数の党員を抱えることで有権者層と安定的につながりをもつ傾向が弱まっていたことがわかる。

　続いて、政党支持の状況とその変化についてみていく。

　支持政党をもつ有権者の割合を本書の分析対象期間より少し前の時期からみると、1970年代前半には特定の政党を強く支持する者が全体の30〜34％いたが、その後徐々に減っていき、2014年には半分弱の15％になっている。程度は弱いが支持する政党はあると答えた者を合わせた数値でみても、1970年代前半には60％程度であったものが、2014年には25％にまで下がっている（Oscarsson/Holmberg 2016：339-340）。

　関連して、政党への投票が恒常的な支持に基づくものかどうかという点についてのデータがある（Oscarsson/Holmberg 2016：341-342）。それによると、最大勢力の社会民主党についてみた場合、各選挙での投票者のうち、その政党の（恒常的な）支持者であると答えた者の割合は、1970年代には75％程度であったものが、徐々に下がり続けて2014年選挙では40％になっている。同じことを右派の中心勢力である穏健党についてみると、全体に社会民主党の数値よりやや低

く、1970年代半ばに60％程度であったものが、やはり徐々に下がっており、2014年選挙では27％となっている。自由党（旧国民党）については、全期間を通して穏健党より低い数値で推移しており、2014年には22％となっている。

　これらのことから、長期的にみて、選挙で有権者が明確な支持認識に基づいて政党を選ぶことが減ってきていると推察される。次に、そのことを端的に表す「投票先変更」、すなわち各選挙で前回とは異なる政党に投票した者の割合をみておく。

　投票先変更者の割合は、1970年代前半に10％台半ばであったものが、1970年代後半から80年代にかけて20％程度で推移した後、1990年代に入ると30％に達している。それに近い水準が3回続いた後、2006年選挙で5％ほど上昇して37％となり、その後やや下がって2014年が35％となっている（Oscarsson/Holmberg 2016: 149-151）。はっきりした伸びが確認できる2回のうち、1991年については、環境党が議席を失い、新たにキリスト教民主党と新民主党が議席を得た選挙であり、政党の入れ替わりや多党化がその原因だとみてよいだろう。それに比べると小さな変化であるが、2006年については、中道右派「同盟」への政権交代を生んだ有権者の動きを表していると推察される。

　投票先変更については、直近の選挙までのデータがある公営放送の出口調査の同じ項目でみると、1990年代に20％台後半であったものがその後上昇を続け、2018年に40％を記録している（2022年は少し下がって37％となっている）（SVT 2022: 16）。数字が少し異なってはいるが、長期的にみると、選挙によって投票する政党を替える有権者が確実に増えてきていることがわかる。

　ここで、スウェーデンにはブロック政治の慣行があることをふまえると、投票先の変更が政党間の政策的距離が比較的近いと考えられる左右それぞれのブロック内部で生じているのか、ブロックの枠を超えて生じているのかが問題になりうる。この点については、単純に論じることが難しい面もあるが、環境党とキリスト教民主党の参入後は前者を左派（ないし赤-緑）ブロック、後者を右派（ないしブルジョア）ブロックに数えると、投票先を前回とは異なるブロック

の政党に変えた者の割合は、1970年代後半から80年代前半にかけての5〜6％から長期的には増加しているものの、上下動もかなり大きい。ブロック内での変更については、全期間を通じて右派内での変更の数値が左派内での変更の数値を大きく上回り、前者は、1991年の1回を除けば、ブロックを跨いだ変更の数値より大きくなっている。また、両ブロック内での各党間の変更を合わせた数値は、ブロックを横断した変更の数値よりはるかに大きい（Oscarsson/Holmberg 2016：151-152）。

なお、ブロックを跨いだ投票先変更の割合が特に高く、10％を超えたのは、1991年、1994年、2006年の3回の選挙である。これはいずれも政権交代が起こった選挙であり、それが数値にも表れているといえよう。

その一方で、ブロックの変更を表す数値は2006年選挙の後、2回続けて下がっている。その理由については、両ブロックに含まれる政党とそれ以外の政党との間での変更を示す数値がその2回で7％ほど上昇していることと対応しており、それは主にスウェーデン民主党への投票の急増を表しているものと考えられる。また、この2回の選挙については、左派ブロック内の投票先変更にさほど増減がないにもかかわらず、右派ブロック内での変更は大きく減少しているが、それは右派諸党からスウェーデン民主党への票の移動（第6章第1節(3)）の表れであると推察される。

これらをまとめると、スウェーデンで増え続ける投票先変更は、ブロックを跨いだ変更よりもブロック内の政党間で起こっていることが多く、それ自体は不安定化を否定する要素となるが、いずれの数値も緩やかに増えているため、基本的には投票行動の流動化を読みとることができる。加えて、近年はスウェーデン民主党の伸長にともない、両ブロックとそれ以外の政党との間での変更も増えていたため、全体として投票行動の流動化・不安定化は確実に進んでいると考えられる。

それを別の角度から検証できるデータとして、投票先の決定時期についての調査結果がある。それは、投票者に投票先を決めたのはいつかを問い、①投

票日までの1週間、②その年の夏以降、③それ以前から決めていた、という3つ選択肢のうち①および②の回答者を、固定的な支持政党をもたず選挙期間中に投票先を決めた者とみなし、その割合を記録し、変化がわかるようにしたものである。その数値は、1970年代が20％台後半で、1980年代に30％から40％に達し（1988年）、1991年選挙では一気に51％となり、その後も徐々に上昇して、2014年に59％となっている（Oscarsson/Holmberg 2016: 155-156）。

　直近の選挙まで確認できる公営放送の出口調査のデータでは、上記の第一の選択肢のみにあたる「当日ないし最終週」に投票先を決めた者の割合が示されている（SVT 2022: 10）。それによると、1998年に28％だったものが、徐々に上がっていき、2018年には37％に達している（2022年は36％）。

　これらのことから、選挙期間中に投票先を決める人は増え続けており、さらにその決定時期も遅くなっているといえる。それは、明確な支持政党をもたない有権者が増えていることに加え、選挙戦の重要性が高まってきていることをも意味している。

　最後に、有権者の投票行動の変化に関する観点として、いわゆる階級投票の動向をもみておこう。この点での簡便な指標として知られる「アルフォード指数（Alford Index）[7]」でみると、1970年代に30％台後半（1973年選挙のみ40％台）であったものが、ほぼ継続して下がり続け、2014年には18％となっている（Oscarsson/Holmberg 2016: 85-86）。ちなみに、この指標の数値の低下については、少なくとも北欧諸国間では共通する現象であり、その理由としては、職業構成の複雑化、労働運動の影響力の低下、教育水準の上昇、階級に関わらない争点の比重の上昇、労働者を引き付けるポピュリスト政党の出現などが要因として挙げられる（Bengtsson et al. 2014: 150-152）。

　いずれにせよ、これらのことから、左派政党、特に社会民主主義政党が強く、それがかつては職能集団を介して安定した支持を集める大衆組織政党の代表的存在であったスウェーデンでも、そのような政党支持の構造はかなりの程度崩れてきているといえそうである。大衆組織政党が中心となっていた時代に主流

であった職能的利害に基づく有権者と政党の結びつき（リンケージ）が弱まりつつあることがうかがえる。

第3節　各政党の動向

　本書は政党間関係としての政党システムに着目するが、そこに影響を及ぼす限りで個々の政党の動きにも目を配る必要がある。各党は、社会経済状況や国際情勢などの環境や、協力あるいは対立する他の諸政党との関係、党内事情といった諸要因がはたらく具体的な文脈のなかで活動しているからである。

　ただし、第1章でふれたように、政党システムの核心をなすのは政権をめぐる競争であり、それが政権構成のパターンとして把握されるとすると、すべての時期において、すべての政党が同じように重要であるわけではない。つまり、政党システムの変化をとらえようとする場合、基本的には政権の中心となりうるいくつかの党の動きやその変化に注目することが有効になる。ただし、一般的な意味では小政党ないし他党の補完勢力になるような政党であっても、全体的な位置関係や時期によっては、政党システムの動作や変化において決定的な役割を果たすことがありうる。

　そこで以下では、1980年代後半から最近までの各政党の動向について、政策的な傾向の変化、党首（や主要政治家）の志向、選挙得票率や世論調査での支持率として現れる党勢の変化、支持者（選挙時の投票者）の傾向等について、政党システムの変化との関係で特記すべきだと思われることを整理しておく。

社会民主党

　社会民主党は、本書が分析対象とした期間を通じて、選挙得票率と議席数において最大勢力であり続けた。ただし、1990年代以降、かつてのように常に40％台の支持率・得票率を得るほどの顕著な優位政党ではなくなっている。選挙得票率は30％台のことが多く、2010年選挙では穏健党にその差が1％を切るまで

に迫られ、2018年には30％にも届かなかった（28.3％）。それでも議会第一党の地位を維持し、1988年以降でも3分の2ほどの期間で政権を担っており、スウェーデンの政党政治の中心にあり続けたといえる。

　党の組織構造は基本的に集権的で、明確な派閥があるわけではないが、それでも大まかにいえば、支持基盤である労働運動（労働組合、特に産業労働者の全国組織LO）との関係や再分配政策を重視する伝統派と、特に国際環境や財政状況の変化に合わせて合理的な社会経済政策を展開しようとする改革派との間でのせめぎあいはみられる。

　1996年まで党首を務めたカールソンは、調整能力にたけた実務派で、上述の区別においては中間派というべき立場であった。1990年代前半の経済危機の時期には、野党第一党党首の立場で、中道右派政権とともに危機克服プログラムをまとめた後、1994年に社会民主党が政権に復帰すると、予算制度改革によって議会運営の条件が大きく変わるなかで、中央党党首ヨーハンソンとの対話を通じて同党と協力関係を結ぶという柔軟な対応をみせた。

　他方、1990年代初頭まで党の経済政策責任者で、政権担当時には財務大臣を務めたフェルトは明確な改革派であった。当時の国際的な新自由主義の潮流をも意識しつつ、それをスウェーデンの事情に合わせた経済運営をめざし、1980年代前半から半ばにかけては一定の成果も収めたが、彼の任期の終盤には金融規制緩和の弊害が顕在化し、労組との関係も悪化した。

　1990年代前半に党の経済責任者となり、政権復帰後に財務大臣を務めたパーションも、財政規律を重視した改革派であった。1996年にカールソンから党首・首相の職を引き継いだが、当初は、財務大臣時代の緊縮財政路線や、エリート官僚風で高圧的だと批判された言動により、労働組合関係者や党員の間ではやや不人気であった。しかし、当時のイギリス労働党の「第三の道」に代表される「欧州社会民主主義の復権」と呼ばれる動きのなかで、各国社会民主主義政党の党首たちと連携して行動し、2001年前半にスウェーデンがEU議長国の役割を果たした際にもリーダーシップを発揮するなどして、国際的な舞台でも活

躍できる政治家として評判を得ていった。さらに、2001年9月のアメリカ同時多発テロへの国際社会と連携した迅速な対応が国内でも評価され、各党首への信頼度に関する世論調査においても高い数値を示すようになっていった。

　また、パーションは経済面では合理主義でありながら、環境問題への関心も強く、党首就任後には、社会民主党のかつてのスローガンにその意を加えた「緑の国民の家（det gröna folkhemmet）」を提唱し、それを党の理念として位置づけようとした（Persson 2000 : 190-203）。こうした志向は、1998年から2006年まで2期8年続いた環境党との協力関係を可能にする一因にもなったと推察される。

　パーションの後を継いだサリーンは、党青年部での活動を経て20歳代から党中央でも注目され、1994年からのカールソン政権では30歳代で副党首を務めた有力政治家であった。議員経費用のキャッシュカードから私的に菓子類など購入したことが問題化し、一度は議員を辞職したが、後に復帰してパーション政権で閣僚を務め、2007年の野党期に党首に就任した。彼女も基本的には改革派で、労働組合との関係は良好とはいえなかったが、少なくとも1990年代までは一般有権者からも多くの支持を得ていた。しかし、難しいタイミングで党首となり、「同盟」政権の全盛期に中道左派による初めての選挙連合を主導するという重要な役割を担ったものの、世論の支持が伸びないまま、選挙に敗れて党首を辞任することとなった。

　その後、政権奪回に向けた挙党体制を構築しうる党首として選ばれたユーホルトが不祥事により短期間で失脚すると、労働運動出身のレヴェーンが後任に選出された。レヴェーンは、経験豊かな実務型の指導者としてさまざまな意味で党組織に安定をもたらした。2014年には社会民主党が政権復帰を果たし、首相にもなったが、彼にとって不幸であったのは、それがスウェーデン民主党の台頭によって政党政治が混乱し始めた時期であり、同年の政府予算案否決に象徴されるような苦しい議会運営を強いられたことである。さらに、2015年の「欧州難民危機」を経て、移民・難民政策や治安政策の路線転換を迫られ、2021年には中道政党への譲歩に左翼党が反発したことから生じた政権危機にも見舞わ

れて、ほぼ常に危機管理に追われるような状態であった。

　レヴェーンは、困難な時代にスウェーデンのかじ取りを担い、政治家としての一定の評価を得ながらも、中長期的な政策展開や社会改革に取り組む形でのリーダーシップを発揮することなく10年で党首の座を降りた。後を継いだアンデションは、学者出身であることの不利を労働運動指導者の側近への登用で補いつつ、党首としては有権者の高い評価と期待を得ており、2022年選挙は彼女が前面に立って戦った。他方で、エネルギー危機や、移民・難民の社会統合の困難、銃犯罪の急増による治安の悪化といった難問が積み重なるなかで、独自の主張を十分に展開できず、伸長を続けるスウェーデン民主党の主張に引き寄せられる形で政策転換を余儀なくされた。

　以上、主要政党ということで各党首の特徴や志向をやや細かく述べたが、ここであらためて政党としての動きをみると、社会民主党は政権担当期間も最も長く、責任のある立場でもあり、時には同党の伝統的な政策である社会保障（再分配）を犠牲にしてでも経済・財政の安定化を図らねばならなかった。他の分野でも、2020年から2022年にかけての難民受け入れの厳格化、犯罪対応における強硬路線への移行、NATO加盟の決断がそのような例にあたるであろう。それらについてはいずれも国際情勢および世論の動きに対応せざるをえなかったもので、社会民主党自身が社会の変革を意図して積極的に求めたわけではなかった。

　その一方で、2001年の国際規模でのテロの発生や2020年の新型コロナウィルス感染症拡大の際のように、社会に不安が広がった時には社会民主党への支持が高まる現象もみられる。2022年選挙後にはスウェーデン民主党が事実上の与党となった政権が発足したが、アンデションへの高評価は持続するとともに、社会民主党の支持率も再び上昇し、30％台半ばを超えることも増えている。

穏健党

　穏健党は、本書が対象とする期間のほぼ全体をとおして（2022年選挙でスウェー

デン民主党にその座を奪われるまでは）議会第二党であり続けた。同党は、中道右派ブロックの最大勢力として、社会民主党が政権にある間は野党第一党となり、それ以外の時期には政権の中核をなしてきた。しかしその政策路線には変化もみられた。

　第二次世界大戦後から、社会民主党に対抗して政権を目指すには中道右派3党の協力が不可欠である一方、国民党（現 自由党）と中央党にとって当時「右翼党」と称していた穏健党は、経済自由主義ないし保守的な傾向が強すぎて協調しにくい存在であった。同党は1968年選挙まで3回連続の得票率減少を経験し、ブロック内最小勢力になったこともあり、それを機に3党での協調をより重視する方針をとることになり、翌年には党名も現在のものに改めた。

　穏健党は1970年代後半から80年代初頭にかけて、(いずれも途中で崩壊したとはいえ) 2期にわたって中道右派連立政権にも参加した。またこのころには、「小さな政府論」に象徴される国際的な新自由主義の潮流が強まるなかで、中道右派の最大勢力にもなった。1986年に同党党首となり、再び市場重視の経済自由主義路線を強めたのがビルトである。1988年の選挙では得票率が20％を割って議席を減らしたが、それ以降は1990年代の3回の選挙で20％強と安定した得票率を記録した。

　1991年には、スウェーデンが経済危機に見舞われたタイミングで社会民主党に代わって中道右派4党連立政権が誕生し、ビルトが首相となった。以前から主張していた公的支出の削減を断行して財政再建をはかり一定の成果を得たが、状況の深刻さゆえに、緊縮財政を基調とした包括的な危機克服策を講じるために野党第一党の社会民主党に協力を求めざるをえず、独自の政策を十分には展開できなかった。特に失業を抑え込むことができず、社会保障削減への批判も高まった。

　1994年選挙では、連立した他の3党が議席を減らしたため1期3年で下野せざるをえなかったが、穏健党自体は得票率を落とすことなく、中道右派ブロック内では突出した勢力となっていった。古くから政治家を輩出してきた名家の

出身で、外交にも明るいビルトは、その後も評価を大きく落とすことはなく、1999年に13年務めた党首を辞すると国際連合の活動に転じ、事務総長特使としてユーゴスラビア連邦解体後のバルカン情勢の安定化に取り組んだ（後に国政に復帰し、ラインフェルト政権で外務大臣を務めた）。

　ビルトの後を継いで党首となったのは、1990年代前半の中道右派政権で税務担当の大臣を務めたルンドグレンであった。彼は基本的にビルトの路線を踏襲しており、いわゆる新自由主義的発想で市場志向が強かった。しかし、ヨーロッパで広く社会民主主義の復権が語られた1990年代末から2000年代初頭の時期にあって、緊縮財政と社会保障費抑制への反発が広がるなかで、穏健党の社会経済政策への有権者の評価も厳しくなり、2002年選挙で同党は約3分の1の議席を失う惨敗を喫することとなった。さらに選挙後も支持率が下がり続けたため、ルンドグレンは党首を辞任せざるをえなかった。

　その状況で後任に選ばれたのがラインフェルトであった。彼と後に財務大臣となるボリを中心とした若い執行部は、大胆な路線転換によって党勢回復をはかるべく経済自由主義的な主張を弱め、通常は社会民主党の業績とみなされることが多い第二次世界大戦後の福祉国家の成果をあえて肯定する姿勢をとった（第5章第1節(1)）。そして、就労率の向上や社会サービスの効率化と質の改善といった部分的な改革の必要性を説き、空間的な比喩でいえば「左−右」軸の中間点に近づくことによって、労働者層を中心とする社会民主党の支持基盤を切り崩そうとした。

　そのような戦略の採用は、他の中道右派政党との連携を容易にするという点でも大きな意味をもっていた。第4章および第5章で指摘したように、国民党（現 自由党）や中央党はリベラルな価値を重視する中道政党を自認しており、1990年代から2000年代初頭にかけては、経済自由主義を強める穏健党と距離を置こうとすることも多かった。穏健党のこうした動きは、1960年代末の党名変更をともなう路線転換とも似た構図でとらえることができ、実際にそれによって4党での共闘が実現し、「スウェーデンのための同盟」による政権奪取にも

つながった。

　ラインフェルトが党首を務めている間は、彼個人への評価とともに穏健党への有権者の支持も総じて高かった。同党は中道右派ブロックのなかで主導的な立場を維持し続け、政権に就いてからは減税や社会保障の削減、特に各種手当の給付要件の厳格化を断行し、労働組合の弱体化を図るなど、「労働者のための党」という選挙時のスローガンに反するとみられかねない政策をも展開し、（その評価は別として）スウェーデンの社会経済のあり方を変えていった。ラインフェルト政権1期目の後半には国際的な経済危機が発生したが、その影響を比較的小さく抑えることに成功し（第5章第2節(1)）、2010年選挙でも政権を維持した。

　しかし、2014年選挙で「同盟」が政権を失い、ラインフェルトが党首の座を退くと、後を継いだシンベリ・バトラは低下し続ける支持率を好転させることができなかった。シンベリ・バトラ自身は、ラインフェルトより市場経済志向の強い党内右派であったが、この時期には、社会経済政策の内容以上に、混乱した政局において中道政党や台頭するスウェーデン民主党との距離の取り方に悩まされ続けた。結局、党内でも彼女の言動への批判が強まり、党の支持率も低迷するなかで2017年に辞任に追い込まれた。

　後継の党首には、第2次「同盟」政権で社会保障大臣を務めたクリステションが選出された。彼は、20歳代から30歳代の時期に青年同盟の議長や地方議員を務めながら社会保障や経済政策についての著作を発表してきた党内右派の論客で、討論にも強い。首相（候補）の評価では社会民主党のアンデションが常に優位であったが、前任者の時期に比べると党内をまとめることには成功しているといえる。

　またクリステションは、キリスト教民主党とも連携しながらスウェーデン民主党との協力を慎重に進め、2022年選挙の前後には同党と自由党との間に立って緩やかな協調関係としての右派ブロックをまとめる役割も果たしている。しかし同選挙での政権奪取もスウェーデン民主党の躍進によるところが大きく、

政策面では閣外協力関係としては異例なほどに同党の意向を認めざるをえず、難しい対応を迫られる状況が続いている。

　本書が分析の対象とした1980年代後半以降、穏健党は一貫して（中道）右派ブロックの中心勢力であり、常に政権争いを重視せざるをえない立場にあった。その間の同党の政策的傾向については、社会民主党との対抗関係と、国際的および国内的な社会経済状況とに規定されていたと考えられる。

　1991年からのビルト政権の時期には、いわゆる新自由主義の減税、福祉削減路線をとっていたが、経済危機により目標追求が阻まれたうえに、経済危機克服のための公的支出の削減が有権者の不満を蓄積させた。1990年代末には経済・財政状況がある程度回復するなかで、ルンドグレンがビルトの政策路線を引き継いだが、2002年選挙で大敗を喫した後に党首の座を降りることとなった。後任のラインフェルトを中心とした若い執行部は、新自由主義的な主張を大幅に弱めることで、中道政党との協力を進めつつ、有権者の支持をも得ていった。また、2006年選挙で同党が明確な意図をもった戦略的な行動により「同盟」を主導して政権獲得を果たすと、2010年選挙でも政権を維持し、大きな政治的成功を収めた。

　スウェーデンで選挙のたびに行われてきた、有権者に各党の「左－右」軸上の位置を問う調査によると、穏健党への投票者は、常に全政党のなかで最も「右」に位置しながら、1998年以降、2014年までは、わずかずつではあるが左に移動していた（Oscarsson 2019: 18-19）。つまり、右派ブロックの最大勢力でありながら、有権者の認識との関係ではより右側に競合勢力が存在しない状況であり、上記のように経済自由主義を弱めて中央に寄ることが、選挙で票を伸ばし、議席を増やすうえでは合理的な戦略であったといえる[8]。

　2018年選挙以降はやや右に動きながら2022年選挙で政権に就くが、穏健党自体は2010年選挙をピークに3回連続で議席を減らしている。前章でみたように、この政権復帰はもっぱらスウェーデン民主党が右派ブロックに加わったことによるものであるため、穏健党の主体的な動きとの関連を見いだすことは難しい。

中央党

　中央党は1957年に農民同盟から改称し、農業者以外にも支持基盤を拡大することを目指していた。二院制での最後の選挙となった1968年の下院選挙では、同党が国民党（現 自由党）を抜いて中道右派の最大勢力となり、1973年選挙では得票率が25％に達した。このころの中央党は、スウェーデンにおいても広がりつつあった環境保護への取り組みに力を入れ始めるとともに、原子力の発電利用に唯一明確に反対する政党として、環境保護や反原発の市民運動とも連携し、有権者の支持を集めていた。そして1976年選挙では、自党はわずかに議席を減らしたものの、穏健党、国民党と合わせた3党で過半数の議席を確保し、党首フェルディーンが首相となって中道右派3党連立政権を樹立した。

　この時は原発をめぐる穏健党・国民党との意見対立から2年余りで連立政権が崩壊した。国民党の選挙管理内閣的な少数派単独政権を経て行われた1979年選挙でも再び中道右派が優位になると、ブロック内の最大勢力は穏健党であったものの、国民党がフェルディーンを支持したことにより、彼を首相とする二度目の3党連立政権が発足した。この政権では、経済政策をめぐる意見対立から、議員任期半ばの1981年5月に穏健党が離脱したが、同党も左派政権を支持するわけではなかったため、1982年選挙後に下野するまでは中央党・国民党連立政権が続いた。

　このように、1970年代後半から1980年代初頭にかけて、スウェーデンが第二次世界大戦後初めての中道右派政権を経験した際にその中心となっていたのが中央党である。しかし同党は、1973年のピーク時以降は8回もの選挙で連続して得票率を下げ続けた。本書が主な分析対象とする1988年選挙以降も、1998年選挙まではこの後退傾向のなかにあった。その間の党首は1987年に就任したO. ヨーハンソンが務めていた。彼は2度のフェルディーン内閣でエネルギー大臣と通信大臣を、また1991年からのビルト内閣では環境大臣を務めた実力者で、党内では人望も厚かった。中道志向で社会保障政策への関心も強く、社会民主党党首カールソンからの個人的な信頼も得ており、1995年からは予算制度改革

後の議会運営の安定化のために社会民主党とも協力した。しかし、支持率低下が続くなか、1998年選挙を前に党首の職を辞することになった。

ヨーハンソンの後に党首となったダレーウスは、党内では熱心な環境保護派であったが、1998年選挙で得票率低下を止められず、3年足らずで辞任を余儀なくされた。その後を継いだオーロフソンの下で戦った2002年選挙において、中央党は得票率を1.1％上げ、4議席を増やして、四半世紀以上続いた選挙での後退をようやく止めることができた。

オーロフソンは、ヨーハンソンらと比べると経済自由主義志向が強く、都市－地方間の格差解消のためのインフラ整備や中小企業支援に力を入れたり、規制緩和を支持したりして、「右」に寄る形で党の路線転換を進めていった。ちょうどそのころ、穏健党はラインフェルトを党首とする新たな執行部が、市場主義的な路線を弱める方向への転換をはかっており、両者の政策距離が縮まったことが「同盟」による中道右派の結束を可能にする要因になった。さらには、「同盟」結成の具体的な経緯においては、オーロフソンが党首間の仲介役を果たしてもいた（第5章第1節(3)）。

こうして、中道右派4党の連携強化において重要な役割を果たした中央党は、2006年選挙でも議席を増やし、選挙前にはブロック内最小であったものが穏健党との差は大きいものの第2勢力となった。選挙後には、オーロフソンが副首相兼企業大臣となったとなったほか、農業大臣、環境大臣、エネルギー大臣等のポストを得て、3期12年ぶりに誕生した中道右派政権のなかで存在感を示した。

2010年選挙を経て「同盟」政権は2期目に入ったが、ブロック内第2勢力の座を国民党に譲った中央党では、党首の職がオーロフソンから若いレーヴに引き継がれた。レーヴは政策志向においてオーロフソンと異なるところが多く、経済政策に関しては相対的に左派であり、環境問題や人権問題に強い関心をもっていた。また、彼女が党首となったのは、スウェーデン民主党が議会に参入した直後であり、同党が選挙のたびに勢力を拡大し、政治的影響力を強めて

いくなかで、特にその排外主義的主張を厳しく批判し続けた。さらに、2014年選挙後の予算審議をめぐる混乱や2018年選挙後の政権協議の難航、2021年の2度の政権危機など、前例のない事態が相次ぐなかで、レーヴが主導する中央党は一貫してスウェーデン民主党の影響力を削ぐように動いていった。その結果として「同盟」の解体を含むブロック政治の流動化が進み、同党は社会民主党との連携を強めて「左」へと移動した。それが2022年選挙を機に新たなブロック対抗の状況が生まれることにもつながった。

こうしてみると、2000年以降の中央党は、選挙得票率が5〜8％程度の小政党でありながら、中道右派4党による「同盟」の成立と解体、スウェーデン民主党を巻き込んだブロック政治の再編と、政党システムの変化において非常に大きな役割を果たしていたといえる。

自由党（旧国民党）

第二次世界大戦後の社会発展の方向性が議論されていた時期に中道右派の中心勢力として社会民主党との主導権争いを繰り広げた国民党（現 自由党）は、その後徐々に党勢が衰え、1952年と1956年の選挙で約24％であった得票率が、1982年には5.9％にまで落ち込んだ。その状況で1983年にヴェステベリが党首になると、次の1985年選挙では得票率が14.2％に上昇し、議席数は21から51へと急増した。

ヴェステベリは、経済面では減税や企業活動の環境整備を重視する党内右派であったが、男女同権化や人道主義的な難民受け入れの推進など、政策面で多様な主張をもち、それらを使い分けることができた。弁舌巧みで、テレビを中心としたメディアを積極に用いて有権者に訴えるタイプの指導者であり、1985年選挙での党勢回復の際には「ヴェステベリ効果」が語られた。

しかし、本書が直接の分析対象とする1988年選挙以降、国民党の得票率は低下し続けた。同党は、1991年選挙に向けて経済面では穏健党と協力し、市場主義的な目標を掲げる一方で（第3章第2節(2)）、1991年に中道右派連立政権が成

立するとヴェステベリが社会大臣として入閣し、途中からジェンダー平等大臣も兼務した。1990年に党名に「リベラル」を加えた国民党は、ヴェステベリが当時の新興勢力、新民主党の人権感覚の欠如を厳しく批判するなど、政権内のリベラル勢力としての側面もみせていた。また、しばしばブロック政治を批判し、社会民主党と穏健党の間に立って二極化の弊害を克服するという主張を展開した。経済財政危機への対応が課題となるなかで迎えた1994年選挙では、選挙後の社会民主党との協力をアピールしたが、社会民主党側に拒否され、実現しなかった。

　結局、ヴェステベリが党首の時期の国民党は、政策的な主張においても、政党間の協力関係や政権構想の面においても、さまざまな戦略・戦術を駆使しながら、有権者の支持を得るという点では十分な成果を収めることがないまま選挙での後退を重ねた。後任党首のM. レイスネル（Maria Leisnner）は、支持率の低下から２年余りで辞任を余儀なくされ、元党青年部議長のレイヨンボリが後を継いだ。しかし、彼が党を率いて臨んだ1998年選挙でも得票率は4.7％で、議席獲得要件はかろうじて上回ったものの1930年代以降で最低の数値に終わった。

　その後同党は、レイヨンボリの下で教育政策への取り組みを重視し、それを党の特色として有権者に訴えるようになり、選挙に関しては2002年に得票率を前回の３倍近くに引き上げる成功を収めた。この時は「学校・教育」を争点として重視した有権者の割合がそれまでで最も高く（複数回答可で67％）、国民党が力を入れた分野と重なったことに加え、選挙戦に入ってから打ち出した（国籍付与の条件としての）「言語テスト」導入案が注目され、移民政策との関連では議論が錯綜したが、結果としてそれが同党への支持の増大につながった（詳細は第４章第２節(2)）。

　2004年からは「スウェーデンのための同盟」に参加し、政権獲得後は教育、科学技術、ジェンダー平等関連の政策分野の所管大臣を同党の議員が務めた。「言語テスト」については、政策目標としては維持したものの、少なくとも2015

年の「欧州難民危機」までは、難民の受け入れ自体には積極的で、それを移民・難民批判に結びつける姿勢はとらなかった。「同盟」政権の初期にレイヨンボリから党首の座を引き継いだビョルクルンドも基本的に教育重視の路線を踏襲し、2015年の「自由党」への改称を経ても党の性格が大きく変わることはなかった。しかし支持率は低下の一途をたどり、2022年には再び1998年の水準にほぼ等しい4.6%となった。近年では支持率調査において4%を切ることもたびたびであり、選挙時には同党の議席を維持するための穏健党支持者による戦略的投票が話題になっている。

　自由党（国民党）の場合、中央党やキリスト教民主党と同様に、右派ブロックの中心勢力である穏健党との関係が常に問題になる。すなわち、穏健党と協力しないと政権参加が望めない一方で、同党と距離をとり、独自色を出さないとブロック内で埋没しかねないからである。その点で、2019年初頭まで14年余り続いた「同盟」においても教育やジェンダー平等、移民の社会統合を主導するなど、一定の役割を果たしたが、2006年選挙では穏健党に支持が流れ、2010年選挙ではスウェーデン民主党の台頭で中道右派ブロック全体の得票が減るなかで苦戦を強いられた。

　その後の自由党は、スウェーデン民主党への反発から「同盟」を解消して社会民主党との協調に踏み切ったものの2年余りで穏健党との協力に戻るなど、政党間での位置取りで迷走し、党首も短期間にサブーニからJ.パーションへと交代した。さらにはスウェーデン民主党への接近に対する支持者の反発などもあり、次期選挙での議席維持が危ぶまれる状況が続いている。

　選挙時の投票者の認識からみた「左－右」軸上の自由党（国民党）の位置は、ヴェステベリが社会民主党との協力に言及していた1994年選挙で左に寄った後、「同盟」に参加して政権に就くまで比較的はっきりと右に寄っていき、その後は2018年選挙まで少しずつ左に戻っている。他党との関係では、本書が対象とした期間でみると、1988年選挙と1991年選挙の間にキリスト教民主党が同党の左側から右側へと動いているが、それ以降は穏健党とキリスト教民主党（とス

ウェーデン民主党）の左側で中央党よりは右、という位置にある（Oscarsson 2019: 18-19）。

キリスト教民主党

　キリスト教民主党は1960年代に結成されていたが、長く国政への進出を果たせずにいた。当初は宗教的な視点から倫理や伝統的な価値を志向した政治活動を展開し、経済的な争点を重視する既成政党とは距離を置く方針をとっていたが、1980年代にはブロック政治を前提に自らを右派に位置づける姿勢を明確にした。そして、1991年選挙で初めて議席を得ると、そのまま中道右派連立政権に参加した。

　1973年から長く党首を務めたスヴェンソンへの党員および支持者の信頼は厚く、その意味で党の指導体制は安定していたが、党の政策的主張は、特に経済政策面において市場主義的な方向に移動していった。有権者の認識においても、1991年選挙時には国民党（現 自由党）より左に位置していたが、その後同党の右に移り、2002年までは少しずつ右に寄って穏健党に近づいていった（Oscarsson 2019: 19）[11]。

　2004年春にスヴェンソンが31年間もの長きにわたり務めた党首の座を降りると、その後任にはヘグルンドが選ばれた。彼が率いるキリスト教民主党は間もなく「スウェーデンのための同盟」に参加し、中道右派の共闘体制のなかで社会保障・福祉分野を担当する立場を確立していった。2006年選挙で「同盟」政府が誕生すると、2010年選挙を挟んで2014年選挙までの8年間、同党は4党中最小の勢力であったが、ヘグルンドが保健・社会政策大臣を務めたほか、高齢者ケア、保育、住宅政策などを担当する2つの大臣職を得て政権の一端を担った。

　この間にキリスト教民主党が推進した社会政策には、たとえば育児手当の導入にみられるように、スウェーデンでは主流とはいえない家族主義的なものもあり（第5章第2節(1)）、文化面では保守的ともいえたが、弱者への配慮や生活

関連の公的施策の充実を求める傾向もあり、支持者の「左-右」位置の認識においては少しずつ左に移動していった。

　ヘグルンドが党首として臨んだ3回の選挙では、得票率が下がり続け、2014年選挙では議席獲得要件をかろうじて上回る4.6％に終わった。こうした状況で、翌年の党大会ではブッシュ（・トール）が新党首に選出された。

　自党が長期的な支持率低下に見舞われるとともに、スウェーデン民主党の台頭により政党政治が混乱し始めた時期に党を率いることになったブッシュは、難民受け入れの厳格化や犯罪対策での強硬路線へと明確に舵を切り、穏健党との連携を重視しつつ、他党に先駆けてスウェーデン民主党に接近していった。特に、2019年の「1月協定」で中央党と自由党が社会民主党との協力を選んで「同盟」が解体した後に、ブッシュが条件次第でスウェーデン民主党との交渉に応じる用意があると発言したことは、同党への「防疫線」の解除を意味し、政党間関係の変化、ひいては政党システムの変化へとつながる重要な契機となった。

　その後、2022年選挙後に発足した連立政権では、ブッシュがエネルギー・通商産業大臣と副党首を兼ねて入閣し、クリステション首相を補佐する重要な役割を果たしている。特に、政権の中心となっている穏健党が、閣外協力政党でありながら自党より多くの議席を得ているスウェーデン民主党への対応に苦慮し、自由党が同党との直接の協力を避けようとするなか、ブッシュは他の党首に比べるとスウェーデン民主党党首オーケソンとも比較的良好な関係にあり、現政権内での調整役としても存在感を示している。

　政党支持率の面では、ブッシュが党首として最初に臨んだ2018年選挙で得票率を上昇させたものの（1.7％増の6.3％）、その後は再び数値を下げ、2022年選挙後に与党となってからは世論調査でも4％前後で推移している。より長期的にみると、1991年の議会参入後、スヴェンソンが党首であった時期の選挙で2度、10％前後の得票率を記録しているが（1998年の11.7％、2002年の9.2％）、その後は現在に至るまで、選挙得票率が5〜6％程度の小政党で、政権形成におい

ては補助的な役割を果たすにとどまっている。しかし、右翼ポピュリスト政党の伸長による政党政治の混乱が政党間関係の変化を経てブロック政治の再編へと至った過程においては、一定の影響力を発揮したといえる。

左翼党（旧共産党）

かつての5党制時代の共産党は、社会民主党とともに左派（社会主義）ブロックを構成するとみられていた一方で、同党以外の4党を「民主主義勢力」と呼んで区別することがあったように、他党から正当な交渉相手としては認められていない存在でもあった。その規模も小さく、中道右派3党のそれぞれの支持率（選挙得票率）が低い時でも10％前後であることが多かったのに対し、共産党は4～5％にとどまっていた。こうした状況では、社会民主党が単独で政権に就く際の（票計算上の）補完勢力という立場に甘んじるしかなく、政権争いに主体的に関与できる状態ではなかった。

その共産党も、本書が分析対象とする期間の初期にあたる1990年に、ソ連・東欧の社会主義体制が崩壊に向かうなかで綱領改正と「左翼党」への改称により自己刷新をはかった。その後1993年に、フェミニズム志向が強く、慣例にとらわれず奔放に発言するタイプのシーマンが党首になると、メディアでの注目度も上がり、1994年の選挙では第二次世界大戦後最高となる6.2％の得票率を記録した。さらに次の1998年選挙では、得票率12％、43議席を得て議会第三党へと躍進した。この時は財政危機の克服のために公的支出の削減を進めた社会民主党政権への不満を吸収した形となったが、一定数の有権者がかつての共産党からの変化を認め、左翼党を投票先の選択肢として受け入れたことがうかがわれた。

また、1998年からは2期にわたり、環境党とともに、政策目標や連絡体制を定めた文書を交わす形での閣外協力により社会民主党政権を支えた。予算制度の変更を機に安定的な多数派形成が必要になったとはいえ、それ以前は社会民主党が正式な協議をもつことさえ避けていたことからすると、有権者の認識が

変わっただけでなく、他党も同党を交渉相手として認めるようになったといえる。

　その後、2004年に「伝統派」のオーリーが党首となると支持率（選挙得票率）は下がり始め、政治スタイルや政策面で社会民主党や環境党との距離も広がった。それにもかかわらず、中道右派「同盟」との対抗上、2010年選挙では「赤緑」の選挙連合が結成されることとなり、3党間の緊密な協力体制が実現した。この時点で、選挙に勝利すれば左翼党が初の政権参加を果たすことが確実な状況が生じており、同党が政権担当可能な勢力の立場を得ていたことになる。

　結果として選挙連合対決に僅差で敗れ、その敗因の1つが左翼党への接近にあったと判断した社会民主党が共闘戦術を破棄したため、政権参加の機会は遠のく形となった。しかし、その後も2014年選挙後から2018年までは予算審議に協力して社会民主党と環境党を支持し、政権の動向に影響を与えうる存在となっている。

　もう1点、比較的最近のことで特筆すべきは、2021年6月の政権危機における左翼党の行動である。「1月協定」による中道左派4党の協力体制から排除されてきた左翼党が社会民主党の態度に強い不満をもったのは当然であるし、党首になって間もないダードゴスタルの性格によるところがあったとしても、以前なら同党がそのような形で社会民主党に反旗を翻すとは考えにくかった（第7章第1節(1)）。同党が、激しく反発しあってきたスウェーデン民主党の誘いにのったことは、諸政党の行動が不安定化している証左であると同時に、多党化を経て複雑化した政党間関係においては、小政党であっても状況次第では政権の命運を左右しうるということがあらためて示された場面でもあった。

環境党

　環境党は、1988年に初めて議席を得た時点では、自らが左右いずれのブロックにも与しないことを強調していた。しかし、次の1991年選挙で議席を失った後、1994年選挙で再び議席を得てからは左派陣営に接近し、1998年からは社会

民主党政権を閣外協力で支える立場となった。すでに指摘したように、綱領や選挙公約にみられる政策的志向の面で、穏健党の市場主義やキリスト教民主党の文化的保守主義とは相容れないところが多く、左派側に着くのは自然なことに思われた。

　支持者の認識からみた「左－右」軸上の位置についても、全政党のなかで最も大きく動いたのが環境党である（Oscarsson/Holmberg 2016：19）。1988年の議会参入時には中央よりやや左という程度であったものが、徐々に左に移動していき、2006年にはわずかではあるが社会民主党を超えてその左側に位置するようになった。その後やや右に戻ったが、今日では両党がほぼ同じ位置にある。

　環境党の動向のなかでも政党システムとの関連において特に重要だったのが他党との連携の決断である。その背景には、創設時の発起人の1人で初代代表を務め、2000年代まで顧問的な立場にあったガットンや、1980年代と1990年代に2度代表を務めた理論家のシュラウグが政治的影響力の行使を重視したことがあった。エコロジー政党一般に関してたびたび指摘される原理主義派と現実主義派の対抗という観点でいえば、同党の場合、比較的早くから後者の優位が確立していたといえる。

　具体的には、シュラウグが代表の時期に社会民主党との連携に踏み切ったことと、2002年から2011年までそろって代表を務めたヴェッテシュトランドとエーリクソンがその路線を引き継いだことである。ヴェッテシュトランドらは、特にEUへの原則的な批判を止めたり、ベーシックインカムに類似した「市民賃金」の導入を党の政策目標から外したりして、社会民主党との共闘の条件を整えた。さらに2006年選挙の際には、選挙後の連立政権形成を明言するよう社会民主党に迫ったりもした（第5章第1節(2)(3)）。

　いずれにしても、2000年代になってからは、社会民主党が中心となる左派政権の成立に欠かせない存在となって現在に至っている。さらに環境党は、環境保護、ジェンダー平等、非同盟外交の主張などで左翼党と協調可能なうえ、中道政党からも交渉可能な存在とみなされているため、特に中央党が左派陣営に

近づきながらも左翼党には反発し続けている近年の状況においては、間に立って社会民主党政権を支える重要な役割を果たしている。

スウェーデン民主党

スウェーデン民主党は、2005年の指導部の交代とオーケソンの党首就任以降、選挙のたびに得票率を上昇させ、2010年に議会に参入してからは、第6章および第7章でみたように、スウェーデンの政党政治・議会政治に混乱や変化をもたらしてきた。

2019年春にキリスト教民主党がスウェーデン民主党との交渉に踏み切るまでは、他のすべての党が同党に強く反発し、議会での影響力を封じ込めるように動いており、いわゆる防疫線が張られた状態であった。一定数の議席をもった政党が、政権交渉の場面だけでなく、議会内でも明確に排除されるというのはかなり特殊な状況である。その一方で、実際には2014年の予算審議をめぐる混乱や、2018年選挙後の政権協議の難航など、従来の政治過程や政党間関係を攪乱する形でスウェーデンの政党政治に大きな影響を与えうる存在となっていた。

スウェーデン民主党の指導体制については、オーケソンとその側近が一貫して実権をもち続けており、2020年代初頭に至るまで党内に目立った路線対立や権力闘争はみられない。選挙公約などにみられる同党の政策的主張の範囲（分野）は、党が勢力を増すにつれ拡大し、既成政党に近づいていったが、すでに指摘したように、多文化主義の否定と移民・難民批判が中心にあることには変わりがない。

スウェーデン民主党の出自はいわゆるネオナチを含む民族主義運動にあり、その主張は今日に至るまで排外主義なものである一方、少なくともオーケソンを中心に議会参入を目指し始めて以降は、党の公式の見解として議会政治を否定するような動きはみせていない。むしろ、折にふれて民主政治のルールに則って行動する「普通の党」であることを強調し、それにもかかわらず自らを排除しようとする既成政党こそ非民主的であると主張していた。したがって、

同党を通常の意味で反システム政党とみなすことはできない。

　党組織が現行の体制となった2005年以降も、幹部クラスを含めた党員、関係者による差別発言や暴力行為など、不祥事が続くなかで、執行部が規律の維持に追われることもたびたびであったが、世論調査や選挙得票率の数値でみるかぎり、同党への有権者の支持は拡大し続けた。2000年代に入っても難民として受け入れられる人々や、先に入国している者が呼び寄せる家族を含めて移住者が増え続け、それらの人々の集住化や社会統合の機能不全が問題化するなかで、有権者の認識や感覚自体が変化していったと解釈すべき実態がある。さらに2015年夏以降の「欧州難民危機」と、2018年頃から急増した移民集住地区でのギャングの抗争や銃撃事件の頻発により、移民・難民問題と結びついて治安問題が争点化するなかで、同党への支持が伸びていった。

　もちろん、広義の移民（国外に背景をもつ人）が総人口の約4分の1に達する今日のスウェーデンでは、彼らの存在なしには経済も社会生活も成り立たなくなっているが、移民への批判が選挙で支持を集める状況は続いている[12]。とりわけ2010年代後半からは、難民受け入れの急増と、銃犯罪の多発に象徴される一部地域での治安の悪化により、スウェーデン民主党が取りあげ続けてきた問題が政治争点化し、社会情勢が同党にいっそう有利な方向に変化している。

　他方で、「極右」とみなされることもあるスウェーデン民主党ではあるが、支持者の「左－右」軸上の認識においては穏健党よりは左にあり、同党とキリスト教民主党の間に位置してきた。それは、自国中心主義や治安問題での強硬路線は、文化的な面での保守的傾向という意味では「右」であっても、スウェーデンで「左－右」が問われる場合には、伝統的に経済面が重視されるためである（本章注8を参照のこと）。

　議会政治におけるスウェーデン民主党の動きについては、選挙での成功を重ね、議席を増やすにつれ、他党に対して強い姿勢をとるようになっている。議会参入を果たした直後は、2つのブロックの間で決定票を握る立場にあったとはいえ、議席占有率が5％台で、左右の既成政党が協調してスウェーデン民主

党の影響力を封じようとするなかで、同党も「同盟」政権に対して表立って反発することはなかった。しかし、2014年選挙でさらに議席を増やして以降は、左派に代わった政権をさまざまな形で揺さぶり続けた。最終的には右派諸党が同党に接近する形で協力関係が成立するに至り、2022年選挙後には閣外協力政党の立場ながら政権側につき、「ティードエー協定」を通じて大きな影響力を確保した。近年ではさらに、将来的な単独政権をも視野に入れていることを明言するまでになっている。

以上から、スウェーデン民主党が議会における影響力を高め、政党間関係を大きく変えてきたことがわかる。この十年あまりのスウェーデンにおいては、同党の動きが政党システムの変化を引き起こす主要な原因の1つになっていたといえる。

注
1) 予算案の提出期限は、通常は9月20日、選挙が行われる年には、政権発足後3週間以内で遅くとも11月15日まで、と定められている（議会法［Riksdagsordning］第9章第5条1）。
2) 初めての実施を控えた時期の有権者の反応も鈍かった。公営放送局が6月〜8月に調査したところでは、同制度を必ず利用すると答えた者は15％程度で変わらず、利用する気がないと答えた者は、46％から62％へとむしろ増えており、同制度に否定的な有権者が多数派であった（DN 1998.9.14）。
3) この部分は、大臣の資格を定めた第2条とともに、第3条として挿入され、旧第2条以下が、第4条以下に繰り下げられた。
4) その際に6月から始まっていた会計年度を1996年から暦年に合わせることになった。そのため1995年の会計年度を6か月分に短縮して調整がなされた。
5) それに対して従前の方式では、予算の決定と執行が政策分野ごとに時期も票決も分けてなされていたため、場合によっては異なる政党の組み合わせになることも含めて、適宜多数派形成を行いながら管理してくことが可能であった。
6) 選挙ごとの有権者の投票行動については、イェーテボリ大学の研究グループが最も長期的で体系的な研究を行ってきている。国内で選挙研究の第一人者として知られ、このグループを率いていたS. ホルムベリ（Sören Holmberg）と、その後継者であるオスカションが2010年代の半ばにその分析をまとめて刊行しているため（Oscarsson/Holmberg 2016）、ここではそのデータを参照している。

7) 同指数は、労働者階級の有権者が左派政党に投票した割合と、中間階級の有権者が左派政党に投票した割合との差をパーセンテージで表したものである。ここでは社会民主党と共産党（左翼党）の両党を左派政党とみなしている（環境党は含まれない）。
8) ここでの「左 - 右」については、その内容に関する特段の説明はなく、調査対象者の主観的な認識に委ねられる。たとえば、キリスト教民主党や途中から参入したスウェーデン民主党は、その家族観や治安対策などから、文化面では穏健党より保守的、すなわち「右」に位置するようにも思われるが、有権者には政府の介入の度合いを含む経済的な側面が重視されていることで、こうした結果になっていると推察される。なお、調査方法は、投票を終えた有権者に「政治的な立場を『左 - 右』の位置で表現することがありますが、あなた自身はどこに位置しますか」と尋ね、左から右に並ぶ0から10の数字のいずれかを選ばせるというものである。
9) 選挙分析の専門家として知られるオスカションは、支持者の「左 - 右」軸上の認識に基づく各党間のイデオロギー的距離のデータについて、選挙ごとの変化の意味を明確に指摘できるケースは少ないとしながら、2002年選挙から2006年選挙にかけての穏健党と中央党の接近はその数少ない事例だとしている（Oscarsson 2019: 18）。
10) この点、オスカションらの調査および彼自身も関わる公営放送による出口調査の分析から、2014年以降3回の選挙で有権者の認識における中央党の「左 - 右」軸上の位置が少しずつ（そして2022年選挙ではより明確に）左方向に移動していることが確認できる（Oscarsson 2019: 19; SVT 2022: 37）。
11) その後、今日に至るまで、「左 - 右」軸上では自由党（国民党）と穏健党の間という位置関係は変わっていない。ただし、スウェーデン民主党が参入してからは、同党がキリスト教民主党と穏健党との間に入る形となっている。
12) スウェーデンにおける狭義の「移民」の定義である「外国生まれ、または両親が外国生まれの者」でみても、2013年の時点ですでに人口の20%を超えていた（SCB 2014: 114）。両親の一方が外国生まれの場合や祖父母が外国生まれの者（いわゆる3世）を合わせるとその割合はさらに高くなる。また、製造業、建設業、看護・介護、清掃、家事補助などの業種においては、特に移民の労働力への依存度が高くなっている。

第9章

政党システムの変化と代議制デモクラシー

　本章は、本書での政党政治研究のまとめにあたる。第1節で、第2章で確認した1970〜80年代から、第3章以降でその展開をたどった時期までを合わせ、その間の政党システムの変化を概観する。その際には、党の数や大きさを含む政党布置と政党間の競合のパターンに着目して経過を整理する。

　第2節では、政党システムの長期的な変化の原因ないし背景として、政党支持構造の変化と予算制度改革について検討する。第3節では、第1章で提示した理論枠組み、すなわち代議制デモクラシーの制度設計を政治的権限の「委任－責任」関係の連鎖としてとらえる見方と、民主政治の正統化原理を「代表性」と「応答性」に分けて両者の比重に注目する視点から、政党システムの変容の意味を考察し、一定の解釈を示す。

第1節　政党システムの動向

　政党の数でみると、1970年代から1980年代にかけてのスウェーデンは、それ以前から長く続いていた5党体制で、社会民主党、共産党（現 左翼党）、中央党、国民党（現 自由党）、穏健党が全議席を占めていた。1988年選挙で環境党が参入して議会政党が6つになり、続く1991年選挙では、環境党が議席を失ったが、キリスト教民主党と新民主党が議席を得て議会政党が7つに増えた。1994年選挙では環境党が再び議席を得た一方で、新民主党が議席を失ってそのまま解党に向かい、それ以降は同じ構成の7党体制が十数年にわたり続いた。その

後2010年選挙でスウェーデン民主党が加わり、8党体制となって現在に至っている。1980年代以降、政党数は一度も減ることがなく、5から8へと増えている。

その間、社会民主党が常に最大勢力で、最も多くの議席を有していたが、選挙得票率でみると、1980年代までは40％台半ばであることが多かったものの、1990年代から2000年代にかけては30％台になることが増え、2010年以降は30％前後となっている。議席数でみて第2位の党は、1970年代半ばまでは中央党であったが、それ以降は穏健党で、1990年代以降は20％台の得票率を記録することが多い（2010年に一度だけ30％に達し、社会民主党に肉薄した）。その一方で、社会民主党と穏健党以外の党は10％以下にとどまることが多くなっている。ただし、近年は最後に参入したスウェーデン民主党が勢力を拡大し続けており、2014年選挙で約13％の票を得て議会第三党になると、2022年選挙では得票率が20％に達し、議席数でも穏健党を上回って第二党になっている（各党の選挙得票率と議席数の長期的な推移については、巻末の**資料A**および**資料B**を参照されたい）。

政権をめぐる競合については、1970年代から1980年代にかけては、それ以前から続くブロック政治の慣行がみられ、社会民主党と共産党からなる左派ブロックと中央党・国民党・穏健党からなる中道右派ブロックのそれぞれの合計議席の優劣で政権のゆくえが決まっていた。

1988年に6党体制になり、1991年からは7党体制になっても、ブロック政治が意識される状況は基本的に続いた。環境党は当初はそこから距離をとったが、やがて左派に接近し、1990年代末からは事実上左派ブロックに組み込まれた。キリスト教民主党は、議会参入と同時に右派ブロックの一員とみなされた。新民主党は、他党から交渉を拒まれたためブロック政治の枠組みから除かれていたが、1期3年間で議席を失い、解党に向かった。

1990年代半ばには、国民党（現 自由党）が社会民主党との連携を模索したり、中央党と社会民主党が予算の編成・執行をめぐる協力関係を結ぶなどして一時的に2ブロック対抗が崩れたようにもみえたが、1990年代末以降は逆に左派・

右派それぞれのブロック内での政党間協力が進んだ。特に2006年に右派4党が選挙連合を組んで政権獲得に成功すると、左派3党もそれに対抗して同様の戦術をとり、左右の選挙連合対決となった2010年選挙において2ブロック対立が全面化したといえる。

その後、左派が選挙連合の形での協力を止め、右派4党の共闘体制も2018年選挙の後には終わりを迎えたことにより、2ブロック間の対立は弱まった。2010年に議会に参入したスウェーデン民主党は、その後2回の選挙でも議席を大きく増やしたが、右派を含めた他の全政党から交渉を拒まれ、政権争いに関わるブロック対抗の枠外に置かれた。

2019年からは、キリスト教民主党がスウェーデン民主党との交渉に踏み切ったことと、勢力を増す同党を警戒した中央党や自由党の動きにより、ブロックの枠組みが流動化した。しかし、やがてスウェーデン民主党が右派に包摂される一方で、同党に反発する中央党が社会民主党を中心とする左派陣営に近づいていった結果、2022年選挙までには左右4党ずつの新たな2ブロック対抗の構図が現れることとなった。

こうしてみると、ブロック政治の慣行自体は、政党数の増加という点で外観に明確な変化が生じた1980年代末以降も、その枠組みが強まったり弱まったり、あるいは再編されたりしながら現在まで存続しているといえる。このような観点から政党間関係の長期的な変遷を整理すると図9-1のようになる。

続いて政権のタイプをみていく。その際にはまず、①単独政権か、連立政権か、②政権参加政党で過半数の議席を占める多数派政権か、それに満たない少数派政権か、という2つの観点での区別が考えられる。しかし、近年のスウェーデンでは、文書を交わすなどして長期的な閣外協力関係を結んだ補完勢力に支えられる政権が増えているため、事情はやや複雑になる。というのも、単独政権、連立政権ともに閣外協力によって票決時の多数派を確保することが増えているからである。その点もふまえつつ、参加政党と政権のタイプおよびその変遷をまとめたものが巻末に掲載した**資料C**である[1]。

図9-1　ブロック政治の長期的な変化

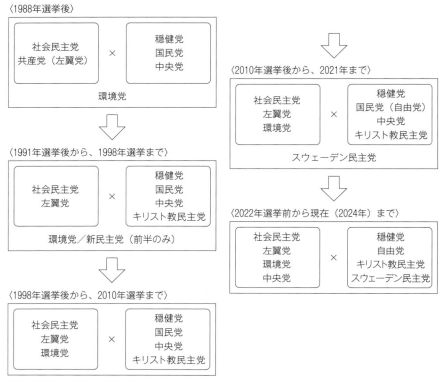

出所：筆者作成（図7-1に加筆）。

　1970年代から1980年代までの政権構成は、例外なく、社会民主党の少数派単独政権か中道右派3党による多数派連立政権のいずれかであった。2回の中道右派政権は中央党から首相が出ており、同党が中心であった。ただし2回とも途中で崩壊しており、1度目は次の選挙までの1年足らずの間、国民党単独での選挙管理内閣的政権となり、2度目は穏健党が離脱したものの、同党が左派を支持することはないため、中央党・国民党の少数派連立政権が続いた。

　1990年代以降2010年選挙後までは、社会民主党の単独少数派政権か、穏健党を中心とした中道右派4党連立政権のどちらかであった。社会民主党について

は、1998年以降は環境党および左翼党との間で政策協定を結んで票決時の多数派を確保した政権であり、1995年からの3年間もそれに近い形で中央党の協力を得ていたため、1980年代までの同党政権とは性格が異なっていた。それまでの単独政権では、政策的志向ないしイデオロギー上の位置関係から右派を支持する可能性が低い共産党（左翼党）を一方的に票決時の「援軍」とみなしてきたが、1990年代末以降は多数派形成をより確実にすべく、事前に同党とも協議するようになっている。

右派の連立政権については、ブロック対抗の枠外に置かれた新民主党やスウェーデン民主党の存在により保有議席が過半数に達しない場合は、少数派政権となった。もっとも、一般的に右翼ポピュリスト政党だとみなされる両党については左派に与することはないと予測できたし、実際にそれらが右派政権を脅かすことはなかった。

2014年選挙後は、社会民主党と環境党の少数派連立政権となったが、それは1990年代末から2000年代の左派政権とは性格を異にしていた。この時はスウェーデン民主党の伸長により、左翼党を含めた左派3党では議席の半数に及ばず、過半数を確保するには中道2党（中央党と国民党）の協力を得る必要があった。実際に2党に対しそのように要請したものの、「同盟」4党で結束して選挙を戦った直後ということもあって断られていた（第6章第1節(4)）。社会民主党としては多数派確保を強く望んだにもかかわらず、それがかなわなかったのであり、その直後に予算案の議決をめぐる混乱から深刻な危機に見舞われることとなった（第6章第2節(1)）。

2018年選挙後は、政権交渉が難航したが、最終的には同じ社会民主党と環境党の連立政権が「1月協定」による中道2党の閣外協力を得て、予算法案の議決を想定した多数派形成に成功した。ただし、2021年秋の政権危機の際に環境党が離脱するとともに、自由党（2015年に国民党から改称）が右派に戻ったため、次の選挙までの1年足らずは社会民主党の単独少数派政権となった。

2022年選挙後は、再編された2つのブロックの対抗関係に基づいて、穏健党・

キリスト教民主党・自由党の3党連立政権がスウェーデン民主党の閣外協力を得ることで議会での多数派を確保する状態となっている。

第2節　政党システムの変化の要因

(1)　政党支持構造の流動化

　本書で検討した政党システムの変化の最も明確な動きは、議会政党の増加だといえるだろう。個々の新党の参入に関しては、その条件を、社会経済的な環境変化とその党自身の事情から、すなわち「需要」と「供給」の両面から分析する方法が知られている（たとえばHino 2012）。また特に前者に関わっては、社会運動研究における議論を援用して、既成政党が扱わない問題領域での主張の展開に新党参入の余地を見出す「政治的機会構造」論が1980年代以降広く受け入れられるようになっている（代表的な研究としてKitschelt 1995）。

　スウェーデンでも、環境党は高度経済成長を経て環境問題が注目されるようになるなかで、そこに関心をもつ人々の要求を政治的主張に変換することで一定の成功を収めた。また、スウェーデン民主党は移民・難民をめぐる問題が人々の関心を集めるようになるなかで、それをとりあげることで支持を得て国政進出を果たした。

　こうした分析をより精緻化していくことも可能であろうが、本書は政党システム全体の動向を対象とするため、多党化の進展や従来の政党間関係に変化をもたらす要因や背景を重視する。その意味では、人々の政治意識や投票行動の変化が政党と有権者の結びつき方を変え、それが政党の性格や行動様式に影響を及ぼしている点が重要である。また、従来とは異なる有権者との関係に基づく政党が登場することにより、政党間関係や政権をめぐる競合のあり方が変わっていくことにも注目する。

　かつての社会では、比較的多くの人々が職業的立場や政治思想、特定の宗教・宗派等に基づいて組織化され、それぞれの利益を代表する政党を恒常的に支持

する傾向が強かった。それが普通選挙の導入後から第二次世界大戦後のある時期まで主流であった大衆組織政党と呼ばれるタイプの政党であり、そこでは社会集団を媒介とした有権者と政党との安定的な結びつき（リンケージ）がみられた。その場合、政党間の競争の契機は比較的弱く、「すみ分け」的な共存関係が生じていた（中田 2015：6-7）。スウェーデンで1980年代まで続いた5党制は、そうした状態が長期的に持続したことを表していたといえる。

しかし、そのような有権者の政党支持のあり方もやがて揺らぎ始め、不安化していった。一般的には、第二次世界大戦後の経済成長の進展にともない大衆組織政党の包括政党化が進むとされるが（Kirchheimer 1966）、第8章第2節でみたように、スウェーデンでも党員数の減少と併せて、明確な支持政党をもつ有権者の割合が減少し、選挙ごとに投票先を変える有権者が増えていた。こうした変化はおそらく1960年代ないし70年代から徐々に進んでいたと推察されるが、それが1990年前後に比較的はっきりとした形で政党政治の変化として現れたといえよう[2]。

この時期に、5党体制が70年続いた後のわずか2回の選挙で3つの新党が議席を得たという事実は、個々の新党に関わる事情以上に構造的な変化が生じたことを示している[3]。また新たに参入した政党のうち、当時の環境党は主に原子力の発電利用に反対し、環境保護に関心をもつ人々から支持されており、安定した組織的基盤をもつものではなかった。新民主党は、反税・反官僚主義の主張によって現状に不満をもつ人々に訴えて支持を集めていたし、何より結党後1年足らずの党が議会参入を果たしえたということが、スウェーデンにおける組織政党型のリンケージの衰退を象徴していたといえよう。キリスト教民主党はこの点では両義的であった。というのも同党は、宗教勢力であることから大衆組織政党の性格をもつ一方で、2000年まで国教会制度をとっていたスウェーデンにおいて反主流の小宗派が主体となって興した党で、文化的な保守主義に基づくプロテスト政党の性格をももっていたからである（第3章第2節(3)）。

また、スウェーデンでは労働組合の組織率が国際比較においても各時代で高

いが、それでもその数値は徐々に低下しており、いわゆる階級投票の傾向も弱まっていた。それは社会民主党の長期的な支持率低下の要因の1つだと考えられる。こうして、政党支持の構造が流動化することで政党の数が増え、政党間の力関係が変化し、同国の政党システムにおいて際立っていた社会民主党の優位も弱まっていった。

　これらの動きは政党の選挙への関わり方をも変え、翻って有権者の投票行動をいっそう流動化させてもいる。スウェーデンの政党は1990年代後半以降、他の北欧諸国同様に世論調査を積極的に活用し、さまざまな選挙運動を計画、遂行するための専門的スタッフを雇うようになっている。そして、政党が選挙の情勢を見ながら、終盤に新たな主張を加えたり、政策の強調点を変えることがあるため、投票者もそれを見極めたうえで投票するようになっている（Hansen/Kosiara-Pedersen 2018：107-114）。

　このような事情から、近年では投票先を決める時期が遅くなる傾向にある（第8章第2節）。選挙ごとの投票行動の変化を政党システム全体でみる場合にしばしば用いられる概念に「選挙変異性（electoral volatility）」があり、それは「ペデルセン指数（Pedersen Index）[4]」で測られることが多いが、その数値と選挙戦終盤で投票先を決める人の増加との間には相関関係が見出されている（Hansen/Kosiara-Pedersen 2018：118-119）。

　スウェーデンの政党システムの変化について、本書が分析対象とした期間の後半の動きは、主にスウェーデン民主党の台頭によってもたらされた面が大きいが、それはこうして政党と有権者の間の組織的なリンケージが緩み、投票行動の流動化が進むなかで生じた現象にほかならない。同党の場合、少なくとも議会参入を果たすまでは実質的な単一争点政党として移民・難民批判を繰り返し、社会に不満や不安をもつ人々の支持を集めていた。その後も今日まで伸張を続ける過程で、左右のすべての既成政党から票を奪う形で勢力を広げてきている。

　スウェーデン民主党については、近年は特に産業労働者層からの得票が増え

ており、そのことに労働組合や社会民主党が強い危機感を抱いている（渡辺 2022：41-42）。しかし、そのような投票者は労働者としての利害や組織的なつながりから同党を支持しているわけではない。第6章第2節(3)でみたように、同党支持者は政治（家）への信頼度も低い傾向にある。右翼ポピュリストとみなされることも多い同党は、大衆組織政党として存在していた時期がある他の主要政党とは明らかに性格を異にするといえよう。

　また、このような政党支持構造の変化は、かつては安定した支持基盤をもつ大衆組織政党であった諸政党の行動をも変えた。2006年選挙に向けて労働者の支持を取り込もうとした穏健党の戦術や、近年の社会民主党が勢力を拡大するスウェーデン民主党に対抗する必要から政策的主張を変えたことなどは、主要政党でさえ有権者の投票行動に合わせて柔軟に立場や主張を変えるようになったことを示している。

　かつての「中道」政党もその影響を受けている。特に中央党は1957年に農民同盟から改称したころより、農業人口の減少による伝統的支持基盤の縮小を意識し、自らの立場や戦略を模索し続けていた。第8章第3節で指摘したように、オーロフソンの下で市場志向の経済自由主義を強めた後に、レーヴが党首になると再分配政策やマイノリティへの配慮をも重視したリベラル路線へと転換し、自らの立場を変えながら（結果として）政党間関係の再編を導くこととなった。その間に「左-右」軸上での支持者の位置も比較的はっきりと左へ移動しているが、これも農業者や地方居住者の利益を代表する傾向が強かったかつての同党からすると大きな変化である。

　もう1つの中道勢力である自由党は、元来職能的な基盤が弱く、リベラリズムの理念に基づくアピールと1990年代前半のヴェステベリの動きに象徴されるような左右の主要政党の間での位置取りによって独自性を示そうとしてきたが、「言語テスト」導入の提案が注目されて得票率を上げた2002年選挙を除くと、過去30年にわたり支持率の低下に悩まされ続けている。

　2024年の時点で8党体制が十年余り続いているが、直近の2022年選挙では、

環境党、自由党、キリスト教民主党の得票率が5％前後で、この数年はこれらの党の世論調査での支持率が選挙時の議席獲得要件の4％を切ることもたびたびである。今後の選挙でいずれかの党が議席を失えば、ブロック対抗を含めた政党間関係の均衡が崩れ、政党政治の様相が大きく変わる可能性がある。数十年にわたり徐々に進んできた政党支持構造や投票行動の変化を背景に、多党化や右翼ポピュリスト政党の参入などを経て生じた現在の状況も、長期的に持続するとは限らないとみるべきであろう。

(2) 予算制度改革と2ブロック競合

第8章第1節(3)で述べたように、1990年代半ばに次年度予算を一括して法案化し、議決する方式が導入されたことにより、それ以降政権に就く勢力は、予算の管理のために議会での安定した多数派確保を目指すようになった。この改革は、特に野党の意義とその行動を変えることにもなった。

新しい予算制度では、議決方式が変更されただけでなく、包括的な予算案を準備する過程でそこに各分野の政策方針が反映される度合いが高くなるため、中心になって政権を担う政党が決まると、それ以外の政党は、可能ならば連立政権への参加を目指し、それが難しければ閣外協力と引き換えに自らの政策的主張を予算案に組み込むことを狙うようになる。他方で、最初からイデオロギーや政策面での違いが大きくて共闘の可能性を見出だせない場合は、明確に野党の立場をとり、次の選挙での政権奪取を狙うことが合理的な選択肢となる。

つまり、このような予算制度改革は、野党を閣外協力に向かうか、純粋な反対勢力の立場に向かうか、という形で二分する効果をもった[5]。さらにこの方式の場合、政府予算案の票決が内閣への信任手続きに等しくなるため、与野党の対立が強化される傾向もある (Christiansen/Damgaard 2008: 64)。それは2大政党制においては一般的であろうが、少数派政権が多いこととも関連して、かつては野党の立場でも政策形成に関与できるところに特徴があったスウェーデンにとっては大きな変化であった。すなわち、野党もある程度までは議会内の委

員会での協議に参加しながら政策形成ないし立法化を進めることができたからである（第2章第1節(3)）。

これを別の角度からみると、少数派政権の性格も変わるということである。従来ならば議会運営の際、政策分野ないし争点ごとに、場合によっては協力相手を変えて多数派形成を試みながら対応することができたが、新たな制度の下では最初から何らかの形で票決時の多数派形成を確実にしておかねばならなくなった。それゆえ、1990年代半ばからの3期にわたる社会民主党政権は、中央党に予算管理のための協力を求めたり、環境党や左翼党と政策文書を交わした協力関係を結んだりしたのである（第4章）。

それは左翼党のような政党の立場をも変えた。同党は共産党の時代から、社会民主党が少数派単独政権となる場合に、右派諸党との協力の可能性が低いことを見透かされた形で交渉の機会もないままに票決時の「援軍」とみなされてきた。そのような状況では、左翼党が自らの主張を政府の政策に反映させる方策はなかった。それが閣外協力のための交渉や共通目標の設定に向けた協議が行われるようになることで、完全な連立政権と比べればなお補完的な立場にとどまるとはいえ、一定程度自らの主張を通せるようになった[6]。

いずれにしても、こうして少数派政権が他党と閣外協力関係を結ぶことによって票決時の多数派確保をめざす傾向については、「契約型議会政治（contract parliamentarism）」と呼ばれ、ある程度の普遍性をもった政権運営の方式として国内外で認知されるようになっている（Bergman/Aylott 2003 ; Bale/Bergman 2006）。またそれが予算制度の改革を機に生じたという点は、少なくともノルウェーやデンマークを含めたスカンジナヴィア3国に共通することも指摘されている（Christiansen/Damgaard 2008）。

そして、この「契約型議会政治」はさらなる展開を生んだ。第5章でみたように、左派3党の協力の進展が右派4党の結束を強化した。2004年に結成された「スウェーデンのための同盟」の共闘体制は、従来の政党間協力とは異なり、事前に連立政権の構想を固め、関係する政党が協議して共通の政策綱領を作成

し、統一の首相候補者をも決めて選挙に臨むという形態であった。

このような動きについては、北欧の文脈でいえば予算制度改革に起因するところが大きいものの、より一般的な政党と有権者の関係に起因する現象としてとらえられるとの指摘もある。それは複数の政党が事前に協力して政権の選択肢を示し、有権者に支持を訴えて選挙を戦うという意味で「選挙連合 (pre-electoral coalition)」と呼ばれる[7] (Golder 2005 ; Golder 2006)。こうした手法が、政権奪取のための共闘戦術として成功を収めると、対抗勢力の側も結束を強め、同様の手段をとるようになる（渡辺 2009）。それが実現して左右の選挙連合対決となり、2ブロック対立が極限まで進んだのが2010年選挙であった[8]。

こうしてスウェーデンの政党システムは、比例代表制選挙に基づく多党制でありながら、諸政党が2つの陣営に分かれ、より早い段階から多数派形成を競い合うようなものに変わっていった。それは見方によっては、合意形成型の政治から多数決型の政治への変化ともいえる（この点は次節でふれる）。

それでは、そのきっかけとなった予算制度改革はどのような意味をもっていたのだろうか。一見するとそれは政党システムに対して外在的な環境変化であったようにも思われるが、社会発展のより大きな文脈に位置づけると、社会経済構造に連動した民主政治の変容として論理的に解釈が可能なものでもある。

まず、先進工業国においては、第二次世界大戦後に製造業を中心とした産業発展に基づく長期的な経済成長が可能になり、「福祉国家」による再分配を通じて政治的支持も安定した時代があった。スウェーデンの場合、労働運動と社会民主主義政党が強く、それらが選挙で有権者の合意を取りつけながら、また政党間の交渉を通じて、「高福祉・高負担」型の社会を築いてきた。

そこでは、分権的で積み上げ型の予算編成と個別領域ごとの合意形成が可能な予算執行のシステムが、その時代に適した制度的手続きであったが、低成長時代に入ると予算の膨張と財政状況の悪化がその弊害として目立つようになった。すると新自由主義的な論調も強まって効率化・合理化が目指されるようになり、時の政府が明確な主導権と責任をもって政治運営にあたることが求めら

れるなかで、財政規律を重視したトップダウン型の予算編成が可能な制度への変更がなされたのである。そもそも、それが右派政権期の「経済委員会」(通称「リンドベック委員会」)での議論から生まれたことが示すように(第4章第1節(1))、この改革自体がそうした社会経済的な構造変化に対応した制度変更であった。その意味では、2ブロック対抗の全面化に向かった政党システムの変化にもある程度の合理性があったとみるべきであろう。

第3節　政党システムの変化の意味

(1)　代議制デモクラシーの制度設計と政党の役割

　第1章および第2章で論じたように、政治的代表を代理行為の1つとみると、スウェーデンの代議制デモクラシーの基本的な制度設計は、一院制議会と議院内閣制との組み合わせであり、主権者たる国民（有権者）と為政者との間での政治的権限の「委任－責任」の連鎖が単線的で、かつかなりの程度簡素化されたタイプだといえる。そこに選挙で有権者の支持を得て政府の形成を目指す形で関わる政党について、ある時期までの同国においては、職業や思想に基づいて組織化された社会集団の利益を代表する大衆組織政党が主流であった。またそこでは、数や規模が比較的安定した諸政党の間で政権構成や政策形成をめぐる交渉が展開されていた。

　各政党はそれぞれの支持基盤となる社会集団から安定した支持を得ており、それらの利益を考慮して活動することで、有権者と代表者（議員）との間での「委任－責任」の関係が良好に保たれると期待できた。また、各党の議員集団の凝集性が高いため、単独ないし複数の政党で政府を形成し、政策の決定・実行にあたる場合にも代理行為問題が比較的生じにくく、その点でも代議制デモクラシーを機能させやすい状況にあったといえる。

　他方で、比例代表制の選挙により安定した多数派政権をつくることが難しい点は、理論上、有権者が選挙で代表者を選び、その代表者が執政府を構成する

という二段階の代理関係の接続を阻害しうるが、この問題については、政権構成およびそれをめぐる競争のパターンが2ブロック対抗の形をとり、それが有権者にも認識されることである程度緩和されていたといえる。

　政党を中心にみれば、このような形で個々の政党（大衆組織政党）と政権競争のパターンである政党システム（ブロック政治）とが連動して代議制デモクラシーを支えた状態が20世紀中葉に一定期間存在していた。しかし、第二次世界大戦後の社会経済変化が個人の意識や行動様式を変えるなかで、一般に「大衆組織政党から包括政党へ」ととらえられるような政党と有権者の関係（政党支持構造）の変容が生じたと考えられる。本書が叙述の便宜上「原形」とみなした1970年代から1980年代半ばくらいまでのスウェーデン政治の状況は、政党支持構造の流動化がすでにある程度進むなかで、それがまだ政党システムの変化としては表れていない状態であったと推察される。

　そうした潜在的な変化が新党の議会への参入という明確な形をとって現れ始めたのが、本書の分析対象期間の起点とした時期であった。その後の展開はこれまでの各章でみたとおりであり、政党の数が増え、政党間の力関係や協力の方法、政権政党の組み合わせも変わっていった。その一方で、制度的な枠組みの基本的な部分はそのまま存続している。一院制と議院内閣制の組み合わせはもちろん、比例代表制を全面的に採用した選挙制度もほとんど変わっていない。1994年を境に選挙の間隔すなわち議員の任期が3年から4年になり、2014年から投票日が1週間早められたが、総議席数や調整議席の割合についても変更はない。唯一、代表選出を変化させる可能性をもった個人選択投票制が1998年代に導入されたが、第8章第1節(1)で確認したように、その後四半世紀近くが経っても利用者の割合はほとんど増えておらず、個人より政党を選ぶ慣行が持続している。

　そのようななかで、政治的権限の「委任－責任」の連鎖への政党の関わり方がどのように変わったのだろうか。有権者から議員・議会への委任を媒介する部分と、議員（集団）から政府の形成・政府の活動を導く部分とに分けてみて

おこう。

　前者について、かつて有権者と政党が社会集団を通じて安定的に結びついていた時代には、「委任－責任」の関係もそのようなリンケージによって自ずと保障される形になっていた。すなわち、産業労働者は労働組合に加入し、組合が支える（人的にもつながりをもつ）社会民主党（ないし一部は共産党）を支持することによって政治的権限を集合的かつ安定的に移譲し、それらの政党が組合や産業労働者の利益を重視して政策形成や立法活動を行うことで一定の責任も果たされた。農業者団体と中央党、企業経営者や土地所有者等富裕層と穏健党（旧右翼党）の間にもそのような関係があり、自由党は職能的基盤がやや不鮮明ではあったが、事務労働者、高学歴専門職層や知識人層との間である程度はそうした関係を築いていた。

　それに対して近年はそのようなリンケージが弱まる一方で、選挙の際に政策的主張で有権者を説得して支持を集める部分が拡大してきている。比例代表選挙の制度的な安定性と、政治的意思表明の主要手段としての政党選択という有権者の認識が、形式的にはかつてと同様の役割を政党に与え続けているため、政党においては普段の支持率の動向をも注視しつつ選挙での競争によって有権者の支持を得るとともに、政策の実施を通じてその要望や期待に応えて責任を果たすという面が大きくなる。つまり、自律的ではあるが投票行動が定まらない有権者を相手に、政党の側が政策の内容を調整し、さらには世論調査の分析や言説戦略なども駆使してその支持を集めようとする傾向が強まっていく。

　このような動きを象徴するのが2000年代に入って顕著になった政党党首の役割の変化である。2006年選挙の直後に社会民主党党首パーションが、右派「同盟」に敗れたことを理由に辞任を表明した際に、社会民主党の長い歴史のなかで初めて党首が選挙での敗北の責任をとって辞任したことが注目された。そして2010年でも「赤緑連合」が「同盟」に敗れると、再び社会民主党党首サリーンが責任をとる形でその職を辞した。かつては、T. エルランデル (Tage Erlander) が23年（1946年～1969年）の長きにわたって党を率い、後を継いだパルメも凶弾

に倒れるまで16年あまり（1969年〜1986年）党首を務めていた。パルメは2度にわたり選挙で中道右派に敗れたが、そのまま党を率いていた。つまり、かつては同党が労働者層の利益を代表して活動し続けるのが当然で、短期的な支持率の上下は少なくとも党首脳の責任とは結びつけて考えられなかったのである[9]。

　同じことは、政権に就くこと自体が相対的に少なかった対抗勢力にもある程度まで当てはまる。たとえば、穏健党ではビルトが、下野した後の5年間も含め13年あまり党を率いたが、2002年選挙が惨敗に終わったルンドグレンは翌年に党首を辞任し、ラインフェルトも2014年選挙での敗北を機に辞職した。後者の場合は党首として10年あまり、首相も2期8年務めたのでこの例としては適切ではないところもあるが、後任のシンベリ・バトラは党勢を悪化させ、選挙を前に解任に近い形で辞任せざるをえなかった。

　これらは、有権者から議会議員への権限移譲にあたって求められる役割を政党が果たそうとすることで生じる動きであると解釈できる。換言すれば、制度設計上、いまなお政党が選挙での代表選出をめぐって「委任－責任」関係を保障する重要な役割を果たしているが、そのための活動は以前より不安定で困難なものになっているということでもある。

　続いて、政党が関わる主権者から執政者への政治的権限の「委任－責任」関係のうち、議員（集団）から政府の形成・活動を導く部分についてみておく。この点についても選挙制度に規定されるところが大きいが、各党議員集団の凝集性は近年でも高い（Erlingsson/Kölln/Öberg 2018）。各党の組織は集権的で、議会会派での党議拘束も強く働いているため、政権党と政府の行動との間での代理行為問題は比較的起こりにくい。

　1980年代までは少数派政権が多く、野党の政策的影響力もある程度保障されていたことからすると、先にみたような一括審議型の予算制度の採用と「契約型議会政治」の出現により与野党の違いがより明確になった2000年代のほうが、政権参加政党にとってはより強く自らの立場を反映させた政策決定が可能になっているといえる。つまり、この段階での「委任－責任」関係が保障される

度合いはむしろ高まったともいえそうである。

　ただし、スウェーデン民主党の台頭により過去数年間は政党間協力による多数派形成が困難で、かつ以前のように与野党間協議を通じた議会運営も望めない状況が生じ、議員・政府間の「委任－責任」関係の維持どころか、代議制デモクラシー全体が機能不全に陥るような事態を経験している。2022年選挙を前に同党のブロック政治への包摂が進んだことによって混乱は収まっているが、潜在的にはそのようなことが起こりうる制度設計と政党布置が続いている点は認識されるべきであろう。

　特に2018年の予算審議をめぐる混乱から生じた政権危機や、2021年秋の政権危機などから、北欧政治の特徴の1つとされてきた「消極的議院内閣制」が今日では実態と合わなくなっている点は深刻な問題である。具体的にいえば、政権承認と法案審議の議決要件が異なることが政府に反対する政党の戦略・戦術の余地を広げ、むしろ議会政治を不安定化させる要因になっている。これについては本書の課題を超えるため、ここではこれ以上立ち入らないが、おそらくスウェーデン国内で今後議論が進むものと思われる

　以上を整理すると、代議制デモクラシーの基本的な制度設計という点では、本書で政党政治の変容過程をたどった時期の全体を通じて大きな変化はなかった。繰り返しになるが、個人選択投票制度の利用さえ広がらないことから、有権者の政治的意思表明が政党選択をもってなされる傾向が強い点も変わっていないといえる。他方で、その選び方は政党支持構造の流動化によって大きく変わり、また選挙ごとの変動も大きくなっている。そのことと合わせて、より広範な社会変化の帰結であるとはいえ、代議制デモクラシーの手続きとは直接関係しない予算編成制度の変更が、政党間競争のパターンに大きな変化をもたらしている。こうした条件の変化が制度的な枠組みの安定性に規定されるなかで独自の表れ方をしたものが現在のスウェーデンの民主政治の姿だといえるだろう。[10]

(2) 民主政治の正統性と持続性

次に、主権者の代表選択（選挙）と政府の構成との対応関係を、民主政治の正統性という観点でとらえ直すことにより、スウェーデンにおける政党システムの変化がもつ意味を考察していく。

第1章第3節(2)で述べたように、主権者と為政者（政府）との間に政党が介在しながら民主政治が正統化される場合の原理を「代表性」と「応答性」の組み合わせとしてとらえることができる。その見方に照らせば、1980年代半ばまでの5党制の時代のスウェーデンについては、大衆組織政党型の支持構造により「代表性」に重点が置かれる形で民主政治の正統性が確保されていたと考えられる。他方で、比例代表制選挙に基づく多党制であるために、安定した多数派政権の形成が容易ではないことや、選挙時の投票が政府（政権）の選択に直結しない点については、ブロック政治の慣行が、非公式ではあれ二者択一的な性格を生じさせることで部分的には「応答性」をももたらしていた。したがって、かつてのスウェーデンにおける政党を通じた民主政治の正統化のあり方は、「代表性」の比重が大きく、「応答性」がそれを補完するというものであったといえよう。

そこでまず指摘されるべきは、1980年代末以降（おそらくはより早くから）、分析対象期間を通じて進んだ政党支持構造の流動化による「代表性」の低下であろう。その点で特に注目すべきは、相次ぐ新党の議会参入により多党化が進む一方で、二度の政権交代や深刻な経済財政危機への対応を迫られてブロック政治の枠組みも揺らいだようにみえた1990年代の半ばから後半にかけての時期である。国民党（現 自由党）が社会民主党との共闘を模索したり、社会民主党と中央党が協力関係を結んだりした後の1998年選挙では、選挙戦の最中からその後の政権の構成が有権者やメディアの間で注目され、通常のブロック対抗とは異なるものも含めていくつかの組み合わせが話題になっていた。しかし、第4章第1節(2)でみたように、優勢が伝えられていた社会民主党の党首パーションはその点について明らかにすることを避け続けた。

この時、著名な政治学者 L. レヴィーン（Leif Lewin）は、新聞に載せた論説のなかで、当時伝えられていた政治不信の高まりの原因として選挙後の政権構成がはっきりしないことを挙げ、各政党は選挙前に有権者に対して政権の構想を示すべきだと主張した（Lewin 1998）。それが意味するところは、1つには社会的属性や組織への帰属状況よりも、選挙期間中に政党から発信される情報をもとに投票先を選ぶ人が増えていたということであるが、それ以上に重要なのは、選挙の時点で政権を選べるようにすべきだという考え方が広がっており、専門家もそのような発想を肯定していたことである。

　つまり、代議制デモクラシーにおいて政党政治が果たす「代表性」の比重が下がるなかで、「応答性」の強化を求める動きが強まってきていたといえる。ちょうどそのころに実現した予算制度改革を契機として、1990年代末から2000年代に入っていくと「契約型議会政治」によるブロック対抗の固定化が進み、選挙連合対決となった2010年選挙でそれが頂点に達する。こうした動きはすでにみたとおりであるが、それは政党間関係における2ブロック対立により「応答性」が強化されていく過程でもあったと解釈できる。

　ブロック政治の枠組みは、第二次世界大戦直後にはすでにメディア等で語られることにより国民の間でも広く意識され、本書が分析対象とした期間を通じて今日まで存続している。ただしその意味は変わってきており、かつてはそれぞれに比較的はっきりした支持基盤をもつ政党が自党の立場や政策を主張して選挙を戦うことを前提に、その結果から政権が決まる際の基準として作用していたが、近年では複数の政党が事前に選挙連合を組むか、協力関係を公言して選挙に臨むことが主流になりつつある。すなわち、選挙時に有権者に対して選択肢がより明確に示されるようになっている。

　2014年からの数年間は、スウェーデン民主党の台頭により政党政治が混乱したが、「欧州難民危機」や移民集住地域での犯罪の急増などの環境変化が作用するなかで、最終的には「防疫線」も解かれ、同党が政党間協議の枠組みに包摂されるに至っている。その際にも、社会民主党と穏健党の対抗を中心に、そ

れぞれの陣営が選挙前に多数派形成の見通しを示そうとする力学が働いたと解釈できる。

　筆者が政党システムの変化をとらえる方法について多くの示唆を得たメアは、2000年代中葉の時点で、先進民主主義国に関する一般的な傾向として、諸政党が市民社会から分離し、国家の資源に依存する一方で選挙時の得票のみを競い合うようになると、有権者大衆への責任（accountability）を果たし、その正統性を得るために不可避的に（ブロック間競合を含めた）二極競争に向かう、ということを指摘していた（Mair 2006: 69-71）。また、その前提として、反体制政党の消滅や、急進右翼政党も既成政党との妥協が可能な形で活動するようになることが挙げられていた。また、同じく第1章で分析枠組みを設定する際に参照した中田の議論でも、組織政党や国民政党による政党競合構造から「すみ分け」的なものが失われていくと、結果として2ブロック競合によって選挙で政権を決し、応答性によって代議制デモクラシーの正統性を確保するという可能性が残ると指摘されていた（中田 2015: 22-23）。

　メアは2011年に急逝し、中田は2015年の時点で仮説的展望を示した形であったが、両者の見立てはその後のスウェーデン政治の展開にも概ね当てはまるといえそうである。その点では、本書がこうした仮説の検証を進めてきたという面もある。その結果として、比例代表制選挙を全面的に採用した北欧のスウェーデンにおいても、従来から存在していたブロック政治の変容と再編という形で実際にそのような方向への動きが生じていることが明らかになった。

　今日のスウェーデン政治においては、比例代表制選挙と政党中心の政治への国民の支持が安定している一方で、選挙時の政権選択（「応答性」の強化）への要望も強いという特徴がみられる。そのことが、ブロック政治が変質しながら持続するという形で現れている。

　ここでこうした現状と「妥協の政治」、「コンセンサス・ポリティクス（合意形成型の政治）」と呼ばれたかつてのスウェーデン政治のあり方との関係を考えてみたい。実際には、以前のスウェーデンでも政党どうしの交渉が常に順調に

進んだわけではなく、1940年代後半の「計画経済論争」、1950年代半ばの「付加年金論争」、1970年代の「労働者基金論争」と何年かにわたり国論を二分するような政治対立も生じている。そのような二面性は、ハデニウスやメッレルらが20世紀のスウェーデン政治の通史を扱った著書のタイトルに「対立と合意」ないし「対立と協調」という副題を付けていたことにも表れている（Hadenius 2008；Möller 2015）。

　筆者自身も、過去の著作で付加年金論争を中心とした1950年代のスウェーデンの政治過程を分析した際に、政治的利害が高度に集約されて議会政治の場に表出される同国の場合、政党間の協議によって合意ないし妥協に至ることが多い一方で、社会を大きく変える可能性のある政策をめぐり、特に左右のイデオロギーに重なる論争が起こった場合は、むしろ対立が激しくなる傾向にあると指摘した。また、普段は技術的な合理性を追求し、合意形成を重視した政治が行われるが、労資の権力バランスが変化する局面で紛争が起こるとそれが全面化し、徹底して争われるため、紛争期と安定期が周期的に現れるのではないかという解釈を示していた（渡辺 2002：258-259）。

　当時は十分に意識できていなかったところもあるが、これは基本的に高度経済成長期ないし福祉国家形成期の同国政治の傾向で、本書の表現では大衆組織政党が主体の５党体制時代の政党政治の特質でもあった。それに対して1990年代以降は、社会的な利害の表出形態がその頃とは異なるものになっている。近年では、左右の主要勢力が国内外の諸問題への対応に追われることが多くなる一方、社会構造の変革をめざした政策をめぐって対立することは少なくなり、政策的距離が近づきながらも選挙時の政権をめぐる競争はむしろ激しさを増している。これも政党システムによる民主政治の正統化の作用において代表性よりも応答性に比重が置かれるようなったことの表れだと解釈できるだろう。

　最後にデモクラシーの安定性についてふれておきたい。スウェーデンの民主政治のあり方について、各国にほぼ共通する社会の個人化や中間団体の衰退、投票行動の流動性の増大といった変化を経験し、それにともなう政党の性格の

変容もみられるなかで、比例代表選挙と結びついた政党単位の政治が持続していることは、この文脈でも改めて強調されるべきであろう。1998年選挙で個人選択投票制を導入したにもかかわらず利用者が少なかった際に、政治学者メッレルが、候補者個人を知らずに政党を選ぶ有権者の多さを否定的に論じる文脈で、スウェーデンには極端に政党中心の政治文化があると指摘していたが（Möller 1999: 271-272）、それは現在でも当てはまる。

　スウェーデン政治にさまざまな混乱をもたらしたスウェーデン民主党に関しても、ネオナチ的な民族主義運動に起源をもつ右翼ポピュリスト政党でさえ、同国の政治システムに参加するためには徹底して民主政治のルールや慣行を尊重して行動しなければならなかったともいえる。この事実は、制度そのものの安定性だけでなく、政党の行動様式や有権者の動向も含めたスウェーデンの民主政治が、全体として高い安定性と耐久力を備えていることを示すと考えられる。このことは、近年ヨーロッパないしその周辺地域において、権威主義的な勢力が政権につき、憲法や司法制度を自らの都合に合わせて変更し、ひいては議会の権限をも制限する方向に進んでデモクラシーを揺るがしている例が散見されることに照らすと、経験の長さゆえという面があるにせよ、それ自体に積極的な意義を認めることができるだろう。

　もちろん、2010年代半ばから2020年代初頭にかけて大きく混乱した政党政治が2ブロック対抗の再編によっていったんは落ち着きをとり戻したかにみえる現状についても、楽観できるわけではない。左派陣営は左翼党と中央党との関係が強い緊張をはらむうえに、後者がこのまま左派諸党との協力関係を維持しうるかどうかという点についても、過去の経緯や同党の支持者の動向からみて不透明な部分が大きいといわざるをえない。現在政権にある右派陣営においては、閣外協力政党のスウェーデン民主党が議席数で穏健党をもしのぐうえに、自由党との間でたびたび不和が生じてもいる。

　また、スウェーデン民主党が今後の選挙でさらに支持を伸ばして自らが政権の中心を占めようとする可能性も否定できない。理論的には、主流派を批判し

て支持を広げるポピュリスト勢力は、政権に近づき責任を共有する立場になると集票力を失うとの予測も成り立つ。また、移民・難民問題をめぐっては社会民主党を含めた主要政党が結果的に同党の主張のかなりの部分を受容し、すでにスウェーデンが難民受け入れに関しては欧州諸国のなかでも寛容な部類ではなくなったため、政策面での有権者への訴求力が失われていくことも考えられる。その一方で、総人口が1000万強でありながらこの20年で数十万人の難民を受け入れてきた同国では、新たな入国者を制限するとしても、すでに受け入れた人々の社会統合をめぐる問題は長期にわたり残るため、引き続き同党がそれに関わる議論を展開して勢力を維持する可能性もある。

　とはいえ、スウェーデンの政治は今日もなお比例代表選挙に基づく政党単位の競争という枠組みを堅持し、現代に可能な代議制デモクラシーの１つのあり方を示しているとはいえるだろう[11]。筆者としては、本書が提示する同国の政党政治に関する情報や見解が、今後私たちが広く民主政治の可能性や課題を考えていく際の一助となることを願っている。

注
1) 閣外協力関係を結ぶのは票決時を想定して多数派形成をはかるためであることから、その場合は基本的に多数派政権に準じるものとして考えることが妥当であろう。それゆえ**資料Ｃ**では、閣外協力によって多数派となる場合は「(多)」としている。
2) スウェーデンの研究者の間でも政党政治の変化をめぐる議論は続いていたが、その重点は政党システムよりも政党そのものの変質にあったように見受けられる。それを象徴するのが、『政治学雑誌 (Statsvetenskaplig tidskrift)』で1995年と2010年に組まれた特集企画であった。「政党の危機なのか」と題した1995年の特集の総論部分では、メアらの「カルテル政党」論を意識しつつ、社会民主党をはじめとする諸政党の党費収入が減少する一方で、国家からの助成金に依拠して財源を確保する傾向がデータとともに示されていた。全体として、政党の組織は党員数の減少を含めた環境変化に一定程度適応しつつあるという点で単純な「危機」ではないとみる一方、有権者の意思の伝達機能が低下し、市民社会との間に乖離が生じることへの注意を促すものであった(Pierre/Widfeldt 1995)。
　それから15年を経た2010年の「政党は変わりつつあるのか」と題された特集では、大衆組織政党の変容として把握されるような構造的な変化の後に、政党が戦略やイデオロ

ギーの面でどのような変化を遂げているのか、という編者による問題提起がなされ（Erlingsson/Brommesson 2010）、それに呼応する形で当時の7つの議会政党の動向を分析した論文が並び、そこに議会参入を目指す「挑戦者」としてスウェーデン民主党やフェミニスト・イニシャティヴを扱った論稿が加わるという構成になっていた。この号が刊行されたのは「同盟」政権と「赤緑連合」による対決となった選挙を控えた時期であり、上記問題提起には、多党化と2ブロック競合が進むなかで個々の政党がどのようにそれらに対処するかという関心が強く表れていた。その限りで政党システムへの言及もみられたが、その時点までの政党システムの変化は基本的に与件とされ、各党の対応が主たる分析対象となっていた。本書の場合はむしろ逆で、政党システムのほうに着目しその変化と民主政治の関係に着目しており、これらの研究とも異なる議論を展開しうると考えている。

3) スウェーデン議会への新党の参入がこの時期に集中したことには、選挙制度、とりわけ比較的厳しく設定された議席獲得要件（全国得票率4％、特定選挙区12％以上）が関わっていると推察される。つまり、条件が緩ければもう少し早く多党化が生じた可能性が高いという意味である。というのも、隣国のノルウェーとデンマークでは、調整議席からの配分にのみそれぞれ4％以上、2％以上という条件が付けられているが、各選挙区には制限がなく、小政党にとっての参入障壁が低いからである。実際に両国では1970年代前半から右翼ポピュリスト政党を含めた複数の新党の参入を経験している。もっとも、これらはいわば時間の問題であり、ここでの議論の趣旨と矛盾するわけではない。

4) デンマークの政治学者M. N. ペデルセン（Mogens N. Pedersen）が提唱したもので、2回連続した選挙について、全政党の得票率の増減の絶対値の総和を2で割った数値で表される（増加分または減少分どちらかの総和でも同じ値が得られる）。その性格上、具体的な事情を考慮できないし、新党の参入があった場合に特に大きく上昇するため厳密な検証には向かないが、主に概略的な傾向を把握し、異なる時期や国の状況を比較する目的で用いられる。

なお、スウェーデンについてペデルセン指数の変化をみると、1990年代以降の数値は1980年代までの2倍近くになっている（Aylott 2018: 162）。選挙ごとの各党の得票率の変化が大きくなっているが、政党数の増加もその原因であると推察される。

5) 閣外協力政党を「野党」と表現するのは正確ではないかもしれない。本書でも他の部分では閣外協力政党を与党に近い性格のものとして扱っているが、ここでの「野党」は、閣僚を輩出する形で直接政府を構成する政党以外のすべての党を指している。

6) もっとも、社会民主党が長く左翼党（共産党）と交渉をもたなかったのは、かつて路線争いから分離独立した相手だからという事情があり、左翼党自体が1990年代に入って党の性格や政策的主張を変えたことによって協力が可能になった面もある。ただし、ここでの政権党と協力政党との関係は、環境党についても一定程度当てはまるうえに、ニュージーランドの政党間関係においても同様の構図がみられるとの指摘がある（Bale

第 9 章　政党システムの変化と代議制デモクラシー

/Bergman 2006)。
7)　「同盟」の政権獲得は2006年であるが、隣国ノルウェーで2005年に中道左派３党（労働党、左翼社会党、中央党）が選挙連合によって政権獲得に成功したことが北欧での最初の事例だとされている（Isberg 2011: 106)。
8)　理論上は、さらに政党間の結束が強まると、統一の候補者リストを用意して選挙に臨むということも考えられるが、それは比例代表選挙の制度の趣旨からしてもはや同一の政党であることに近くなるため、ここではこの形を「極限」と表現している。
9)　選挙を含む各党への評価において党首の役割が増す傾向については「（議院内閣制の）大統領制化」や「政治の人格化」として論じられることも少なくないが、ここでは文脈が異なるのでそうした議論には立ち入らない。「大統領制化」論によるスウェーデン政治分析の可能性と限界については拙稿（渡辺 2017a）を参照されたい。
10)　ここで問題になりうるのは、スウェーデンが EU に加盟して以降、それがデモクラシーの諸制度に与える影響である。主権の一部を上位機構である EU に移譲することになるため、理論上は議会を中心とした国内の政治的決定が制約されるからである。

　　その点について一般的には次のようなことがいわれている。すなわち、スウェーデンのような司法審査（違憲立法審査 judicial review）が弱い国にもその機能を強める方向への圧力が生じ、議会に対する司法（裁判所）の力が強まる。さらに、EU では、閣僚理事会（Council of Minsters）や欧州理事会（European Council）においてさまざまな交渉や利害調整が行われるため、そこに直接関わる各国の執政部門が国内政治の圧力からの自律性を高めていく。EU の決定を統制する手段は乏しく、加盟国の立法府や利益集団の影響力は弱まらざるをえない（Persson/Wiberg 2011: 24-25)。

　　ただし、その後スウェーデンを含む北欧の加盟国のすべてで議会内に EU 関連の事項を扱う常設委員会が置かれるようになり、政府は EU での協議に臨む前に諸政策に関する対応をそこに諮らなければならなくなっている（Persson 2018: 109-110)。近年では EU 自体も、統一国家的な機構の構築ではなく、多様性を認めた統合をめざすようになり、2009年末に発効したリスボン条約によって整備された現行の体制の下では、各国議会の調査監視機能の強化を受け入れている。そのような動きを受け、情報へのアクセス、調査制度の整備、実効性（強制力）の３基準で加盟国の議会の調査監視量力を比較した研究で、スウェーデンはいずれも上位に位置づけられている（Auel/Rozenberg/Tacea 2015)。近年の EU では2000年代のような統合志向は弱まっていることからみても、スウェーデン議会の一方的な弱体化が進むわけではないといえる。

　　また、議会に対する執政府の優位が進む傾向が一定程度あるとしても、それはむしろ本書でこれまでみてきたトップダウン型の予算制度改革やそれにともなう与野党の区別の明確化などとは矛盾しない。

　　もちろん、EU レベルと国内レベルの政治の関係については引き続き重要な研究課題ではあるが、本書が注目する同国のデモクラシーをめぐる制度編成の特性は現在も基本的に持続しており、少なくとも国内を対象とした政党システムの動向をみる限り、EU

加盟の影響については限定的であるとみてよいだろう。
11) スウェーデンにおいて、比例代表制の選挙制度を見直そうという動きもないわけではない。たとえば、保守系のシンクタンクSNS（Studieförbundet Näringsliv och Samhälle）は、「民主主義審議会（Demkratiråd）」という長期的プロジェクトを維持しており、2000年代初頭と2017年にも小選挙区制の導入を含めた選挙制度改革案を提示している（Lindvall et al. 2017）。いまのところ議会等でその実現に向かう動きはないが、今後の動向が注目される。

終章

スウェーデンの民主主義と政党の意義

　本書の主な課題である政党システムの分析と考察については前章まででひと通り終えているが、最後に少し視点を変えて、国民の政治参加と政党の関係にもふれておく。これまでは制度や体制の面に限定して「デモクラシー」の語を用いてきたが、ここではそれを支える思想や理念をも含めて考えるために、あえて「民主主義」とする。スウェーデン語の"demokrati（デモクラティー）"も制度面にとどまらない広い意味をもつが、その使われ方には日本語の「民主主義」とも異なるところがあるため、その点に着目して両国の事情を比較し、今後私たちが民主政治について考えていく手がかりにしたい。

(1) 民主主義と政治参加

　まず、日本でもしばしば注目されるスウェーデンの選挙投票率の高さをみておこう。国政選挙での投票率の推移を、本書の分析対象期間より少し前の一院制移行時から示したのが**表 終1**である。

　ここには示されていないが1950年代の3回はいずれも70％台後半、1960年代の3回は80％台であり、投票率は長期的に上昇して1970年代から1980年代初頭にかけて90％に達するようになる。その後2002年の80％まで徐々に低下し、そこから再び緩やかに上昇して近年では85％前後で推移している。過去に数回にわたり90％を超えたことや、現在も85％程度であることから、国際的にみても（投票を義務化している一部の国を除けば）非常に高い水準にあるといえよう。

　第1章で扱った制度設計に関する議論をもちだすまでもなく、主権者がその

表 終1　選挙投票率の推移 (1970年-2022年)

選挙年	1970	1973	1976	1979	1982	1985	1988	1991	1994
投票率	88.3	90.8	91.8	90.7	91.4	89.9	86.0	86.7	86.8

選挙年	1998	2002	2006	2010	2014	2018	2022
投票率	81.4	80.1	82.0	84.6	85.8	87.2	84.2

出所：Oscarsson/Holmberg 2016：18. 2018年と2022年の数値については選挙管理委員会（Valmyndigheten）ウェブサイトの選挙結果のページ（https://www.val.se/valresultat.html）から得られるデータで補完している。

　政治的権限を他者に委任する選挙への参加は、代議制デモクラシーにおいて最も基礎的かつ重要な手続きとなる。その実績を示す投票率について、高いほうが望ましいとみることに異論はなかろう。スウェーデンの選挙投票率の高さの理由をここで網羅的に検討することはできないが、さしあたり2つの点を指摘しておきたい。

　1つは、1990年代から2000年代初頭にかけて投票率が下がった際に、国内に危機感が広がりさまざまな対策がとられたことである。80％台の投票率は一般的にみて低いとはいえないが、1998年選挙で投票率が81.4％となると、1976年の91.8％からは10％あまり下がったということで、政治学者メッレルも国民の政治的関心の低下に懸念を示していた（Möller 1999：273-274）。その問題意識は社会的にも共有されており、1994年以降、「民主主義推進委員会（Demokratiutvecklingskommitten）」と「民主主義調査委員会（Demokratiutredning）」という2つの調査委員会（審議会）が設置され、1998年選挙後には政府に「民主主義大臣」も置かれた。また、投票日の受付時間を延ばしたり、病気入院中の有権者の代理投票を可能にしたり、海外在住有権者向けの投票制度を整備したりと、さまざまな努力が続けられた。しかし、2002年の選挙でわずかではあるがさらに数値が下がると主要朝刊紙でもその「記録的低さ」が報じられた（DN 2002.9.16）。

　こうしたなかで、特にこのころからは、従来役所や学校、教会などに置かれることが多かった投票所が、駅構内やショッピングモールなどにも設置される

表 終2　2022年選挙年齢層別（性別）投票率

年齢層	有権者投票率（％）		
	男性	女性	合計
18-29歳	78.7	84.1	81.3
30-49歳	82.2	84.8	83.5
50-64歳	86.5	88.1	87.3
65歳-	85.7	82.8	84.2
全体	83.6	84.9	84.2

出所：統計庁（Statistisk centralbyrån）ウェブサイトの「国政選挙投票率調査」ページ（https://www.scb.se/hitta-statistik/statistik-efter-amne/demokrati/allmanna-val/allmanna-val-valdeltagandeundersokningen/、最終閲覧日：2024年1月15日）。

ようになり、その数を大きく増やしていった。また、期日前投票も奨励され、図書館や郵便局などに設けられた投票所でもそれを受付けるようになった。厳密な検証は難しい面もあるが、こうした取り組みが投票率の維持ないし再上昇につながったと推察される。

　もう1つは、特に若年層向けの政治教育に力が入れられていることである。詳しくは拙稿（渡辺 2019c）を参照されたいが、スウェーデンでは、高等学校だけでなく、日本の小中学校に相当する基礎学校においても、後述するような実践志向の政治教育が行われている。そうした取り組みが、多くの国が課題としている若者の政治参加の向上にも一定の成果をあげていると考えられる。

　18歳から29歳までの年齢層の投票率は、全体の数値よりは3～5％程度低い水準で推移しているが、近年でも80％に達している。直近の2022年選挙をみても、若年層では男女差があるが、性別を除くと81.3％となっており（表 終2）、日本では2021年の衆議院議員選挙の投票率が全体で56.0％、18～19歳が43.2％、20～29歳が36.5％であったことからすると、若年層については日本の数値の2倍にもなる。

(2) 政治教育と政党

　次に、このような高投票率の要因の1つであると考えられる学校での政治教育と、そこに政党政治のあり方が深く関わっていることをみていく。

　スウェーデンでは、他の北欧諸国と同様に、地方議会の選挙も比例代表制で行われる[3]。つまり、地方政治も政党を単位として行われており、選挙では党を選ぶことになる。もちろん各党が地域の事情に応じて行おうとする政策も多いが、党組織自体は統合されており、基本的な目標や方針は国レベルの政治とも共通している。そのことが、若者や子どもが各党の立場や特徴を理解するうえでも大きな利点となっている。

　たとえば、日本の中学生や高校生に相当する生徒が使う社会科の教科書では、政党ごとの性格や政策の傾向が整理されて伝えられる。また、選挙が近づいた際などに学校に政党代表を招いて話を聴く機会が設けられるが、各党の主張や政策を伝える役割は特定の政治家でなくても果たしうる[4]。それはスウェーデンで選挙前になると市中の各所に設置され、政党の宣伝拠点となる「選挙小屋（valstuga）」でも同様で、専従職員やボランティアの党員が自党の政策を語ることも容易になる。

　こうした条件の下で、選挙の時期には、高校生はもちろん基礎学校の児童・生徒もそれぞれのレベルでの授業課題として、実際の政党の主張や政策を学ぶ機会をもつ。また、公式の制度とほぼ同様の形式での模擬選挙（「学校選挙（skolval）」）も広く実施されている（渡辺 2019c：192-195）。若年層の投票率の高さの背景にはこうした政治教育のあり方が関連しており、選挙が政治参加のすべてではないとはいえ、その努力は評価されるべきであろう。

　その他にも制度的な環境が投票へのハードルを下げる方向に作用している面がある。ここではそれを有権者の視点から整理してみる。

　スウェーデンでは国政、広域自治体（日本の都道府県に相当）、基礎自治体（日本の市町村に相当）の3つの議会の選挙が同時に行われる（第2章第2節(2)）。その日程もあらかじめ決まっており（現在は4年ごとの9月の第2日曜日）、選挙が行

われる年になると政党やメディアも早くから選挙を意識して動いていくため、有権者もそれらをみながら投票日を迎えることができる。

　また、いずれも名簿式の比例代表制なので、有権者は投票する党を決めたら、その候補者リストが印刷された投票用紙をそれぞれの議会用の封筒に入れて投票すればよい[5]。地方政治から国政までの各レベルで選挙に同じ政党が候補者リストを出しており、基本的には4年に一度、8つの政党のなかから1つを選べばよいのである[6]。過去30年あまりで党の数は3つ増えたが、合併や分裂は起こっていないので、学校教育のなかでも扱われるような各党の基本的な性格や違いを普段からある程度意識しておけば、最終的には選挙期間中に投票先を決めるにしても、比較的容易に選ぶことができる[7]。

　以上のように、スウェーデンでの若年層を含めた投票率の高さの背景には、政治教育の充実と制度の合理性や簡明さがある。歴史的な経緯による部分と、政策的な努力によって実現してきた部分とが複雑に絡み合いながらも、結果として有権者に投票を促すのに適した条件が備わっているといえそうである。

　もちろん、すでに述べたように、スウェーデンでも政党の組織的な基盤は以前のように強固ではなくなっており、その代表機能は長期的に低下してきているとみるべきであろう。その一方で、一世紀にわたって積み重ねられてきた比例代表制選挙の経験が、有権者が政党を介して政治に関わるという慣行を定着させている点はあらためて強調されてもよい。そのことが、デモクラシーの機能に不可欠な人々の政治理解と政治参加を促す面をもつからである[8]。こうした効果については、さまざまな環境変化のなかで今後もある程度持続していくものと見込まれる。

(3) おわりに

　スウェーデンの「民主主義 (demokrati)」については、対等な人間どうしが社会を形成していく原理を表すものとして、規範的な意味を込めて用いられることがある。とりわけ教育との関係では、学校法 (skollagen) において、学校

の諸活動が民主主義の基本的な価値に基づくことが定められている[9]。各学校の学習指導要領でもそのことが強調されており、それは幼稚園（förskola）の指導要領においても同様である[10]。

　早い段階での教育を民主主義に基づいて行うということの意味は、日本に暮らす私たちからするとわかりにくいが、筆者が在外研究時に自身の子どもたちを基礎学校と幼稚園に通わせたり、他の機会にそれらを視察してきた限りでは、幼い子どもにも「自分の意見を言い、他人の意見を聴き、そのうえで決める」という行動様式を学ばせることに力が入れられていた。幼少期からこうした発想を身につけられる環境があり、上述のように基礎学校、高等学校で現実の政治にふれる経験を積むことで、スウェーデンの若者たちは選挙があれば比較的自然に投票に向かうようになると考えられる。

　そのようなスウェーデンの若い有権者にとって、選挙での投票は身構えて政治と向き合うというよりは、自身の言い分を伝えるという感覚に近いようである[11]。日本語の「票」は紙片を表し、それを差し出すのが「投票」であるのに対し、スウェーデン語で「票」を表す"röst"は「声」と同語で、「投票する」はその動詞形の"rösta"、つまり「声をあげる」ということでもある[12]。くだけた表現が許されるなら、「私にも言わせて／俺にも言わせろ」ということなのであろう。

　こうしてみると、デモクラシーの政治体制という点では同じカテゴリーに属する日本とスウェーデンの間には、制度面の違いはもちろん、それを支える有権者の意識や行動様式の面でも少なからぬ違いがあることがわかる。投票率の話に戻れば、代議制デモクラシーである以上、選挙に参加する有権者は多いほうがよい。しかし、歴史的背景や社会状況も大きく異なるため、直接その経験に倣おうとすることには無理がある。それでも、条件の違いを十分に認識しつつ、① 選挙の方法を含む制度の合理化、② 政党の役割の再評価、③ 実践的な政治教育を通じた主権者意識の涵養、といった原理的な課題を確認することで、日本の民主政治の今後を考える際に役立てていくことは可能であろう。

注

1）投票率が下がった2000年前後に30％程度だった期日前投票の割合は、その後上昇し、2010年代には4割程度となった（Oscarsson/Holmberg 2016：18）。さらに、2022年選挙では、「コロナ」禍の影響もあって5割近く（48.2％）になっている（選挙管理委員会ウェブサイト https://www.val.se/valresultat/riksdag-region-och-kommun/2022/valresultat.html、最終閲覧日：2024年1月15日）。

2）日本の数値については、総務省ウェブサイトの「選挙・選挙結果」のページで確認している。https://www.soumu.go.jp/senkyo/senkyo_s/news/sonota/nendaibetu/、最終閲覧日：2024年1月15日。

3）そのこととも関わって、基礎自治体や広域自治体のレベルの政治も「議院内閣制」型で、多数派を形成した政党が執政権を握って行われる。もっともそれは、ヨーロッパでは多くみられることで、地方政治でのみ執政府の長（首長）を直接選挙する「大統領制」型をとる日本の制度設計が特殊だともいえよう。

4）日本では政治教育自体が「中立性」の要請に関わる問題もあって簡単ではないが、比例代表制選挙と政党単位の政治が定着している場合には、全政党を並べて扱うことでその問題を回避しやすくなる。

5）その際には混同を避けるために、3つのレベルの投票用紙は色と（封筒に入れた時に半円型の「窓」から見える位置に引かれた）線の数で区別される。すなわち、国政用は黄色の用紙で線が2本、広域自治体用は水色の用紙に線が1本、基礎自治体用は白い用紙に線は無し、となっている。

6）EU加盟後は、それ以外にも5年に一度、欧州議会議員の選挙が行われるようになっているが、政党単位で投票する点はそこでも同じである。

7）厳密にいえば、こうした表現が正確さを欠く面もある。すなわち、過去には結党から1年足らずで国政に参入し、次の選挙で議席を失って解党に向かった新民主党があったし、議席を得られる可能性が低くても候補者を立てて選挙に参加する小政党や、特定の地方選挙区にのみ参加する政党（地方政党）も選択肢には入る。また、3つのレベルのうちの1つまたは2つで別の党を選ぶこと（分割投票）もできるためである。

8）民主政治における政党の役割について、政策形成や政府形成、指導者の育成など、機能面からその持続性を指摘したり、（組織政党が衰退するなかでも）党の政策と有権者の選好との関連の有意性を見いだそうとする議論があるが、ここで述べたような形での政党の意義をスウェーデンないし北欧の政治の特徴として指摘することも可能であろう。

9）スウェーデンのすべての学校の所管官庁である学校庁（Skolverket）が定める基礎学校の学習指導要領は、第1章「学校の基本価値と役割」の冒頭で「学校は民主主義のうえに成り立つ」と謳っている。学校庁ウェブサイト、「基礎学校の学習指導要領」のページを参照（https://www.skolverket.se/undervisning/grundskolan/laroplan-och-kursplaner-for-grundskolan/laroplan-lgr22-for-grundskolan-samt-for-forskoleklassen-och-fritidshemmet［最終閲覧日：2024年5月30日］）。

10) その冒頭で「幼稚園は学校庁の管轄に属し、民主主義の価値に基づいて置かれる」と規定されている（Skolverket 2018：5）。
11) その点で日本の若者の選挙に対する意識は大きく異なっている可能性が高い。たとえば筆者は、選挙権年齢が18歳に引き下げられた際に、勤務校の法学部１年生を対象に調査をしたことがある。そこで「18歳選挙権」に「反対」だと答えた学生（164名中74名［「賛成」83名、その他７名］）のなかに、知識や経験の不足を理由に自らが投票しない方がよいと考える者や、政治について十分に学んでからでないと投票できないと考える者が少なくなかったからである（渡辺 2019b：3-4）。
12) もちろん、これは意識の違いに関する推論の一端にすぎない。投票を「声」に関わる言葉で表すのは他の北欧語やドイツ語も同じであり、それだけを高投票率の理由として強調したいわけではない。ちなみに、語彙面ではラテン語ないしフランス語の影響を強く受けている英語の"vote"は"vow"（誓約、誓う）を語源としており（Oxford Dictionary of English, 2nd Edition, 2003）、フランス語、イタリア語、スペイン語などもそれに類する表現が使われる。

あとがき

　筆者は1990年代に、スウェーデン福祉国家の発展における政治的要因を探ることから研究を始め、社会民主党の政治戦略の分析を中心にして博士論文を書いた。その後、大学に勤めながら社会保障、選挙制度、環境問題、エネルギー（原子力）政策、移民政策、主権者教育、ナショナリズム、ポピュリズムなど、さまざまなテーマでの共同研究や出版企画にスウェーデンの事情を担当する形で参加し、同国の政治や政策に関する論稿を発表してきた。

　その一方で、常に政党政治の全体の動向に関心をもち続け、いずれその観点から自身の本をまとめてみたいという構想を抱いていた。また選挙については、その国の政治の縮図のようなところがあると感じており、1990年代半ばから2010年代半ばまでスウェーデンのすべての国政選挙について、投票日の前後数日ずつ現地に滞在しながら視察してきた。2018年選挙は台風被害（予定の飛行機が飛ばず、関西国際空港が連絡橋への船の衝突事故で数日閉鎖）で渡航がかなわず、2022年選挙は「コロナ」の影響でやはり現地入りは断念したが、幸い近年はインターネットにより、新聞の購読だけでなく、党首討論や開票速報のテレビ番組も生中継で観られるため、ほぼ同時進行で情報を集めることができた。

　こうした構想や経験を形にしたものが本書である。思い返せばスウェーデンとの最初の関わりは、1988年に大学３年生のゼミの個人研究で同国の社会保障政策について調べたことであった。半分は偶然であるが、実証研究部分がこの年の選挙から始まっていることから、本書は筆者のこれまでのスウェーデン政治研究の歩みを反映した著作という面をもつことにもなった。

　他方で、その成り立ちに関わる具体的なきっかけもある。というのは、2011年から2013年にかけて、網谷龍介さんを代表とする研究会に加えていただき、中田瑞穂さん、伊藤武さん、成廣孝さんらとともに、ヨーロッパ諸国の政党間

競合のあり方について考える機会を得ていたからである。しかし、そこで多くのことを学び、共著書の作成にも参加させていただきながら、研究会テーマに即した論稿をまとめきれないままに時間が経ってしまっており、それを完結させたいという思いが残っていた。

その意味で本書は十年来の「宿題」をようやく提出したという性格のものでもある。とはいえ、政党システムと各政党の戦略的行動との関係についての検討や分析については、なおも十分に展開できたとはいいがたい。また、政党と有権者のつながり（リンケージ）の変化と民主政治における意味についても先行研究の蓄積をふまえてもう少し議論を深めることができたはずだという反省が残る。これらについては今後の課題としたい。

このような経緯から、上記研究会のメンバーの皆様には、遅くなってしまったことをお詫びしつつ、あらためてお礼を申しあげる次第である。

2冊目の単著書の刊行という一応の節目で振り返れば、浅学菲才の筆者が政治学の研究者としてこれまで何とか活動を続けてこられたのは、多くの人の支えがあったからこそである。すべての人に感謝を伝えたいが、ここでは一部の先生方のみのお名前を挙げさせていただく。

名古屋大学の学部・大学院では、田口富久治先生、小野耕二先生、後房雄先生から、政治学の基礎を含め多くのことを教えていただいた。2022年に逝去された田口先生に本書を届けられなかったことが悔やまれる。

宮本太郎先生には、大学院生時代にスウェーデン政治や福祉国家論に関するご助言をいただき、その後も学会や研究会等でご指導を賜った。新川敏光先生には、大学院の集中講義で学ばせていただいて以来、現在も先生が主催される研究会等で門下生の方々とともに勉強させていただいている。

2003年に関西に活動拠点を移した際、最初に勉強会にお誘いくださり、その後も折にふれて気にかけてくださる土倉莞爾先生にも、この機会にあらためてお礼を申しあげたい。

龍谷大学に着任した際の同僚であり、ご退職後も共同研究等でご一緒させて

いただくことが多い石田徹先生と高橋進先生には、長きにわたり研究面にとどまらないご厚情を賜っており、格別の謝意をお伝えしたい。

　本書は、龍谷大学の「国内研究員」(2023年度) としての成果であり、その刊行にあたっては龍谷大学出版助成金 (2024年度) の交付を受けている。また、本書の出版にあたっては、準備段階も含めて晃洋書房の丸井清泰さんと福地成文さんにお世話になった。記して謝意を表したい。

　　2024年10月

渡辺　博明

巻 末 資 料

資料A　国政選挙における各党の得票率、獲得議席数、および政権の構成

選挙年	左翼党 1990年まで 共産党 %		社会 民主党 %		環境党 %		中央党 1957年まで 農民党 %		自由党 2015年まで 国民党 %		穏健党 1969年まで 右翼党 %		キリスト教 民主党 %		%	
1932	3.0	2	41.7	104	—	—	14.1	36	11.7	24	23.5	58				
1936	3.3	5	45.9	112	—	—	14.3	36	12.9	27	17.6	44				
1940	3.5	3	53.8	134	—	—	12.0	28	12.0	23	18.0	42				
1944	10.3	15	46.7	115	—	—	13.6	35	12.9	26	15.9	39				
1948	6.3	8	46.1	112	—	—	12.4	30	22.8	57	12.3	23				
1952	4.3	5	46.1	110	—	—	10.7	26	24.4	58	14.4	31				
1956	5.0	6	44.6	106	—	—	9.4	19	23.8	58	17.1	42				
1958	3.4	5	46.2	111	—	—	12.7	32	18.2	38	19.5	45				
1960	4.5	5	47.8	114	—	—	13.6	34	17.5	40	16.5	39				
1964	5.2	8	47.3	113	—	—	13.4	36	17.1	43	13.7	33	1.8	—		
1968	3.0	3	50.1	125	—	—	15.7	39	14.3	34	12.9	32	1.5	—		
1970	4.8	17	45.3	163	—	—	19.9	71	16.2	58	11.5	41	1.8	—		
1973	5.3	19	43.6	156	—	—	25.1	90	9.4	34	14.3	51	1.8	—		
1976	4.8	17	42.7	152	—	—	24.1	86	11.1	39	15.6	55	1.4	—		
1979	5.6	20	43.2	154	—	—	18.1	64	10.6	38	20.3	73	1.4	—		
1982	5.6	20	45.6	166	1.7	—	15.5	56	5.9	21	23.6	86	1.9	—		
1985	5.4	19	44.7	159	1.5	—	12.4	44	14.2	51	21.3	76	—	—		
1988	5.8	21	43.2	156	5.5	20	11.3	42	12.2	44	18.3	66	2.9	—	新民主党	
1991	4.5	16	37.7	138	3.4	—	8.5	31	9.1	33	21.9	80	7.1	26	6.7	25
1994	6.2	22	45.3	161	5.0	18	7.7	27	7.2	26	22.4	80	4.1	15	1.2	—
1998	12.0	43	36.4	131	4.5	16	5.1	18	4.7	17	22.9	82	11.7	42	スウェーデン民主党	
2002	8.4	30	39.9	144	4.7	17	6.2	22	13.4	48	15.3	55	9.2	33	1.4	—
2006	5.9	22	35.0	130	5.2	19	7.9	29	7.5	28	26.2	97	6.6	24	2.9	—
2010	5.6	19	30.7	112	7.3	25	6.6	23	7.1	24	30.1	107	5.6	19	5.7	20
2014	5.7	21	31.0	113	6.9	25	6.1	22	5.4	19	23.3	84	4.6	16	12.9	49
2018	8.0	28	28.3	100	4.4	16	8.6	31	5.5	20	19.8	70	6.3	22	17.5	62
2022	6.8	24	30.3	107	5.1	18	6.7	24	4.6	16	19.1	68	5.3	19	20.5	73

＊Hadenius/Molin/Wieslander 1993：354-355, tab. 1C, Hadenius 2003：278-279より作成。
　選挙管理委員会（Valmyndigheten）ウェブサイトより、2006年・2010年・2014年・2018年・2022年のデータを追加。
＊1960年代までは二院制で、数値は直接選挙であった下院のもの。1970年選挙後から一院制となり、議席数は当初350、76年選挙より349となって現在に至っている。
＊濃い網掛けの部分が与党。薄い網掛け（1998年および2002年の左翼党と環境党）は閣外協力。
＊1932年と1936年には、社会主義諸派の社会党が4議席ずつを得ているが省略した。
＊1985年選挙では、キリスト教民主党の党首が中央党の候補者リストに入る形で議席を得ている。

資料B　スウェーデンの国政選挙における各党得票率の推移

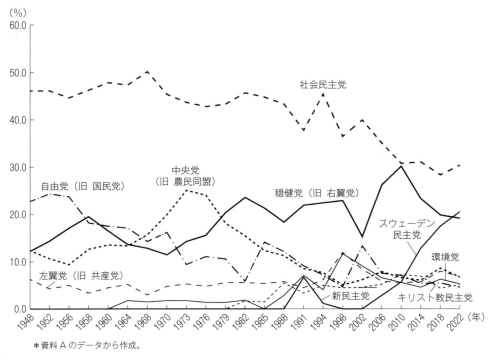

＊資料Aのデータから作成。

巻末資料 253

資料C　第二次世界大戦後のスウェーデンにおける政権の構成とタイプ

年	左派ブロック			右派ブロック				政権のタイプ	
								少数(/多数)	単独(/連立)
1945		社民						少	単
1948		社民						少	単
1951		社民		農同				多	連
1952		社民		農同				多	連
1956		社民		農同				多	連
1957		社民						少	単
1958		社民						少	単
1960		社民						少	単
1964		社民						少	単
1968		社民						多	単
1970		社民						少	単
1973		社民	①					少	単
1976				中央	国民	穏健		多	連
1978					国民			少	単
1979				中央	自由	穏健		多	連
1981				中央	国民			少	連
1982		社民	②					少	単
1985		社民						少	単
1988		社民	③					少	単
1991				中央	国民	**穏健**	キリ民	少	連
1994		社民	④					少	単
1998	(左翼)	社民						(多)	単
2002	(左翼)	社民	(環境)					(多)	単
2006				中央	国民	**穏健**	キリ民	多	連
2010			⑥	中央	国民	**穏健**	キリ民	少	連
2014		社民	環境					少	連
2018		社民	環境	(中央)	(自由)			(多)	連
2021		社民	(環境)	(中央)				少	単
2022			⑦		自由	**穏健**	キリ民 (ス民)	(多)	連

＊筆者作成。
＊政党名について、「社民」は社会民主党、「農同」は農民同盟（中央党の前身）、「キリ党」はキリスト教民主党、「ス党」はスウェーデン民主党を表す。
＊斜体は選挙年。選挙はすべて9月。政権発足・再編時期は、1945年が7月、81年が5月、他は10月。
＊網掛けは政権政党、太字は首相所属政党を表す。
＊（　）は政策協定に基づく閣外協力を表す。（多）は閣外協力関係による多数派確保を表す。
＊矢印（番号付）は「政権交代」。

資料・文献リスト

〈政府刊行物等〉

Socialförsäkringsutredningen（2005）*Vad är Arbetslinjen?*（Samtal om Socialförsäkring, nr 4）.

Statens offentliga utredningar［SOU］（1993（16））*Nya villkor för ekonomi och politik : Ekonomikommissionens förslag*, Finansdepartmentet.

――――（1993（21））*Ökat personval : Personvalskommitténs betänkande*, Justitiedepartementet.

――――（2008（125））*En reformerad grundlag*, Justitiedepartmentet.

Skolverket（2018）*Läroplan för förskolan（Lpfö 18）*.

〈政党文書〉

Allians för Sverige［Alliansen］（2006）*Fler i arbete-mer att dela på : Valmanifest 2006*.

Miljöpartiet de Gröna（2001）*Tre år av grönt samarbete med rött-klara gröna framgångar!*.

Moderata samlingspartiet, Folkpartiet Liberalerna, Kristdemokraterna, Centerpartiet［M/Fp/Kd/C］（2004）*Allians för Sverige : Samverkan för maktskifte 2006*.

Sveriges Socialdemokratiska arbetarepartiet［SAP］（2009）*Politiska riktlinjer-Antagna av jobbkongressen 2009*.

――――（2015）*Valanalys 2014 : Att vinna framtiden-en dubbel utmaning : Rappport från socialdemokraternas valanalysgrupp*.

――――（2017）*Trygghet i en ny tid-Politiska riktlinjer*.

――――（2018a）*En trygg migrationspolitik för ny tid*.

――――（2018b）*Granskning av Sverigedemokraternas economiska politik*.

Socialdemokratisika arbetarepartiet, Vänsterpartiet och Miljöpartiet de Gröna［S/V/Mp］（2002）*Hundratjugoen punkter för ett tryggare, rättvisare och grönare Sverige*（4. Oktober 2002）.

――――（2009）*Gemensamma förslag från S, Mp och V i budgetmotionerna för 2010*.

Socialdemokraterna, Centerpartiet, Liberalerna och Miljöpartiet de gröna［S/C/L/Mp］（2019）*Utkast till sakpolitisk överenskommelse mellan Socialdemokraterna, Centerpartiet, Liberalerna och Miljöpartiet de gröna*.

Socialdemokraterna, Moderaterna, Miljöpartiet, Centerpartiet, Folkpartiet och Kristdemokraterna［S/M/Mp/C/Fp/Kd］（2014）*Överenskommelse*（27. December 2014）.

Sverigedemokraterna（2010）*Ge oss Sverige tillbaka!*.

――――（2014）*Vi väljer välfärd ! Sverigedemokratiskt valmanifest-valet 2014*.

Sverigedemokraterna, Moderaterna, Kristdemokraterna och Liberalerna［Sd/M/Kd/L］

(2022) *Tidöavtalet : Överenskommelse för Sverige.*

〈新聞〉

Aftonbladet [AB]
Dagens Nyheter [DN]
Svenska Dagbladet [SvD]

〈欧語文献〉

Akkerman, Tjitske, Sarah L. de Lange and Matthjs Rooduijn eds. (2016) *Radical Right-Wing Populist Parties in Western Europe : Into Mainstream?*, Routledge.

Anton, Thomas J. (1969) Policy-Making and Political Culture in Sweden, *Scandinavian Political Studies*, 4, 88–102.

Arter, David (2016) *Scandinavian Politics Today* [Third Edition], Manchester University Press.

Auel, Katrin, Olivier Rozenberg and Angela Tacea (2015) To Scrutinise or Not to Scrutinise?, Explaining Variation in EU-Related Activities in National Parliaments, *West European Politics* 38 (2), 282–304.

Aylott, Nicholas (2018) The Party System, Jon Pierre ed. *The Oxford Handbook of Swedish Politics*, Oxford University Press, 152–168.

Aylott, Nicholas and Niklas Bolin (2007) Toward Two-Party System? The Swedish Parliamentary Election of September 2006, *West European Politics* 30 (3), 621–633.

─── (2023) A New Right : The Swedish Parliamentary Election of September 2022, *West European Politics* 46 (5), 1049–1062.

Bale, Tim and Torbjörn Bergman (2006) Captives No Longer, but Servants Still? : Contract Parliamentarism and the New Minority Governance in Sweden and New Zealand, *Government and Opposition* 41 (3), 422–449.

Bäck, Henry, Gissur Ó Erlingsson och Torbjörn Larsson (2013) *Den svenska politiken : Struktur, processer och resultat* (Fjärde upplagan), Liber.

Bäck, Mats och Tommy Möller (1990) *Partier och organisationer* [Första upplagan], Norstedts Juridik.

─── (2003) *Partier och organisationer* [Sjätte upplagan], Norstedts Juridik.

Bengtsson, Åsa, Kasper M. Hansen, Ólafur Þ. Harðarson, Hanne Marthe Narud and Henrik Oscarsson (2014) *The Nordic Voter : Myths of exceptionalism*, ECPR Press.

Bergman, Torbjörn (2003) Sweden : From Separation of Power to Parliamentary Supremacy-and Back Again?, Kaare Strøm, Wolfgang Müller and Torbjörn Bergman eds., *Delegation and Accountability in Parliamentary Democracies*, Oxford University Press, 594–619.

―――― (2011) Demokratin statsskicket och regeringsformen, *Statsvetenskaplig Tidskrift* 113 (3), 259-270.
Bergman, Torbjörn och Nicholas Aylott (2003) Parlametarism per contract: blir den svenska innovationenn långlivad?, *Riksdagens åsbok 2002/03*, 4-7.
Bergström, Hans (1991) Sweden's Politics and Party System at the Crossroads, Jan-Erik Lane ed. *Understanding Swedish Model*, Frank Cass. 8-30.
Burchell, Jon (2001) 'Small Steps' or 'Great Leaps': How the Swedish Greens Are Learning the Lessons of Government Participation, *Scandinavian Political Studies* 24 (3), 239-254.
Christiansen, Flemming Juul and Erik Damgaard (2008) Parliamentary Oppositions under Minority Parliamentarism: Scandinavia, *The Journal of Legislative Studies* 14 (1, 2), 46-76.
Damgaard, Erik (1992) Nordic Parliamentary Government, Erik Damgaard ed. *Parliamentary Change in the Nordic Countries*, Scandinavian University Press, 11-17.
Ekman Mikael och Daniel Poohl (2010) *Ut ur skuggan : En kritisk granskining av Sverigedemokratena*, Natur & Kultur.
Elder, Nils, Alastair H. Thomas and David Arter (1982) *The Consensual Democracies? The Government and Politics of the Scandinavian States*, Basil Blackwell Ltd.
Erlingsson, Gissar Ó. och Douglas Brommesson (2010) Partier ii förändling?, *Statsvetenskaplig tidskrift* 112 (2), 131-141.
Erlingsson, Gissar Ó., Ann-Katrin Kölln and Patrik Öberg (2018) The Patry Organisations, Jon Pierre ed. *The Oxford Handbook of Swedish Politics*, Oxford University Press, 169-187.
Esaiasson, Peter (1990) *Svenska valkampanjer 1886-1988*. Publica.
Esaiasson, Peter and Sören Holmberg (1996) *Representation from Above : Members of Parliament and Representative Democracy in Sweden*. Dartmouth.
Geys, Benny, Bruno Heyndels and Jan Vermeir (2006) Explaining the Formation of Minimal Coalitions: Anti-system Parties and Anti-pact Rules, *European Journal of Political Research*, 45, 957-984.
Golder, Sona N. (2005) Pre-electoral Coalitions in Comparative Perspective: A Test of Existing Hypotheses, *Electoral Studies* 24, 643-663.
―――― (2006) Pre-electoral Coalition Formation in Parliamentary Democracies, *British Journal of Political Science* 36, 193-212.
Hadenius, Stig (1994) *Riksdagen : En svensk historia*, Sveriges riksdag.
―――― (2003) *Modern svensk politisk historia : Konflikt och samförstånd* [Sjätte upplagan], Hjalmarson & Högberg Bokförlag
―――― (2008) *Sveriges politiska historia från 1865 till våra dagar : Konflikt och samförstånd* [Sjunde upplagan], Hjalmarson & Högberg.

Hadenius, Stig, Björn Molin och Hans Wieslander (1993) *Sverige efter 1990 : En modern politisk historia* [13 : e upplagan], Bonnier Alba.

Halvarson, Arne, Kjell Lundmark och Ulf Staberg (2003) *Sveriges statsskick : Fakta och perspektiv*, Liber.

Hansen, Kasper M. and Karina Kosiara-Pedersen (2018) Nordic Voters and Party Systems, Nedergaard and Wivel eds., *The Routledge Handbook of Scandinavian Politics*, Routledge, 114–123.

Häger, Björn (2012) *Problempartiet : Mediernas villrådighet kring SD valet 2010*, Stiftelsen Institutet för mediestudier.

Håkansson, Anders (1995) Kris för de svenska partierna?, *Statsvetenskaplig tidskrift* 98 (1), 45–50.

Heclo, Hugh and Henrik Madsen (1987) *Policy and Politics in Sweden : Principled Pragmatism*, Temple University Press.

Hino, Airo (2012) *New Challenger Parties in Western Europe : A Comparative Analysis*, Routledge.

Holmberg, Sören (2000) *Välja parti*, Norstedts Juridik.

────── (2006) *Riksdagsvalet 2006, Valu*, Sveriges Television.

Holmberg, Sören och Henrik Oscarsson (2004) *Väljare : Svenskt väljarebeteende under 50 år*, Norstedts Juridik.

Isberg, Magnus (2011) Is Sweden Going Majoritarian?, Thomas Persson and Matti Wiberg eds., *Parliamentary Government in the Nordic Countries at Crossroads : Coping with Challenges from Europeanisation and Presidentialisation*, Santérus Academic Press, 85–111.

Katz, Richard S. and Peter Mair (1995) Changing Models of Party Organization and Party Politics, *Party Politics* 1, 5–28.

Kirchheimer, Otto (1966), The Transformation of Western European Party Systems, Joseph LaPalombara and Myron Weiner eds., *Political Parties and Political Development*, Princeton University Press, 177–200.

Kitschelt, Herbert, (1988) Left-Libertarian Parties : Explaining Innovation in Competitive Party Systems, *World Politics* 40 (2), 194–234.

────── (1995) *The Radical Right in Western Europe : A Comparative Analysis*, University of Michigan Press.

Kristofferson, Ulf (2006) *Fredrik Reinfeldt-i huvudrollen*, Bonnier Fakta.

Laakso, Markku and Rein Taagepera (1979) "Effective" Number of Parties : A Measure with Application to West Europe, *Comparative Political Studies*, 12 (1), 3–27.

Lagercrantz, Arvid (2005) *Över blockgränsen : Samarbetet mellan Centerpartiet och Socialdemokraterna 1995–1998*, Gidlunds.

Lane, Jan-Erik and Svante Ersson (1983), *Politics and Society in Western Europe*, SAGE Publications.
Larsson, Stig (2004) Den "nationella rörelsen": historien om Sverigedemokraterna, Richard Slätt red., *Sverigedemokraterna från insidan: Berättelsen om Sveriges största parti utanför riksdagen*, Expo och Hjalmarson & Högberg.
Lewin, Leif (1998) Vi måste pressa s, *Dagens Nyheter* 1998.8.6, 4.
Lindvall, Johannes, Hanna Bäck, Jan Teorell, Canl Dahlström och Elin Naurin (2017) *SNS demokratirapport 2017: Samverkan och strid i den parlamentariska demokratin*, SNS Förlag.
Lipset, Seymour Martin and Stein Rokkan (1967) Cleavage Structures, Party Systems, and Voter Alignments: An Indroduction, Lipset and Rokkan eds., *Party Systems and Voter Alignments: Cross-National Perspectives*, The Free Press, 1–64.
Madeley, John T. S. (1999) The 1998 Riksdag Election: Hobson's Choice and Sweden's Voice, *West European Politics* 22 (1), 187–194.
――― (2003) 'The Swedish Model Is Dead! Long Live Swedish Model!': The 2002 Riksdag Election, *West European Politics* 26 (2), 165–173.
Mair, Peter (1997) *Party System Change: Approaches and Interpretations*, Oxford University Press.
――― (2006) Party System Change, Richard S. Katz and William Crotty eds., *Handbook of Party Politics*, Sage, 63–73.
Mattson, Ingvar (2015) Parliamentary Committee: A Ground for Compromise and Conflict, Jon Pierre ed., *The Oxford Handbook of Swedish Politics*, Oxford University Press, 679–690.
Molander, Per (2001) Budgeting Procedures and Democratic Ideals: An Evaluation of Swedish Reforms, *Journal of Public Policy* 21 (1), 23–52.
Möller, Tommy (1999) The Swedish Election 1998: A Protest Vote and the Birth of New Political Landscape?, *Scandinavian Political Studies* 22 (3), 261–276.
――― (2015) *Svensk politisk historia: Strid och samverkan under tvåhundra år* [Tredje upplagan], Studentliteratur.
Müller, Wolfgang (2000) Political Parties in Parliamentary Democracies: Making Delegation and Accountability Work, *European Journal of Political Research* 37, 309–333.
Nilsson, Torbjörn (2009) *Hundra år av svensk politik*, Gleerups Utbildning AB.
Oscarsson, Henrik och Sören Holmberg (2013) *Nya Svenska väljare*, Norstedts Juridik.
――― (2016) *Svenska väljare*, Wolters Kluwer.
Oscarsson, Henrik (2019) *Partierna: Det nya landskapet*, Makadam Förlag.
Persson, Göran (2000) *Tankar och Tal*, Hjalmarson & Högberg.
Persson, Thomas (2018) The Parliaments of the Scandinavian Countries, Peter Nedergaard

and Anders Wivel eds., *The Routledge Handbook of Scandinavian Politics*, Routledge, 103–113.

Persson, Thomas and Matti Wiberg (2011) The Nordic Model of Parliamentary Government and its Challenges, Persson and Wiberg eds. *Parliamentary Government in the Nordic Countries at Crossroads : Coping with Challenges from Europeanisation and Presidentialisation*, Santérus Academic Press, 17–39.

Petersson, Olof (1993) *Svensk politik*, Publica.

――― (2007) *Svensk politik* [Sjunde upplagan], Norstedts Juridik.

Pierre, Jon and Anders Widfeldt (1992) Sweden : The 1991 Election, the New Cabinet, and Issues in Politics, *European Journal of Political Research* 22, 519–526.

Pierre, Jon och Anders Widfeldt (1995) Partikris i Sverige?, *Statsvetenskaplig tidskrift* 98 (1), 41–45.

Polsby, Nelson W. (1975) Legislatures, Fred I. Greenstein and Nelson W. Polsby eds., *Governmental Institutions and Processes*, Addison-Sesley, 257–296.

Rasch, Bjørn Erik (2011) Why Minority Governments? : Executive-Legislative Relations in the Nordic Countries, Thomas Persson and Matti Wiberg eds., *Parliamentary Government in the Nordic Countries at a Crossroads : Coping with Challenges from Europeanisations and Presidentialisation*, Santérus Academic Press, 41–61.

Rothstein, Bo (2006) Valet en triumf för Socialdemokraterna, *Dagens Nyheter* 2006.9.20, 6.

Rustow, Dankwart A. (1955) *The Politics of Compromise*, Princeton University Press.

Sainsbury, Diane (1989) The 1988 Swedish Election : The Breakthrough of the Greens, *West European Politcs* 12 (2), 140–142.

――― (1992) The 1991 Swedish Election : Protest, Fragmentation, and a Shift to the Right, *West European Politics* 15 (2), 160–166.

Sartori, Giovanni (1976) *Parties and party systems : a framework for analysis*. Cambridge University Press (岡沢憲芙・川野秀之訳『現代政党学――政党システム論の分析枠組み』早稲田大学出版部、1992 年).

Statistiska centralbyrån [SCB] (2014) *Statistisk årsbok för Sverige 2014*.

――― (2018) *Partisympatiundersökningen maj 2018*.

Strøm, Kaare (2000) Delegation and Accountability in Parliamentary Democracies, *European Journal of Political Research* 37, 261–289.

Strøm, Kaare and Torbjön Bergman (2011) Parliamentary Democracies under Siege?, Torbjön Bergman and Kaare Strøm eds., *The Madisonian Turn : Political parties and Parliamentary Democracy in Nordic Europe*, The University of Michigan Press, 3–34.

Strøm, Kaare, Wolfgang Müller and Torbjörn Bergman eds. (2003), *Delegation and Accountability in Parliamentary Democracies*, Oxford University Press.

Sundberg, Jan (1999) The Enduring Scandinavian Party Systems, *Scandinavian Political*

Studies, 22 (3), 221-241.
Sveriges Television [SVT] (2010) *Vallokalsundersökning : Riksdagsvalet 2010*.
―――― (2014) *Vallokalsundersökning : Riksdagsvalet 2014*.
―――― (2018) *Vallokalsundersökning : Riksdagsvalet 2018*.
―――― (2022) *Vallocalsundersökning : Riksdagsvalet 2022*.
Therborn, Göran (1992) A Unique Chapter in the History of Democracy : The Social Democrats in Sweden, Klaus Misgeld, Karl Molin and Klas Åmark eds., *Creating Social Democracy : A Century of the Social Democratic Labor Party in Sweden*, Pennsylvania University Press, 1-34.
Ware, Alan (1995) *Political Parties and Party Systems*, Oxford University Press.
Widfeldt, Anders (2003) The Parliamentary Election in Sweden, 2002, *Electoral Studies* 22, 778-784.
―――― (2007) The Swedish Parliamentary Election of 2006, *Electoral Studies* 26, 820-823.
―――― (2011) Sweden, *European Journal of Political Research* 50, 1145-1154.
Wiklund, Mats (2006) *En av oss? En bok om Fredrik Reinfeldt*, Fischer & Co.
Wingborg, Mats (2014) *En röst på SD är en röst på högern : Om varför arbetarklassen bör sky Sverigedemokraterna*, Katalys.
Wörlund, Ingemar (1989) The Election to the Swedish Riksdag 1988, *Scandinavian Political Studies* 12 (1), 77-82.
―――― (1995) The Swedish Parliamentary Election of September 1994, *Scandinavian Political Studies* 18 (4), 285-291.

〈邦語文献〉
網谷龍介 (2014)「ヨーロッパ型デモクラシーの特徴」、網谷龍介・伊藤武・成廣孝編『ヨーロッパのデモクラシー　改訂第2版』ナカニシヤ出版、1-26頁。
岩崎正洋 (2020)『政党システム』日本経済評論社。
ヴェーバー、マックス (1980)『職業としての政治』(脇圭平訳) 岩波書店。
岡沢憲芙 (1984)「連合と合意形成――スウェーデンの連合政治」、篠原一編『連合政治Ⅰ――デモクラシーの安定をもとめて』岩波書店、57-124頁。
小川有美 (2023)「移民・難民政策とネイション・ブランディング――デンマークとスウェーデンの分岐と収斂」、『立教法学』第110号、259-284頁。
古賀光生 (2020)「『主流化』するポピュリズム？――西欧の右翼ポピュリズムを中心に」、水島治郎編『ポピュリズムという挑戦――岐路に立つ現代デモクラシー』岩波書店、2-25頁。
清水謙 (2011)「スウェーデンの2006年議会選挙再考――スウェーデン民主党の躍進と2010年選挙分析への指標」、『ヨーロッパ研究』第10号、7-26頁。
―――― (2024)「スウェーデンのCOVID-19対策の『独自路線』の構造について――集団

免疫、行政の独立性、さらに西側軍事協力とNATO加盟申請」、岩崎正洋編『コロナ化した世界——COVID-19は政治を変えたのか』勁草書房、161-190頁。

シャットシュナイダー、E. E.（1962）『政党政治論』（間登志夫訳）法律文化社。

鈴木悠史（2024）「COVID-19パンデミックとスウェーデン政治」、岩崎正洋編『コロナ化した世界——COVID-19は政治を変えたのか』勁草書房、143-160頁。

空井護（2020）『デモクラシーの整理法』岩波書店。

建林正彦・曽我謙悟・待鳥聡史（2008）『比較政治制度論』有斐閣。

譚天（2019）「選挙勢力から政権勢力へ——西欧における極右政党の主流化に関する比較分析」、日本政治学会編『年報政治学2019-Ⅱ』、233-263頁。

デュベルジェ、モーリス（1970）『政党社会学』（岡野加穂留訳）、潮出版社。

中田瑞穂（2015）「ヨーロッパにおける政党と政党競合構造の変容——デモクラシーにおける政党の役割の終焉？」、『比較政治学会年報』第17号、1-28頁。

パーネビアンコ、アンジェロ（2005）『政党——組織と権力』（村上信一郎訳）、ミネルヴァ書房。

待鳥聡史（2015）『政党システムと政党組織』東京大学出版会。

安武裕和（2007）「二〇世紀初頭のスウェーデンにおける『議会主義』を巡る右派の思想——『スウェーデン型議会主義』のもう一つの源流」、『名古屋大学法政論集』第217巻、83-115頁。

山岡規雄（2021）『各国憲法集（11）スウェーデン憲法［第2版］』、国立国会図書館調査及び立法考査局。

吉武信彦（2021）「スウェーデン——独自路線とEU協調との狭間で」、植田隆子編『新型コロナ危機と欧州——EU・加盟10カ国と英国の対応』文眞堂、154-176頁。

渡辺博明（2002）『スウェーデンの福祉制度改革と政治戦略——付加年金論争における社民党の選択』法律文化社。

―――（2007）「スウェーデン環境党の議会政治戦略と『ブロック政治』の新展開」『北ヨーロッパ研究』第3巻、65-74頁。

―――（2009）「2006年スウェーデン議会選挙と政権交代——『選挙連合』と中道右派政権の成立」、『選挙研究』第25巻第2号、32-43頁。

―――（2011）「福祉国家再編の政治とスウェーデン社民党の対応戦略」、田村哲樹・堀江孝司編『模索する政治——代表制民主主義と福祉国家のゆくえ』ナカニシヤ出版、114-137頁。

―――（2012）「福祉と政治——子育て支援をめぐる論争から考える」、山野則子他編『教育福祉学への招待』せせらぎ出版、277-290頁。

―――（2013）「スウェーデンの移民問題と政治」、松尾秀哉・臼井陽一郎編『紛争と和解の政治学』ナカニシヤ出版、107-124頁。

―――（2014）「北欧諸国」、網谷龍介・伊藤武・成廣孝編『ヨーロッパのデモクラシー［改訂第2版］』ナカニシヤ出版、333-378頁。

―――― (2016)「スウェーデンにおける『再国民化』と民主政治のジレンマ」、高橋進・石田徹編『「再国民化」に揺らぐヨーロッパ――新たなナショナリズムの隆盛と移民排斥のゆくえ』法律文化社、205-222頁。

―――― (2017a)「北欧における政党政治の変容と『大統領制化』論の射程」、『法政論集(名古屋大学)』第269号、251-278頁。

―――― (2017b)「スウェーデン福祉国家における移民問題と政党政治」、新川敏光編『国民再統合の政治――福祉国家とリベラル・ナショナリズムの間』ナカニシヤ出版。

―――― (2019a)「2018年スウェーデン議会選挙と政党政治のゆくえ――右翼ポピュリスト政党の伸長と『ブロック政治』の変容」、『龍谷大学社会科学研究年報』第49号、14-24頁。

―――― (2019b)「『18歳選挙権』時代のシティズンシップ教育の意義と課題――大学における主権者教育の可能性を考える」、石田徹・高橋進・渡辺博明編『「18歳選挙権」時代のシティズンシップ教育――日本と諸外国の経験と模索』法律文化社、2-20頁。

―――― (2019c)「スウェーデンのシティズンシップ教育――民主主義に基づく実践志向の主権者教育」、石田徹他編『「18歳選挙権」時代のシティズンシップ教育――日本と諸外国の経験と模索』法律文化社、183-201頁。

―――― (2022)「スウェーデンの社会民主主義と右翼ポピュリズム――社会民主党の対応をめぐる考察」、『龍谷大学社会科学研究年報』第52号、37-47頁。

―――― (2023)「スウェーデンにおける右翼ポピュリスト政党の伸長と政党政治の変容」、渡辺博明編『ポピュリズム、ナショナリズムと現代政治――デモクラシーをめぐる攻防を読み解く』ナカニシヤ出版、123-142頁。

人名索引

【ア行】

アーター、D.（Arter, David） 28, 44
アッカーマン、T.（Akkerman, Tjitske） 171
アンデション、M.（Andersson, Magdalena） 149, 156–158, 161, 162, 169, 173–175, 184, 193
ヴァクトメイステル、I.（Wachtmeister, Ian） 63, 64, 71, 75
ヴァーネル、L.（Werner, Lars） 51
ヴェステベリ、B.（Westerberg, Bengt） 51, 59, 75, 94, 200–202, 221
ヴェッテシュトランド、M.（Wetterstrand, Maria） 86, 90, 102, 110, 120, 207
エサイアソン、P.（Esaiasson, Peter） 74
エーリクソン、P.（Eriksson, Peter） 120, 207
エルランデル、T.（Erlander, Tage） 227
オーケソン、J.（Åkesson, Jimmie） 112, 129, 132, 141, 166, 167, 208
オスカション、H.（Oscarsson, Henrik） 148, 170, 211
オーリー、L.（Ohly, Lars） 97, 120, 206
オリーン、B.（Ohlin, Bertil） 36
オーロフソン、M.（Olofsson, Maud） 86, 87, 101, 120, 169, 199, 221

【カ行】

ガットン、P.（Gahrton, Per） 53, 207
カールソン、B.（Karlsson, Bert） 63, 64, 75
カールソン、I.（Carlsson, Ingvar） 50, 56, 79, 191
カールソン、M.（Karlsson, Mattias） 129, 130
クリステション、U.（Kristersson, Ulf） 134, 138, 139, 143, 144, 155, 156, 161, 162, 165–167

【サ行】

サブーニ、N.（Sabuni, Nyamko） 152, 158
サリーン、M.（Sahlin, Mona） 106, 119, 192, 227
サルトーリ、G.（Sartori, Giovanni） 15, 40, 47

シェーステット、J.（Sjöstedt, Jonas） 120
シーマン、G.（Schyman, Gudrun） 69, 82, 84, 92, 97, 125, 205
シュリングマン、P.（Schlingmann, Per） 96
シンベリ・バトラ、A.（Kinberg Batra, Anna） 132–134, 196, 228
スヴェンソン、A.（Svensson, Alf） 63, 68, 80, 82, 97, 203, 204
ステーネヴィー、M.（Stenevi, Märta） 159
空井護 4, 5

【タ行】

ダードゴスタル、N.（Dadgostar, Nooshi） 154, 206
ダレーウス、L.（Daléus, Lennart） 80, 81, 86, 94, 199
デミローク、M.（Demirok, Muharrem） 169
デュヴェルジェ、M.（Duverger, Maurice） 14
トールヴァルドソン、K.-P.（Thorwaldsson, Karl-Petter） 131, 175

【ナ行】

中田瑞穂 17, 18, 232
ノレーン、A.（Norlén, Andreas） 143–145, 155, 156, 166

【ハ行】

バウディーン、T.（Baudin, Tobias） 175
パーション、G.（Persson, Göran） 79, 81, 84–88, 96, 100, 191, 192, 227, 230
パーション、J.（Pehrson, Johan） 158, 202
ハルヴァション、A.（Halvarson, Arne） 45
パルメ、O.（Palme, Olof） 50, 227, 228
ビョルクルンド、J.（Björklund, Jan） 113, 144, 145, 202
フェルディーン、T.（Fälldin, Torbjörn） 37, 198
フェルト、K.-O.（Feldt, Kjell-Olof） 55–57, 191

ブッシュ（・トール）、E.（Busch（Thor）, Ebba） 132, 133, 139, 141, 151, 163, 175, 204
ブランティング、H.（Branting, Hjalmar） 33, 34
フリドリーン、G.（Fridolin, Gustav） 120, 128
フルトクヴィスト、P.（Hultqvist, Peter） 157, 158
ヘグルンド、G.（Hägglund, Göran） 97, 101, 149, 203, 204
ペーテション、O.（Petersson, Olof） 45, 77
ベリマン、T.（Bergman, Torbjörn） 44
ボリ、A.（Borg, Anders） 96, 109, 195
ポルスビー、N. W.（Polsby, Nelson W.） 28, 44, 46
ホルムベリ、S.（Holmberg, Sören） 210
ボールンド、P.（Bolund, Per） 159

【マ行】

ミュラー、W.（Müller, Wolfgang） 20
メア、P.（Mair, Peter） 16, 18-20, 232

【ヤ行】

ユーホルト、H.（Juholt, Håkan） 119, 192
ヨーハンソン、M.（Johansson, Morgan） 133, 154
ヨーハンソン、O.（Johansson, Olof） 69, 75, 80, 191, 198, 199

【ラ行】

ラインフェルト、F.（Reinfeldt, Fredrik） 96, 99, 100, 109, 112, 113, 116, 124, 125, 127, 132, 141, 195-197, 228
リンド、A.（Lindh, Anna） 95
リンドベック、A.（Lindbeck, Assar） 77
ルンドグレン、B.（Lundgren, Bo） 86-89, 96, 195, 197, 228
レイヨン、A. -G.（Leijon, Anna-Greta） 74
レイヨンボリ、L.（Lars Leijonborg） 80, 201, 202
レーヴ、A.（Lööf, Annie） 120, 125, 144, 145, 148, 155, 169, 175, 199, 200, 221
レヴィーン、L.（Lewin, Leif） 231
レヴェーン、S.（Löfven, Stefan） 120, 124, 125, 127, 128, 130, 137, 138, 142, 144-146, 154-156, 192, 193
ロッカン、S.（Rokkan, Stein） 32
ロートスタイン、B.（Rothstein, Bo） 114
ロームソン、Å（Romson, Åsa） 120, 128

事項索引

【ア行】

「赤緑」連合（政権）　105-110, 113, 119, 128, 129, 131, 206
アルフォード指数　189
「1月協定」　145, 146, 148, 151, 153-155, 170, 172, 204, 206, 217
一党優位政党制　41, 47
「委任－責任」関係（政治的権限をめぐる――）　2, 8-11, 18, 20, 41-43, 225-229
右翼ポピュリスト（政党）　15, 18, 64, 171, 217, 221
「欧州難民危機」　132, 135, 159, 176, 192, 209, 231
穏健党　34, 35, 38-40, 51, 52, 56, 58, 59, 61, 64-68, 70, 71, 74, 78, 80-83, 86-89, 96, 97, 99, 100, 104, 109, 110, 113, 114, 125-127, 132-134, 137, 139, 142-147, 154-156, 160-167, 179, 193-197, 214, 221, 228

【カ行】

環境党　3, 51-54, 58, 60-62, 67, 69, 70, 72, 74, 80, 84, 86, 90-93, 99, 102, 104, 105, 109, 110, 112, 114, 115, 120, 123, 128, 137, 146, 156, 158, 162, 184, 206, 207, 217-220
議院内閣制　26, 41, 42, 225
　消極的――　26, 149, 184, 185, 229
議会
　――主義　24
　一院制――（への移行）　23, 25, 26, 42, 225, 226
　実務型――　28
共産党（1990年春以降「左翼党」）　37-41, 51, 54, 58, 205
キリスト教民主党　52, 59, 60, 62-65, 68, 71-73, 80, 82, 83, 87, 89, 95, 97, 101, 104, 123, 132-134, 137, 139, 141, 144, 149, 151, 154, 160, 168, 170, 172, 186, 187, 202, 203, 211, 213-216, 219
原子力発電（原発）（問題／政策）　37, 43, 49, 51, 53, 54, 160, 165, 175, 198, 219
国民党（2015年秋以降「自由党」）　35, 36, 38, 39, 51, 52, 59, 61, 68, 71, 75, 80, 82, 87-89, 97, 100, 101, 104, 113, 116, 122, 195, 198, 200-202
個人選択投票制　83, 90, 121, 127, 142, 178-180, 226, 234
5党制（北欧――／5党体制）　18, 32, 43, 72, 73, 181, 213, 219, 230, 233
コンセンサス・ポリティクス（合意形成型の政治）　1, 29, 44, 232

【サ行】

「左－右」軸　15, 16, 38, 47, 114, 173, 195, 197, 211
左翼党　58, 67, 69, 70, 78, 80-93, 97, 99, 102, 105, 120, 123, 128, 132, 137, 145, 146, 153-156, 172, 179, 182, 205, 206, 216, 217, 223
左翼リバタリアン　15
社会民主党　33, 34, 38-41, 47, 50-52, 54-57, 61, 64-73, 78-93, 95, 96, 99-102, 104-107, 109, 110, 119, 122, 126-130, 135, 137, 138, 143-146, 152-162, 172, 179, 184-186, 190-195, 213-217, 220, 221, 223, 227
修正サン－ラゲ方式（選挙制度）　30
自由党　36, 128, 132, 137, 139, 143-146, 149, 151, 155, 156, 158, 160, 163-168, 171, 172, 186, 187, 200-202, 215, 217, 221, 227
「12月合意」　129, 131-133, 149, 184
少数派政権　28, 44, 129, 215-217, 222, 223, 228
　少数（派）単独政権　39, 54, 73, 90, 182, 184, 198, 216, 223
新自由主義　35, 55, 104, 191, 194, 197, 224
新民主党　60-65, 71, 74, 75, 187, 213, 214, 219
スウェーデンのための同盟（「同盟」）　95, 97-110, 112-114, 116, 120, 122, 125, 128-131, 138, 142-144, 146, 147, 183, 195, 223
スウェーデン民主党　102, 106-113, 115, 117, 119-121, 123-149, 151-156, 159-172, 184, 188, 208-211, 214-218, 220, 229, 234
政権危機

──（2018年）　129, 229
──（2021年6月）　153, 160, 162, 192, 206
──（2021年11月）　155, 184, 217, 229
政党
　カルテル──　13
　幹部──　12, 13
　専門職的選挙──　14
　大衆──（大衆組織──）　13, 17, 43, 189, 219, 221, 225, 226, 230, 233
　包括──　13, 17, 43, 219, 226
　名望家──　12, 13, 32
　有意──　40
政党システム（論）　2, 3, 11, 12, 14-20, 38-41, 54, 72-74, 93, 115, 146, 148, 149, 170, 173, 190, 204, 210, 213, 218, 220, 224-226, 232, 233
政党助成（金）　59, 63, 102
政党組織論　12, 43

【タ行】

「第三の道」（イギリス、欧州）　94, 191
「第三の道」（スウェーデン）　55, 57
代理行為問題　9, 11, 42, 225, 228
中央党　36-40, 51, 52, 54, 59, 62, 64, 69, 70, 79-82, 86, 87, 90-94, 97, 101, 104, 120, 123, 134, 137, 139, 143-146, 155, 156, 160, 161, 163-165, 169, 172-176, 182, 186, 195, 198-200, 207, 211, 214-217, 221, 227, 234
調整議席（選挙制度）　30, 226
ティードエー協定　166, 168, 169, 210
デモクラシー
　階級均衡組織政党──　20
　交渉型──　17
　代議制──　2-4, 8-10, 17, 32, 41-45, 180, 185, 213, 225, 226, 229, 231, 232, 235, 240, 244
　多数派──　17
　──の正統性／正統化原理　7, 17, 18, 43, 213, 230, 232, 233
統治法　23, 25-27, 31, 45, 46, 145, 148

【ハ行】

比例代表制（選挙）　2, 10, 25, 29-31, 42, 46, 224-227, 230, 232, 243
フェミニスト・イニシャティヴ　125, 127, 181
付加価値税　51, 55, 56, 122
福祉国家　1, 34, 58, 96, 98, 99, 114, 122, 195, 224, 233
ブロック政治（ブロック間対立、2ブロック対抗）　39, 40, 43, 68, 74, 91-93, 101, 115, 151, 161, 162, 169, 170, 172, 173, 181, 183, 187, 200, 201, 214-216, 224-226, 234
「本人－代理人」関係（理論）　8, 9, 11, 19, 20

【ラ行】

リンドベック委員会（1992年の経済委員会）　77, 178, 225

【アルファベット】

EC［欧州共同体］　49-51, 57-59, 66
EMU［経済通貨同盟］　85, 95
EU［欧州連合］（加盟）　66-71, 78, 79, 85, 86, 105, 135-137, 237, 245
GAL－TAN軸　15, 173, 174
LO［Landsorganisation］（産業労働者の組合の中央組織）　56, 131, 175, 191

《著者紹介》
渡辺 博明（わたなべ　ひろあき）
　1967年　　岐阜県生まれ
　1998年　　名古屋大学大学院法学研究科博士課程（後期）単位取得満期退学
　現　在　　龍谷大学法学部教授

主要著作
『スウェーデンの福祉制度改革と政治戦略──付加年金論争における社民党の選択』（法律文化社、2002年）
『ヨーロッパのデモクラシー（改訂第2版）』（共著、ナカニシヤ出版、2014年）
『「18歳選挙権」時代のシティズンシップ教育──日本と諸外国の経験と模索』（共編著、法律文化社、2019年）
『ポピュリズム、ナショナリズムと現代政治──デモクラシーをめぐる攻防を読み解く』（編著、ナカニシヤ出版、2023年）

スウェーデンの政党政治と民主主義

2025年2月28日　初版第1刷発行　　＊定価はカバーに表示してあります

著　者　　渡　辺　博　明 ©
発行者　　萩　原　淳　平
印刷者　　藤　森　英　夫

発行所　　株式会社　晃　洋　書　房
〒615-0026　京都市右京区西院北矢掛町7番地
電話　075(312)0788番（代）
振替口座　01040-6-32280

装丁　尾崎閑也　　　　印刷・製本　亜細亜印刷㈱

ISBN978-4-7710-3908-7

JCOPY　〈(社)出版者著作権管理機構　委託出版物〉
本書の無断複写は著作権法上での例外を除き禁じられています。複写される場合は、そのつど事前に、(社)出版者著作権管理機構（電話 03-5244-5088, FAX 03-5244-5089, e-mail : info@jcopy.or.jp）の許諾を得てください。